饑餓的小城

「麻色文革」首部曲

南懷沙 著

此書中既無臆造的人物，又無虛構的事件。人與地都稱其真姓實名。如果人物、地點的名稱與《三國演義》中巧合，則係事出有因；所寫事件的日期、細節、數字也都盡量地做到真實，若是出現些許差錯，那也是因為人的記憶難以經受歲月的磨損。

自序

所謂老三屆，指的是中國大陸文革開始那年正在中學讀書的高中和初中各三屆的學生。其實稱呼為老六屆才更能盡言其詳。這六屆中學生，多數出生於一九四六至一九五三年，文化大革命開始之際是十三歲至二十歲。

本人出生在一九五〇年，高中一年級沒有讀完，就趕上了文革，算是老三屆中的老高一。老高一有時還會被人稱作一九六八屆高中畢業生。

現在回頭來看，老三屆無疑是特殊時代造就的一個特殊群體；是一個受騙最久，受害最深，受苦最多的群體；是一個前無古人後無來者，經歷無可複製的群體。

自打我們降生在中國的土地上，一場場政治運動便接踵而來：土改、鎮反、抗美援朝、公私合營、抓胡風、合作化、反右派、大躍進、人民公社和四清，連喘息的間隙都沒有，直至波浪滔天烈焰滾滾的文化大革命。我們這一代人是吮吸著政治運動的狼奶長大的。是誰從小就把我們當做狼崽子來養的呢？

我們剛剛識圖認字，家長老師報紙書籍戲劇電影，教育我們的全是這主義那思想甲模範乙標兵，冷酷無情的人是英雄。誰個告訴過我們世界的真相？何人給我們講解過什麼是慈悲與憐憫？什麼是善良與寬容？什麼是真誠與尊重？

正當我們身體成長發育需要營養的時候，卻趕上了亙古未有的人為饑荒；我們吃糠咽菜含辛茹苦就讀到中學，學業卻被「史無前例」無情地終止。

文革伊始，狼崽子們就露出了冷酷殘忍的本性。我們焚燒圖書；我們砸毀文物；我們橫衝直撞；我們「文攻武衛」；我們批鬥侮辱刑訊關押逼死校長和老師；我們謾罵毒打杖斃無仇無冤無罪無辜的人。所作所為幾乎都是對人類價值觀的否定，每一樁罪惡幾乎都可以被列入人類文明史上的登峰造極。

文化大革命方興未艾，老三屆就被無情地甩下了決策者的戰車。紅衛兵小將成了文革犧牲品中的又一批，也是人數最多下場最慘的一批，幾乎囊括了整整一代人。所有的老三屆都淪為了失學青年和失學少年；千千萬萬城市裡的老三屆被發配去了山區邊疆農村。老三屆們從此落得一無所有，只剩下一句尷尬無奈的口號：「青春無悔！」老三屆的命運何其苦啊！

日月如梭，時光荏苒。最年輕的老三屆如今也都年逾耳順了。正所謂「江山不幸詩家幸」，我們老三屆人人都是江山不幸民眾遭難國家蒙羞的見證者。我們要肩負起歷史見證者的責任，我們應該把當年的經歷見聞感悟一五一十地說給後人聽，避免類似的悲劇在他們身上重複再現；我們也希望把歷史的真相告知於自由天空下的人；我們還要說的是：老三屆並非是突然降臨地球的天外來客，我們的所作所為既是中華文明的傳統延續，也是人類歷史的組成部分。

近年出現了不少老三屆秉筆直書往事的文章，有的已經出版成書。本人有幸也加入到了這一行列，沒承想鍵盤啪啪噠噠竟然敲出來七十多萬字。

我把敘事的筆端嘎然停止在了一九七五，那一年我二十五歲正當年。老三屆的青春無一不是來自荒漠的歌，我的這一曲或許也蒼茫。如此多的文字記述了一束人們不曾聽到過的陳年往事，我現在敘說起來仍悲涼。

如果介紹自己是序言的必要內容，我只能並不謙虛地說：我是一個普通的人，是一個普通的北方人；我生長在一個普通家庭；我家之所在是一座普通的縣城；我讀書的母校是一所普通中學；我服役的軍階是一名普通的士兵；退役後的幾十年，我依舊是普通了再普通。所以我展示給讀者的只能是一個普通人的所經所歷，一個普通人的所見所聞。

普通人的故事或許低沉卑微，卻也不缺少酸甜苦辣跌宕起伏；普通人的感受往往難以慷慨激昂豪情萬丈，卻最容易讓讀者產生共鳴；普通人是組成社會肌體的基本細胞，普通人心跳的聲音才是國家民族最真實的脈動。所以我執著地相信：普通人的所經所歷同樣可以用來書寫歷史，詮釋歷史，傳承歷史。

就在本書即將完稿的時候，我閱讀到一位朋友在她的書中寫出的一句話：「切莫因生命的平凡而放棄神聖的記憶權利。唯千千萬萬樸實的生命記憶，才能熔鑄成不可塗改的歷史真實。」這也正是我要說的，希望每一個讀者都能從我的書中閱讀出「歷史真實」。

南懷沙

二〇一三年三月

每個人的一生，都像一次旅行。不論你什麼時候出發，不論你從哪裏啟程，大家的目的地都一樣；不一樣的是沿途的風景；差別最大的是看風景的心情。

旅行的意義在於留足痕於大地，閱世界入胸襟；人生的價值體現在：當生命結束之後，憑欄回眸，還有人傳承著你的思想，你的記憶。

——題記

前言

開篇扉頁亮明了此書的宗旨：書中既無臆造的人物，也無虛構的故事。書中所述，全是與青春捆綁在一起的記憶，時時事事都刻骨銘心。故事發生的空間是三個渾然不同的場景：河北大平原上兩個相鄰的村莊；山東大運河畔一座古老的縣城；東北大山裏幾處簡陋的軍營。時間跨度是二十五年或更久一些，文革自然是全書的主題，也包括文革前的一些事情。整部作品記述了一個普通家庭的變遷，敘說了一個普通年輕人的苦澀感受，通篇都可以被看作是對階級鬥爭學說的精細解讀。

上中農，是一個專門用來區別階級成分的名詞，曾經在中國大陸流行流通了四十多年。在那個以人們的家庭出身來確立社會地位，分配政治權利甚至是生存權利的年代，上中農的身份奇特尷尬。上中農既不是被鎮壓被專政的對象，也不是被相信被依靠的力量，不上不下，中間偏右。因為「偏右」，上中農在多數情況下都會被疏遠，被懷疑，歧視羞辱壓抑自然是難免的。

文革期間，按照家庭出身把人劃分為「紅五類」、「麻五類」和「黑五類」，上中農通常是被劃歸於「麻五類」之中。《麻色文革》的書名也由此而來。

如果按照當年階級路線的政策細則來精準地研判，我實際上還算不得是一個上中農，因為我們家被確認為是上中農時，我還沒有來到這個世界。我的父親也算不得是上中農，他只能算是一個上中農子女，因為土改那年他只有十七歲。充其量我也只能算是上中農的孫子，一名上中農的後代而已。如此微不足道的一個身份，卻在我身上演繹出許多似是而非哭笑不得的故事，只因為它們發生在那不正常的歲月。

基建工程兵，原是解放軍的一個兵種，因其執行任務的特殊性，外界素來就對它知之甚少。一個上中農的後代成為一名基建工程兵的士兵之後又會遇到一些什麼呢？我相信每位讀者一旦跟隨我的思緒進入我的故事，心中都會湧出一股酸酸苦苦的感覺，並且這種感覺可能會持續好一陣子。

書卷合攏，掩面回味，上中農和基建工程兵這兩個原本陌生的概念，生澀的詞語，在你腦海裏留下的印象或許會是清晰而又難以忘懷的。

本書回憶文革的章節中寫有一些自我懺悔的文字。希望能有更多的親歷者和我一起來對當年的執迷瘋狂，對當年的是非顛倒，對當年的錯誤罪行，真誠地懺悔，深刻地反思。說真的，我們這些人用來完成這件事的時間也不是很多了。

在決定將此書付梓出版的時候，我突發奇想：假如閱讀這套書的人多了，我或許就會成為一名全中國最著名的上中農人士兼研究上中農問題的史學家啦。

全書按照時間順序集結為三部：

首部曲《饑餓的小城》；

二部曲《文革之火》；

最終曲《挖山洞的大兵》。

目次

第二章 北劉家口村

第五章　童年歲月（下） 263

第一章　南劉家口村

一、一個鄰近白洋淀遙望太行山的村莊

我的人生之旅，始於河北省保定市東郊一個叫劉家口的村莊。

保定在北京西南，相距一百四十公里，與北京、天津成鼎立之勢。人們稱北京為京城，叫天津做天津衛，說保定則是保定府。諺語云：「京油子，衛嘴子，保定府的狗腿子。」（不雅且對保定人不敬）大概是說北京人練達世故；天津人會說話；保定人腿腳勤快。

流經保定府的一條小河稱做府河。府河名稱的由來是否如此，我不很清楚，大概其所以然耳。華北平原的河流幾乎都發源於太行山，府河也一樣，它的源頭是太行山東麓滿城縣的一畝泉。府河曾經的名稱即是一畝泉河，也曾叫過清苑河，後來才改為了府河。

府河的水不大，從保定往東彎彎曲曲地注入白洋淀。自保定東郊劉爺廟碼頭開出的船，沿著府河進入白洋淀，再走大清河，過了楊柳青，就可以抵達天津。府河在流入白洋淀之前，與另一條同樣發源於太行山的漕河交匯。劉家口村位於府河漕河之間。漕河以北是徐水縣地界；府河之南歸安新縣治理；劉家口村則屬清苑縣。

漕河是沙底，水清而淺，行不得船；府河是泥底，水濁而深，河面雖然不寬，春夏秋三季船都行得暢通。府河裏來來往往的船都不大，三兩個船工，用竹篙撐著河岸或河底，船便騎著河道行走。逆水上行，撐船的人需用盡氣力，嘴裏哼嗨哼嗨地呼喊著號子；順水下行，竹篙輕輕地點著河岸即可。

府河與白洋淀相通，魚蝦鱉蟹河蚌也多，岸邊支著一架架罾片。有船隻經過，扳罾的人要趕忙把罾網抬起，魚兒在網片上亂蹦，水珠滴滴答答落到船上，灑在乘船人的身上。撐船的漢子和扳罾的老漢高聲搭訕著。

河岸向陽的地方，常有爬出水面曬蓋子的老鱉。一棵歪倒在河邊的柳樹，有時會有三五隻帶盔殼的懶蟲爬上去歇息。聽到船的動靜，老鱉就撲通撲通地滾入水中。

當然，這都是五六十年前的景象。如今的府河，成了保定城的排污溝，早已烏黑惡臭面目全非了。

清苑縣的地界圍繞著保定的東郊和南郊，縣治原本就在保定城內。保定既做省會，又設市府，機關衙門一個比一個大，清苑縣政府便被擠了出來，遷到保定城南一個叫做南大冉的村莊。鄉民進城辦事，很少去南大冉，依舊徑直去保定走動。

從劉家口村步行去保定，四十里旱路，半天路程。夜深人靜時分，在劉家口村可以聽到京廣鐵路火車的汽笛鳴叫。天氣晴朗的下午，從劉家口村西望，可以看見遠處綿延不斷的太行山脈。稍偏北些有幾個突兀的山峰，那就是因抗日戰爭時期跳崖五壯士而聞名天下的狼牙山。狼牙山的最高峰叫棋盤陀。

劉口家村往東到白洋淀也只有幾十華里。因為地勢低窪，劉家口村周圍蘆葦茂密，沿著溝河渠汊向東延伸，與白洋淀的蘆葦蕩連成了一片。劉家口村以西地勢漸高，不宜蘆葦生長。每年端午節前，蘆葦長出了寬寬的嫩葉。保定城裏那些準備包粽子的人踏青遠行，就會光顧到劉家口村的地界，掰幾把碧綠的葦葉，回家去紀念屈夫子。如果蘆葦蕩都可以算做廣義上的白洋淀，劉家口村可以說是白洋淀最西邊的村莊。

少時看電影《小兵張嘎》，我對小夥伴們說：我的老家就在白洋淀邊；看過《狼牙山五壯士》後我又說：從我們的村子就可以看到狼牙山。賺取了許多羨慕。

劉家口村地勢低窪且平坦。每年夏秋雨季，來自太行山的河水沖破堤墊，溢出白洋淀的溝壑，劉家口村四周也會變成一片澤國。年年歲歲水進水退，劉家口村的人適應了大自然的規律。村裏的地勢比村外的莊稼地高出許多，水漫了田野，出入有船，人們照常在宅院裏活動；多數人家室內的地面比院子又高出幾登臺階，水淹進了院子，人們在屋裏起居井然；平平的房頂一面順水，三面圍著盈尺的女兒牆，室內如果也進了水，人就搬到房頂上，搭起葦棚，支上鍋灶，炊煙持續，鼾聲依舊。

每年都和洪水相處數月，從事旱田耕作的劉家口人，也都熟悉水鄉的活計：女人會游泳，男人會使船；編葦織簍，撒網捕魚，精通三十六般武藝。洪水淹沒了地裏的莊稼，也沖來了太行山上的萬年腐土。洪水退後留下層層淤泥，使得土地一年比一年肥沃。劉家口村管洪水帶來淤泥的自然現象叫「掛淤」。

據村裏的老人們回憶，發生在二十世紀二十年代的一次「掛淤」最為厚重，竟然有半尺深淺。自那以後，劉家口村的土地變得異常肥沃，種植一季小麥，抵得兩季收成。劉家口村成了遠近聞名的小麥產地。村民勞作一年，多數人家都可以常年以小麥麵烙餅為主食。「常年吃白麵旋餅」成為劉家口村對外炫耀的金字招牌。二十世紀五十年代之後，土地共有集體耕種，雖然「常年吃白麵旋餅」的飲食水平再也無法維持，劉家口村的村民編蘆葦成蔑蓆、葦箔，曬其殘屑為薪柴，光景也相對從容寬鬆。一九六〇年前後，全國城鄉處處餓殍，劉家口村因饑餓過世者比其他村莊也要少了許多。

劉家口村依照方位，分成南劉家口和北劉家口兩個自然村落，中間隔幾片菜園，幾個池塘，炊煙交繞，雞犬相聞。一九五九年治理水患，府河取直，改從南北劉家口之間穿過，劉家口村就以河為界，分隔成為河北河南兩個界限分明的村莊。

劉家口的村名，當地口語的稱謂中一般都不帶「家」字。加之保定方言的特點，凡能兒化韻的詞尾都要充分地兒化。於是，劉家口在當地的口語中就被說成了「劉口喂兒」。北劉家口村是「北劉口喂兒」；南劉家口村是「南劉口喂兒」。本書以後的敘述中使用劉家口的村名時，也準備去掉「家」字，但不兒化韻，就寫「劉口」兩個字。

劉口村的口語中，人的名字後面往往帶上一個「兒」或「子」字做後綴，為了保持敘述的直觀，我將如實地予以保留。人名後面的「兒」字，故鄉的人們都習慣用「爾」字代替，雖不合漢語的語法，卻文雅洋氣，頗有科爾、撒切爾、布萊爾、默克爾這些當過總理首相者的氣概，所以我也就改「兒」為「爾」了。

二、來自山西沁州的移民

我們臧姓多數居住在南劉口村。南劉口村除臧姓外，還有劉、李、耿、穆、藺幾個姓氏，都沒有臧姓的人多。「臧」這個字，正確的讀音應當是ㄗㄤ，平聲，與「髒」字音調全同，聽起來有些不雅。古漢語中，「臧」字有三意：奴隸、善良和贊揚。我曾經假設，我們臧姓遠古的祖先或許就是一個善良的奴隸。

現代漢語中臧字只做姓氏使用。全中國姓臧的人口，據說不到萬分之三，大約只有四十萬左右。姓臧的人數少，使用的概率低，多數外姓人都會將其讀成去聲，寫成白字，與「藏」字同。就連北京中央電視臺的主持人也經常讀錯，在它的螢幕上，一個臧姓老歌唱家演唱時，字幕打出的姓氏是「藏」。我現在生活的城市，電話號碼薄上，臧姓用戶就有一多半被免費贈了一頂「草帽」。甚至多次遇到有人問我：

「你是否藏族？」

翻閱史書，臧姓的起源雖然久遠，可以追溯到西周，卻沒有出現過幾個出類拔萃的人物。東漢光武帝的雲臺二十八將中有個臧宮，充其量不過一個省長市長級的官員；《三國演義》呂布手下有個臧霸，史書中說他擔任過曹魏的軍區司令或軍分區司令，在演義話本裏卻是一個武藝稀鬆且站錯了隊跟著呂布瞎混的末等角色。幼年時看連環畫，為這個不爭氣的同姓，我曾受到過小夥伴們的奚落。

到了現代，詩人臧克家曾經讓我們姓臧的揚眉吐氣了一番，可以在介紹自己的姓氏時頗有自豪感地說：「我姓臧，臧克家的臧。」可惜如今閱讀詩作的人日漸稀少，使得本家詩人的知名度低到讓聽者不知所云的地步。

十幾年前，大陸好歹出了一個歌手名叫臧天朔，唱片磁帶雖然賣了一些，遺憾可惜的是他不僅長相粗俗，還功不精業不專，人到中年了還去打架鬥毆，慘淡地退出了歌壇。

到山東曲阜的孔府孔廟遊覽拜謁，讓我贊歎羨慕的不是孔氏家族的顯赫富貴榮耀，而是它保留完好，記載了孔家兩千多年八十多代血脈延續的檔案和碑文。能夠知道自己歷代先祖的生存軌跡，無疑是一件非常讓人欣慰的事。從某種意義上講，我們每個人的生命旅程，無不是先輩們行走軌跡的延續。中華民族經歷過太多的戰亂和苦難。社會的動盪，文化的匱乏，天災人禍，使得記載其他姓氏延續的文字根本無法像孔家那樣流傳下來。

關於我們劉口臧姓家族起源的文字和傳說，最早只能追溯到十六世紀的明朝嘉靖（西元一五二二至一五六六）年間，從我的先祖臧貴自山西沁州遷移到河北開始。傳代的家譜都用毛筆書寫。沁字寫得散開，就成了「小」和「心」兩個字。先祖們多數沒有文化，口頭流傳的說法就成了：「咱們的老家在山西小心州喂兒」。

當年，和臧貴一起遷徙的還有他的哥哥臧福。兄弟二人到達河北保定東鄉以後，臧福安家於府河之南，臧貴駐宅於府河以北。按照當時的戶籍制度，臧貴隸屬於柳林社七甲。所謂河南即如今的安新縣喇喇地、沈家丕一帶；河北則是現在的清苑縣劉口、臧村、沙堤營、臧莊諸村。臧貴的墳塋在臧村村東。劉口臧姓是臧貴後裔的一個主要分支，尊奉臧貴為一世祖。

明朝至世宗嘉靖皇帝，建國已經一百五十多年。與元末明初相比，中國北方的經濟已經恢復，大規模強制性的人口遷徙也早已結束。傳說臧福、臧貴弟兄在山西原籍，家境並不貧寒，遷移河北時還帶有僕人和馬匹。兄弟倆同時遷移到一地安家也有悖於明朝初期的移民法規。是什麼原因使得二人遠徙他鄉，而且能夠比鄰而居呢？

我們可以假設：在明朝中葉那個資訊非常不便捷的年代，位於山西南部太行、太嶽兩條大山之間的沁州有個臧家村。村裏的兩個青年，也許強壯，也許不強壯；也許英俊，也許不英俊，但他們起碼聰明、勇敢。早年遷移出去的鄉鄰和他們的後代傳回去很多消息。兩個青年分析研究以後，知道了外面的世界很精彩，外面的生產條件比沁州要優越。於是決定放棄自己的土地和房屋，告別父母姐妹親朋友人，毅然決然地踏上了移民的行程。按照明朝官方的規定，他們先翻越了高大的太嶽山，跋涉到西南方向的洪洞縣。在廣濟寺的那棵著名大槐樹下辦理遷移證件時，向差役師爺提出了遷往一處的要求，並得到了恩准。於是，兄弟二人就沿著那歷經一百多年，被一代又一代移民的雙腳踏出的路，從山西到了河北。

做為後代，我對先祖臧福、臧貴兄弟充滿了敬佩和感激，是他們當年英明的選擇，使我們家族的後代不再勞作於山多水少，土地貧瘠，道路崎嶇的晉南山區，而是繁衍生息在交通方便，地勢平坦的冀中大平原。

四百多年以後，府河兩岸臧福、臧貴兄弟的後代已有兩三萬人。這期間，尤其是民國以後，有些族人或因戰亂，或謀前程，或為生計，遷往全國各地的，人數也當以千計。這些臧氏後人，不論貴賤貧富，不論地處南北，問起籍貫根裔，就都以河北保定東鄉人氏自居了。

明朝的沁州，下轄沁縣和沁源兩縣，州府就是現在的山西沁縣。因為家譜上的記載和祖祖輩輩的傳說，我對山西的那片土地一直有著濃厚的興趣。

二〇〇六年深秋，我造訪了那裏。沁縣和沁源縣位於山西的中部偏南，太行、太嶽兩條山脈之間。整個區域，海拔幾乎都在一千公尺以上。兩個縣古代隸屬於上黨郡，現在隸屬於長治市，人口差不多都只有十六、七萬，山多地少，屬於省級貧困縣。

沁源除了山上的林木和藥材，還蘊藏著豐富的煤炭。煤炭的開採還處於初級階段，因為多是煙煤，就地加工煉焦，空氣污染嚴重。

沁縣的特產是一種被稱做「沁州黃」的小米，過去是貢品，現在暢銷全國各地，價格是普通小米的三倍。沁縣、沁源距離北面的太原、太谷，西南的臨汾、洪洞和東南的長治、潞城都只有一百多公里的路程。沁縣、沁源人說話的口音和周圍那些地方差別卻很大，我只能聽懂很少的部分。大概是因為過去被周圍的高山阻隔，交通不便，交往稀少而致。

沁縣、沁源農村的住宅，許多都建成兩層：下層起居做飯，上層做儲藏室，有的也把上層做臥室使用，窗戶和門都是圓形的拱頂。許多年代久遠的窯洞，也幾乎都是兩層的格局，只是每層的層高都很矮，可見建築兩層住宅是延續前人的習俗。我的祖先當年生活在沁州時或許也是居住在這樣的兩層窯洞裏吧。

我去沁縣、沁源主要是想看看祖先們五百多年前曾經開墾生活過的土地，看看那裏的山川地貌風土人情，並沒有認祖歸根的奢望。不過如果能在那裏遇到姓臧的人，進而去他們家裏坐坐，話家常合影留念，無疑是一次賞心悅目的景遇。我在沁縣、沁源先後詢問了三十多人，有政府的官員，有退休的老人，有經多識廣的司機，還有賓館裏負責登記的職員。我甚至還去了縣人大和縣政府的史志辦公室查詢。不僅沁縣、沁源沒有什麼以臧家村、臧家嶺、臧家溝為名的村莊，而且大家都沒有聽說過有姓臧的人，甚至多數人都不認識臧這個字。

那天晚上，我住在沁縣的「沁州賓館」裏。賓館前臺的服務員熱情地打電話到我的房間。她幫我打聽到了，沁縣公安局有一個名叫臧尚的警員。後來她再次給我電話，說是她進一步瞭解到，那臧尚老弟並不是沁縣本地人，他原本是一個在沁縣當兵服役的外鄉人，找了一個沁縣的老婆，退役後就留在了沁縣。

或許我們臧姓的祖先在沁州只是匆匆的過客？

到了沁縣沁源，一定也要去洪洞看看。洪洞距離沁源縣大約一百八十公里的路程，中間隔著主峰海拔兩千多米的太嶽山脈。當年先祖臧福臧貴兄弟跋涉的山路肯定崎嶇不平，如今已經鋪設了可以通行各種車輛的盤山瀝青路。

洪洞在同蒲鐵路線上，靠近汾河，屬於太嶽呂梁兩條山脈之間臨汾盆地的一部分，全境有六十多萬人，據說是山西省人口最多的縣。洪洞的名氣一是來自那棵著名的大槐樹；二是京劇《女起解》裏美女蘇三的一句唱詞：「洪洞縣裏沒好人」。

明朝移民時期的大槐樹和廣濟寺早已毀於汾河的洪水。滿清王朝統治中國期間，不允許一切對漢族有凝聚力的東西存在。偌大的廣濟寺除了殘留下一座半人高的石經幢之外，其他的遺跡逐漸蕩然無存了。直到清朝末年，滿清王朝的禁錮開始鬆動，洪洞縣一個叫景大啟的人在山東任職官吏時，感知山東人對洪洞舊籍的故土情節，隨募得白銀三百九十兩，開始籌建洪洞的移民遺址。這時，辛亥革命爆發，在其他地方燒殺搶掠無惡不做的北洋軍盧永祥部，軍士多為河北山東人。他們征伐到洪洞，紛紛匯集於大槐樹下拜謁，不僅沒有放縱作惡，而且還把從別處掠來的財物拋置於槐樹之下。洪洞的百姓這才發現了大槐樹「蔭庇群生」的功能，開始支援移民遺址的建設。

遺址於民國三年建成，後幾經改造，形成了現在的「大槐樹公園」。

大槐樹公園的中心建築「祭祖堂」是上世紀九十年代完工的，裏面供奉著漢族每個姓氏的祖先牌位。正面牆壁分成八個櫥窿，每個櫥窿裏擺設的牌位數量大致相同。櫥窿前面一張長案，上面擺設的是「張、王、李、趙、劉、景、楊、朱」八個姓氏。其中前五個姓氏人口眾多，優先供奉名正言順；景姓是修建遺址的發起人；朱姓大移民時正坐著皇帝，享受特殊的待遇也有理由。我戲謔地問站在旁邊的工作人員：

上世紀八十年代，山西洪洞大槐樹公園迎門建立了這堵影壁牆。一個「根」字，表達了移民後代的故土情結。（攝於2006年10月）

「你們縣的縣委書記姓楊嗎？」

工作人員笑著告訴我：楊姓是民國初年修建遺址時洪洞縣的父母官。牆壁上八個櫥窿裏的眾多牌位，囊括了漢族的所有姓氏，每個炎黃子孫都能在裏面尋到自己的祖先。恰恰是這樣全面的安排設計，說明「祭祖堂」裏的內容沒有絲毫的歷史依據。完全是一些歷史知識匱乏之人隨意杜撰製作的。仔細查看，所列的姓氏中竟有錯字別字。

那棵聞名天下六百多年的漢代古槐樹早已不見了蹤影。它孽生出的第二代槐樹也已經乾枯。第二代槐樹遺體之旁，第三代槐樹正生長得枝繁葉茂。除此之外，中國乃至世界移民史上最著名的遺址「大槐樹公園」裏沒有多少具備歷史價值的東西。「大槐樹」和「老鴰窩」的故事雖然不完全是虛構，但它也僅僅是河北山東河南移民後代們關於故鄉的一個美麗而又遙遠的傳說。

三代槐樹的一側，不知道是什麼樣的人物，硬是讓人樹立了一排風馬牛不相及的石碑，上面雕刻了一萬個異型「壽」字，大有「萬壽無疆」的遺風。我們是一個有著悠久歷史和燦爛文化的民族。我們也是最隨意地否定歷史，最不珍惜文化遺產的民族。在洪洞我不可能再搜尋到更多的和我的先祖行蹤有關聯的遺跡遺物了。

洪洞隸屬臨汾市管轄。臨汾據傳說是帝堯的都城。元末明初，整個中國破敗凋零。唯獨山西南部在一個名叫闊闊鐵木爾，漢名被稱做王保保的蒙古將領治理下，相對安定。不僅當地的人口能夠繁衍生息，還吸引了許多逃亡的難民，成了人口密集的地區。所謂的密集也只是相對而言。據史書記載，當時山西省的人口只有四百多萬，但比河北、河南兩省的總和還多，所以洪武皇帝和他的後代制定沿襲了從山西往外移民的政策。

在和洪洞、臨汾人交談中我發現，他們說話的語音有一些和保定周圍的口音很相似：如把「了」讀做「Lie」；把「這」說成「Zhei」。句尾也習慣帶有兒化韻，只是沒有保定人，特別是我們劉口村的人兒化得那樣充分。保定一帶自唐朝中葉起六百多年戰亂不斷。到明朝初年人煙稀少，從山西乃至臨汾附近遷徙的移民比較多，帶去原籍的口音也是理所當然。我不是語音學家，無法進行規範的研究，但是我在臨汾和洪洞時，還是為自己的發現而激動不已。

和山西的許多地方一樣，臨汾盆地的兩側，呂梁山區和太嶽山區都蘊藏著豐富的煤炭。因為煤炭的品種多是煙煤，臨汾也就成了全國乃至全世界最集中的焦碳產地。簡易的煉焦廠上空濃煙滾滾，白白燒掉了寶貴的煤焦油和液化氣，不僅浪費了資源，還使得臨汾一帶成了以空氣污染而聞名於全球的地方。有兩個去洪洞出差的太原人詼諧地對我說：

「我們太原不再是世界上污染最嚴重的城市了，臨汾超過了太原，我們現在只能排在第二名了，應當感到幸福。」

在祖先曾經留下過足跡的地方，我呼吸著嗆鼻的空氣，真有一種欲哭無淚的感覺。

三、進德堂

劉口村臧姓的家譜已經遺失毀壞。老人們傳說，一世祖臧貴當年到達河北後，安家的地方是劉口村西面十多華里的臧村。

臧村現在是保定東郊方圓幾十里內比較大的村莊，是清苑縣東北部的行政中心。臧村由西、中、東三個自然村組成，其中西臧村最大，是過去的區政府，現在鎮政府的駐地。這麼重要的一個村鎮，以我祖先的姓氏命名，當年一定有其原因。令我頗感驚奇的是現在居住在臧村的臧姓族人數量很少，而臧村的地名卻一直延續至今。

臧氏現存的部分家譜記載，一世祖臧貴娶妻邸氏、朱氏、蕭氏。之後，三代單傳：二世祖臧宣（妻李氏），三世祖臧能（妻張氏），四世祖臧欽（妻馬氏，趙氏）。這四代先祖的墳塋，就在西臧村和中臧村之間。後來，臧姓族人多數遷離了臧村，分散到附近的村落，但都尊奉那裏為臧家的老墳，每逢節令都要派人前往祭奠。這樣的活動，上個世紀五十年代後才逐漸減少。

臧家老墳旁邊有一眼井，井水甘甜。臧姓鄉民在附近路過，時常停下來歇息，喝水飲牲口。這時，年長的便會對後生們說：

「多喝點吧，這是咱們臧家的井。」

四世祖臧欽養育了三個兒子：五世祖臧大經（妻馬氏，趙氏）、臧大綸（妻劉氏）、臧大緡（妻李氏）。臧姓從臧村遷到劉口村是從五世祖弟兄們開始的。六世祖是大經之子臧應洪（妻王氏，許氏）和大綸之子臧應韶（妻王氏）。我們第七代祖先生活的年代，大約是清朝康熙年間。臧應洪的兒子臧元會（妻張氏，李氏）和臧應韶的兒子臧元慶（妻趙氏，魏氏，張氏，李氏）先後考中了進士。臧元慶參加殿試之前，有人指點或者說是坑害他，要他在皇帝欽封之後，不必馬上謝恩。說是皇帝若見不到被封賞者叩謝，還會封給更高的官職。殿試之後，皇帝連封了臧元慶三個官職，元慶先祖記取那人的指點，都沒有跪拜謝恩。康熙皇帝十分驚訝地說道：

「莫非此人是個傻子？」

臧元慶這才清醒過來，知道壞了大事，無限的氣惱湧上腦門，一頭撞在了金鑾殿的柱子上，悲憤而絕。一陣慌亂過後，皇帝為了平息此事，冊封臧元慶為「鎮殿將軍」。

我們家譜上臧元慶的名字旁邊，確實曾經寫有「鎮殿將軍」四字。康熙年間有沒有金鑾殿上撞頭自殺的進士，史書上有否記載，我沒有考證。唯一可以驗證此事的是我們劉口村臧氏後人之中，的確不乏做事愚拙卻性情剛烈之人。

劉口村臧姓的家譜，我只見到過一份一九六三年大水災後的手抄本。因為當年手抄家譜的同族系臧元慶的兄長臧元忠（妻龐氏）的後代，便只抄錄了他們支系的部分。臧元慶之後，八到十四代列祖列宗的名諱和延續關係便沒有了書面的記載。

我的高祖名叫臧貫和，是臧貴的第十五代後裔。出生的年代大約在清咸豐年間。成年後，高祖娶妻蔡氏，生有五男三女，可以說是人丁興旺兵強馬壯，父子們齊心協力辛勤經營，家道漸漸充裕起來，不僅添置了土地，還擁有了一座榨油的小作坊。

依照鄉間的慣例，擇一吉日良辰，高祖燃香設壇略備薄酒，請來有關人氏。無非是村首族長左鄰右舍姑舅表親和一兩位粗通文墨的鄉人，正式為自家確立了一個名號：進德堂。

華北平原農戶的堂號，不像江南一帶用於私塾學堂或講課受業的館所；也不像西南、西北地區那樣作為宗教幫會組織的名稱。北方的農家自己擁有一個堂號，猶如當今的公司商店小賣部有了名稱，對外交往借貸婚喪慶典禮儀時，名號稱謂書寫起來方便。擁有一個新堂號，也是一個男人成家立業，並得到鄉親們公認的標誌。「進德」二字用於小家農戶，無非是昭示自家的本分，勉勵後人敬老愛幼積德行善。

我少年時，曾見到家裏有一條盛糧食的線織布袋，上面有黑墨槌印的「進得堂　臧」四字，想必是高祖當年置辦的家什。把陳舊的布袋貼近臉頰，先人的體溫尤存。

高祖的五個兒子，我出生後只有四曾祖還在世，已是年逾八旬的駝背老翁。其他四個曾祖，我只能從長輩們的敘說中知道個一二。

大曾祖大號一元，小名玉子，妻劉氏。他身材魁梧，為人厚道，很受弟弟們尊重。他會做豆腐；還會蒸饅頭，親朋鄉鄰婚慶喪殯，時常請他前去幫忙。

二曾祖大號儒元，小名老占，正直俠義。年輕的時候，高祖母蔡氏生病，儒元曾祖步行數百里到山西五臺山的寺廟裏燒香許願，誓言佛祖如果保佑母親的疾病痊癒，自己就捨身出家。回來後不久，高祖母的病當真好了。在兄弟們的勸阻下，儒元曾祖未到廟裏出家為僧，卻從此不談婚娶。農閒時分，其他兄弟在自家的油坊裏做事，只他一個外出給人打工，做的多是推車挑擔蹬軋車軋棉花一類重活。孤雁單飛，苦楚只有他自己知道。

三曾祖大號朝元，小名老小，身材矮小卻強壯有力，一手好莊稼活聞名鄉里。他去世多年之後，還有村人回憶他當年帶著四曾祖和侄子瑞來在田裏耪頭遍高粱的場景。叔侄三人齊頭並進，耪過的高粱苗行距苗距一致，橫看豎看左右斜看都能成行，吸引了許多路人駐足觀看，賺得了聲聲喝彩。油坊裏最累的活計是掄油錘，自然非三曾祖莫屬。他還是趕車使船的好把式。三曾祖母耿氏，身材也很矮小，性情十分溫和。她是童養媳，很小就到了我們家。我幼年時她仍在世。

四曾祖大號慶元，小名來明，是一個勤勞終生的農夫，農忙傾力耕作，農閒時挑擔賣油。值得稱道的是他的妻子，我的這個四曾祖母也姓臧。那年代婦女因為纏足，無法從事繁重的農田勞動。四曾祖母卻與眾不同，她雖也是一雙小腳，家裏地裏卻都是一把好手。自家的磨房，篩麵粉的籮可以放到一個特製的木箱裏用腳登著晃動。四曾祖母磨半天麵，嘴裏吆喝著拉磨的牲口，小腳登著麵籮，雙手還能納兩雙鞋綁子。她去世六十多年之後，當年她親手用秫秸桿製作的蓖簾子後代人都還在使用著。

劉口村一帶有一種生長期短，顆粒扁平並極小的小豌豆。洪水退去晚的年頭，秋後無法播種小麥，只好在來年春天補種小豌豆，以免耽誤一季夏糧。植株很矮的小豌豆成熟時，小小的豆莢容易爆裂，只能在上午帶著露水搶收。值得稱道的是兩足尖尖的四曾祖母拔小豌豆株棵時，能把三曾祖那樣的健壯男子落在後頭。

慶元四曾祖沒有兒子，他就把責任全都歸結到能幹活善理家的妻子身上。四曾祖母生下第二個女兒的當日，四曾祖進屋抽了妻子三個耳光，真是荒唐至極。朝元三曾祖夫婦也沒有兒子，後人嘴裏耳裏卻沒有他抽妻子耳光的傳說。很可能是三曾祖的性情沒有四曾祖暴躁混帳，再不就是三曾祖母挨了耳光後沒有向他人傾訴。

高祖臧貫和，終生不識字。五個曾祖，只有五曾祖臧洪元有幸讀過幾年私塾。

我的五曾祖臧洪元，小名峰爾，妻賈氏。他頭腦靈活口齒清楚明事理重信義。高祖在世之日，進德堂與外界交往的事宜就由他來承擔。高祖過世之後，主持家門的不是四位兄長，而是年紀最幼的五曾祖。

進德堂生存的年代正值清末民初，中國發生了許多翻天覆地的大事：甲午戰爭；戊戌變法；義和團殺洋人；辛亥年鬧革命；國民黨北伐；北洋軍易幟。這些留名史冊的壯舉，我的高祖和曾祖們都沒有參加的份。做為普通的農民，他們的職責就是種地吃飯繳稅納糧。皇帝在的時候給皇帝繳；皇帝被推翻後，就納給北洋政府。「日出而作，日落而息，帝力與我有何哉！」

發生在民國三年的一場官司，讓我的曾祖們也感受到了時世的變化。

進德堂的田地多數在村東，其中的一塊和臧務本家的地緊挨著。這個臧務本，住宅在大胡同，同姓本家，都是臧貴的後代，只是血緣關係稍遠一些罷了。臧務本讀過幾年書，說話咬文嚼字，性情怪僻暴躁，外號「大脾氣」。「大脾氣」的幾個兒子都很年輕，過日子的心勁正旺。那年秋天耕地的時候，兩家為地界發生了糾紛。本來這樣的事在農村是經常發生的，劉口村秋後洪水退去，原來耕作的壟溝水沖泥淤早已面目全非，地界往往需要從新測量界定。

那天，兩家在田裏耕地的人發生了爭執。有沒有謾罵，動沒動手撕打，已經無關緊要。從地裏回村後，臧務本年輕氣盛的幾個兒子便手持傢伙打上門來。那時，曾祖兄弟們都已經四五十歲，體能到了暮年，完全不是臧務本家後生們的對手。

進德堂的宅子是一座小四合院。宅門被砸破的時候，進德堂的男人們都躲進了屋裏，女人和孩子更是嚇得連氣都不敢出。臧務本家的後生們衝進了院子，其中最強壯的一個手裏還拿著一把刀。他們砸毀了院子裏的一些東西後就直奔正房北屋。說時遲那時快，身材矮小敦實的三曾祖掄著一根棍棒突然從南屋竄了出來。第一棍打中了持刀者的手臂，刀落到了地上。又接連幾棍，臧務本的兒子們頭上臉上就都掛了彩。年輕的後生們從來沒有遇到過這樣的陣勢，趕忙落荒而逃。

兩天之後，村首通知曾祖們：臧務本家告了官，縣裏要來人勘察現場驗明證傷。那場毆鬥不論理在誰家，臧務本家的人受了傷卻是事實。這時，四曾祖挺身而出，他拿起一塊磚頭用力砸在自己的頭上，頓時鮮血噴流。四曾祖也不讓擦洗，直到縣裏來人查驗完案情。察驗的結果是：兩家都有人受傷；進德堂提供了臧務本家的兇器，那把被三曾祖繳獲的刀，物證上算是勝了一籌。

案子還沒有判決，又傳來了令曾祖們恐慌的消息：臧務本在親戚的幫助下，找到大侯村的某舉人家。舉人答應介入這場官司，人情已經託到了縣裏。曾祖們情急之下，只好嘗試著去求助張治和的兒子張竹庭。

南劉口村東南兩公里，府河對岸的老河頭村，緊傍保定去安新縣城的大道，水陸交通方便，商業店鋪林立，是一個繁華的集鎮。張治和家是老河頭村的首富，不僅有耕地數頃，還經營著釀酒作坊、藥鋪和車店，生意做到徐水、保定、北京。張治和行醫，大凡付不起醫資的貧窮鄉人都分文不取，還饋贈藥品。給小兒看病更是認真，病兒便溺滴灑到自己的長衫上，面無慍色，診病下方依舊，人稱「張善人」。張治和的大兒子張竹庭曾經留學日本，人稱「洋秀才」。父子倆都算得上方圓幾十里有影響的人物。

進德堂這樣的小戶人家和張治和家非親非故，按說是求不動張家人情的。曾祖們急病亂投醫的因由是張治和家長年吃進德堂油坊的棉油。那時還沒有提純棉油的技術，棉籽榨出油後就直接食用，因為顏色黑黑，所以也叫黑油。張竹庭家人口多雇工多，大車店來來往往的客商也多，每隔十天半月進德堂的油坊都要給張家送一擔油過去。兩桶黑油挑到張家後也不過秤，記上帳就徑直倒進伙房的油缸，成色保證好，分量絕對足。生意雖然不大，幾十年交往下來，大家心裏自有度量衡，靠得是誠實和信用。

至於後來我母親的大姑姑嫁到了張家，成為張竹庭的弟媳，我家與張家成了間接的親戚；張治和、張竹庭父子兩人因為多行善事，土改時雖被劃為地主，卻也並沒有遭受多少虐待懲處，並為其留下了一些房屋用具，就都是幾十年後的事了。

我母親的大姑姑，我應該稱她為姑姥姥。我這個姑姥姥的大女兒是我母親的親表姐，我應該稱呼她為表姨。張竹庭則是我這個表姨的親伯父。我這個表姨結婚後一直沒有子女。文化大革命期間，生活在大城市的表姨和表姨夫遇到了難以承受的壓力，夫妻倆決定一起自殺，結果是表姨夫幫助表姨結束生命後，自己卻被別人救活過來，自殺未遂的表姨夫的罪孽更加深了一等。這一悲劇的發生更是幾十年之後的事了。

一兩天後，得知張竹庭在家，二曾祖和五曾祖挑著一擔黑油到了張家。先到伙房交割完畢，後到上房去拜會張竹庭。五曾祖說明來意，張竹庭略有沉思，抽出一張自己的帖子——相當如今的名片，讓五曾祖拿他的帖子到縣裏找某某某。

縣裏開庭之前，二曾祖、四曾祖和五曾祖三人，趕到保定城裏，那時清苑縣府還沒從保定遷出。進城之後，才知道縣太爺的衙門已經沒了，斷案改在警察署。將張竹庭的帖子送到了某某某處。依從某某的指點，五曾祖讓二曾祖趕回劉口村，買了幾十條鮮活的大鯉魚，連夜運到保定，送給了警察暑的伙房。

開庭審案的時候，按照民國的規矩不需要下跪了，原告被告一幫人照舊跪到地上。案情是勘察過了的，兩家糾纏的焦點集中在四曾祖受傷的情節上。臧務本的兒子們都咬定四曾祖是自傷。做為被告，進德堂一方主要是由口齒清楚的五曾祖對答。就在真偽難辯僵持不下五曾祖也無法駁倒對方的時候，一向口納的四曾祖再次挺身而出。他一手撕下頭上血跡斑斑的布條，指著自己的傷口對原告和審案的人大聲嚷道：

「外邊院子裏有磚，你們哪個砸各人（自己）一下試試？」

案子當庭判決，原告敗訴。臧務本的兩個兒子被拘押起來，限定期限，交錢放人。警察署伙房那天的午餐肯定有紅燒鯉魚這道菜。至於案件判決與吃紅燒鯉魚時的感覺有多大關係；導演紅燒鯉魚的某某某與警察署頭目關係究竟如何，那就只能由著曾祖們隨意猜測想像了。

輸了官司，原本家底殷實的臧務本賣光了田地和房產，帶著兒子們下了關東。臧務本有個弟弟，無兒無田，在北劉口街上開了一間水房賣開水，土改後才分得了住宅土地。四十年後，臧務本的二兒子從東北回到劉口村做了他叔叔的繼承人。當年血氣方剛的後生已經成了白髮的老漢。可以據此假設，臧務本父子們下關東後混得景況一般，張狂魯莽的性情，到了哪裏恐怕也行不長遠。

因為一場糾紛逼得同一祖先的鄉鄰族親遷徙遠去，流落異地。臧務本的後人如果能夠讀到我的這些文字，請接受我代表曾祖們的道歉。

事情過後，四曾祖對家裏的人說，用磚砸自己的頭，其中也有學問，右手拿磚要砸頭的左側才不易被人識破，說書人講的故事裏有的。全家人都沒想到，平日只知道幹活，沉默寡言的四曾祖關鍵時刻竟然還有這般智勇。

五曾祖則感慨道：

「前清的舉人還不如民國的洋秀才呢！」

從那以後，進德堂的男人們才都剪掉了腦袋後頭的辮子。

高祖臧貫和在世的時候，全家二十多口人，大夥裏幹活，大鍋裏吃飯。高祖去世後二十多年，曾祖弟兄五家人依舊傍在一起生產生活。五曾祖洪元主理對外交往；管理家內事務的是公道能幹的四曾祖母。每頓吃什麼飯，飯由誰來做，都是四曾祖母決定。各個小家庭到大伙房裏去打飯，也是四曾祖母掌勺分配。長幼尊卑親近疏遠好壞稀稠大小多少，剎是要花費許多心思。添置器具家什，縫製衣服被褥，禮尚往來，年節慶典，都要處理得當，實在不是一件容易的事。

兄弟們成年之後仍舊生活在一起有一定的好處，可以避免某個小家庭因為災荒、疾病而破產。在社會動蕩沒有任何保障的清末民初，人多一些的大船比個人操縱的木筏要安全得多。但我相信，進德堂我的那些祖輩們，即使按照他們那時的標準，生活得也都並不舒心愉快，更談不上幸福。

民國的時候，北洋軍閥執掌北京的政權。保定是直系軍閥曹錕的大本營。腐敗的政府，頻繁的戰亂，苛捐雜稅糧草軍餉，龐大的費用最終都要由我曾祖們一樣面朝黃土背朝天的農民來承擔。蔡東藩的《民國演義》裏，寫了布販出身的軍閥曹錕，五千大洋一票賄選大總統，十萬大洋娶小妾的情節。近年有一系列回憶北洋政府直隸總督張鎮芳之子張伯駒先生的文章，記述風流倜儻慷慨大方的張公子，如何把自己用金條購置的陸機、李白、杜牧、范仲淹的手跡捐獻給了國家，送給中央領導人。在經濟學和社會學的放大鏡裏，曹大總統的銀圓，張公子的金條，都浸有我曾祖們的血汗。

捐稅的繁重，生產力的低下，曾祖弟兄們辛勤耕種著一百多畝田地，也只能維持全家的溫飽，日子過得十分節儉。老年的四曾祖曾經回憶說，他當年在府河裏用網捕魚，吃午飯時要把乾糧扔給對岸的哥哥。乾糧飛到半空，竟然被風給吹散了，原因是乾糧裏摻的米糠麩皮太多了。高強度的勞動，低標準的生活，曾祖父曾祖母們用汗水和生命支撐著進德堂。

天下沒有不散的宴席。一九二八年秋後，進德堂終於要分家了。那時全家共有男女老幼二十五口，一百多畝田地，三處房宅，一匹馬，一頭牛，一架車。油坊已經倒閉，另有場院兩個，碾子、磨棚各一。磨棚旁有一棵一百多年樹齡的大桑樹，每到夏季，樹冠森森，枝條上長滿了甜甜的桑葚。

分家的程序按俗規由姑舅表親主持。田地、房產、器具的分割，弟兄們抓鬮決定。說起進德堂的房產，實在有些可憐，三片宅院的面積，總共不到一畝，十八間狹窄低矮的房屋，勉強住人而已。因為涉及今後幾代人的恩恩怨怨，我有必要把曾祖們分到的房產，詳細地介紹清楚：

大曾祖分到南邊的一座小院，三間土坯房；

這幅拍攝於二〇〇六年春天的照片中，年長者是我的堂伯父臧全永（一九一九—二〇一二）。身高力大，勤勞終生的三伯父已是需要借助拐杖的老翁。汽車上站立最高的男童是他的曾孫。世事滄桑，進德堂後人的家中有了汽車，而且還不止一部。

背景是河北中部典型的平頂房舍。

二曾祖的是西邊的旁院，三間北屋和曾經做過油坊的兩間南屋；

老宅子是個小四合院，歸了三曾祖和四曾祖兩家；

五曾祖分到的是磨棚和碾房，不能居住，暫時棲身於小四合院的北屋。

大曾祖有兩個兒子：長子瑞來，次子瑞祥；

二曾祖終生未婚；

三曾祖和四曾祖只有女兒；

五曾祖也有兩個兒子：長子瑞生，次子瑞雲。

中國傳統的宗法規則是絕幼不絕長，大曾祖的次子臧瑞祥過繼給了二曾祖；五曾祖的長子臧瑞生過繼給了三曾祖；五曾祖的次子臧瑞雲，則過繼給四曾祖。讀過私塾聰明能幹的五曾祖，自己的兩個兒子一個也沒有落下。在強大的宗法面前，他料理事物的智慧再多也是無能為力。原本團結和睦的進德堂，分家之後生出許多悲憤與淒涼。

確定了繼嗣關係，財產也分割完畢，寫好地契文書，各家自己開火做飯。進德堂解體了。

四、小四合院（上）

村莊的名字，並不是中國最小的地名。劉口村裏不同的區域還有許多稱謂，如：大胡同，小胡同，蘭家胡同，板橋東，李家崗爾，劉街爾，隆泰號，老爺廟溝，大南街爾，小南街爾，老集上，三房爾，十道口，穆家旮旯，溫家旮旯等等，如同城市裏的街道和小區。田野裏的土地也都各有名稱：桑園里，南上坡，知了地，丁家窪、大柳樹墳，西南窪……，約定俗成，稱謂起來方便罷了。

進德堂分家劃到三曾祖和四曾祖名下的小四合院，位於南劉口村小胡同最北端的西側。當年三曾祖幾個與臧務本家的兒子們格鬥的戰場，就在這個小四合院內。

小胡同實在是太小了：長不過百米，寬不到八尺，人家不足十戶，全都臧姓。

小四合院也實在太小了，我曾經測量過：東西只有十一米寬，南北不足二十二米長，面積只有三分半。北房南房各三間，東屋、西屋各兩間。朝東的院門在東屋與南房之間的過道處；對著院門是影壁；影壁牆後是廁所。

分家後，小四合院的房子是這樣使用的：北房的西裏間是五曾祖夫婦的臥室；東裏間是三曾祖嗣子臧瑞生夫婦的臥室。中間是兩家的廚房；西屋的裏間是四曾祖夫婦的臥室，外屋餵養牲口；東屋的外間做廚房，裏間我祖父結婚時使用；南屋的東裏間是三曾祖夫婦的臥室，西裏間的窗戶朝著廁所，只能做倉庫用。五個臥室都是一盤土炕。三個曾祖一共生養了六個女兒。我的這些姑奶奶們，不管是沒有出嫁的，還是出嫁了的回娘家省親時，都要和各自的父母在一個炕上住宿。

院子裏一隻大水缸，三家合用。天涼的時侯，各家把矮小的餐桌放在自家的火炕上用餐；夏天沒有風雨的日子，三張小餐桌就都擺在窄小的院子裏。雖然分了家，三家的飲食卻沒有什麼區別。糧食都是自家種的，幾乎每頓飯都是烙餅、白粥（玉米粥）、鹹蘿蔔條。過年時三家合夥殺一頭豬，包兩頓餃子，吃幾天葷菜，剩餘的醃製成臘肉，留做平日招待客人。三曾祖和四曾祖吸煙，每年種兩畦煙葉。菜園裏種些白菜蘿蔔，用於年夜飯的餃子餡和供全年吃的鹹菜條。四曾祖自己在菜園子邊上栽幾棵辣椒，秋後淹到鹹菜缸裏，算是他特殊享受的調味品。衣服被褥從紡織到縫製都由家裏的女人完成；洗滌衣物用過濾草木灰的水；點燈用棉油；燒柴是莊稼的秸桿和蘆葦的殘屑。我的祖祖輩輩大概都是這樣生活的。

五曾祖的長子臧瑞生，過繼給三曾祖之前就已經結了婚。過繼之後他們夫婦也沒有改口，依舊稱三曾祖為伯父（劉口村的口語為：大大）；稱三曾祖母為伯母（劉口村的口語為：娘）；稱五曾祖母為媽。

五曾祖的次子臧瑞雲，是我的祖父。他過繼給四曾祖後的第二年，由四曾祖主持著給他成的親。對三個長輩，我祖父仍然使用以前的稱謂：稱四曾祖為伯父；四曾祖母為伯母；五曾祖母為媽。我的祖母過門後，稱四曾祖為爹；稱四曾祖母為媽，稱五曾祖母為五嬸。我不知道這些細小的區別來自什麼禮道。

五曾祖把兩個兒子都給了兄長，心裏的痛苦與悲傷可想而知。我祖父成親的那天晚上，五曾祖獨自一人在場院的石滾子上坐了一夜。沒多久，年紀不到五十歲的五曾祖，按照劉口村的稱謂，我應當叫他老爺的臧洪元就在萬般的鬱悶中去世了。

曾祖父臧洪元去世後，孤苦伶仃的曾祖母沒錢舉辦葬禮，只好用一口棺木把丈夫的遺體暫囚在磨坊旁的一個過道裏。八年後，三曾祖臧朝元病故，弟兄二人的葬禮並在了一起舉行。

進德堂家族的墓地裏，高祖臧貫和的墳前，大曾祖臧一元的棺木早已入土為安。按照風俗與慣例，他四個弟弟及他們的配偶將與他的墳塋從東到西一字排列。朝元三曾祖和洪元五曾祖的棺木入土時，儒元二曾祖認為洪元曾祖名下已經沒有了男性繼承人，便向全體族人提出：自己沒有妻室，可以把三弟的墓穴盡量靠近一元兄長的棺木，中間為自己留下一個人的位置即可。這樣一來，五曾祖的墳塋也就可以往中間靠一靠，以免將來墳前顯得空寂冷落。儒元二曾祖的提議為族人接受，進德堂的男女老幼無不為他的仗義寬厚體恤仁悌而感動。

又過了幾年，儒元二曾祖去世。他雖然終生未婚，沒有子嗣，過繼給他的臧瑞祥膝下卻人丁興旺，全田、全順、全永弟兄三人都正值青壯年齡，後繼的子孫將接踵而至，人丁還要繼續興旺下去。家族墓地大曾祖與三曾祖墓穴之間為二曾祖預留的位置太過狹窄。二曾祖墳墓前面無法佈局瑞祥二爺往下眾多人口的棺木。進德堂各家主事的男子幾經爭吵商議，最後決定：二曾祖儒元的靈柩另外選址安葬，所用土地在進德堂各家的現有耕地中任意挑選。為此，特意請來了風水先生。測算察看了半日，最後選中了桑園裏據說風水不錯的一片。而這片有風水的土地，分家後歸屬一元曾祖的長子臧瑞來的名下，惹得臧瑞來與臧瑞祥親哥兒倆的後代們還為此頻發口舌。

儒元二曾祖孤雁單飛了一輩子，死後也沒有和父母兄弟們安葬在一起，莫非真是孤單的宿命？

現在我們家族的墓地，最上首是高祖臧貫和夫婦的墳塋，下面一排是五個稍小一些的墳堆。之所以由四變成了五，那是後人不知道二曾祖已經另遷它處，洪水之後重新添墳時憑想當然而為之的結果。

高祖臧貫和選擇「進德」為堂號，實指望後人能夠永遠互敬互愛積德行善。他大概怎麼也不會想到，若干年後，進德堂的子孫就違背祖訓，做出了許多不仁不義不慈不孝不敬不悌的事來。

過繼給二曾祖的臧瑞祥，三個兒子陸續成家後男女眾多，狹小的西院已經容納不下。我那三個堂伯父雖然都勤勞節儉，無奈時世艱難，他們沒有能力購置新的宅基。分給五曾祖的磨房碾棚靠著西院。五曾祖去世以後，臧瑞祥家提出要把全田伯父過繼給我的五曾祖母做孫輩繼承人，這樣就可以名正言順地佔有磨房碾棚，擴充自家的住宅了。為這片價值菲薄的宅基，西院和東院糾纏紛爭了二十年之久。如同兩個有著領土糾紛的敵對國。

兩個兒子過繼給了別人，丈夫因為鬱悶憂傷而過早去世，現在又有人平白無故地塞給自己一個孫子，我的曾祖母悲痛欲絕。我的祖父和他的哥哥，面對自己母親的遭遇也無能為力。沒有法律可求助，也沒有社會輿論以支持。他哥兒倆成家後，每人只生了一個兒子。按照農村延續煙火的宗法慣例，血緣的遠近，親情的厚薄，當事人的意願都不重要。西院的男子自用有餘，就可以強行輸出。儘管曾祖母不情願接受這個孫子，全田伯父兩口子常常背著柴火主動地來給曾祖母燒炕，抱著被子要到曾祖母的炕上住宿。沒幾年的時間，整日以淚洗面的曾祖母就雙目失明了。全田伯父最終佔用了磨房碾棚那片宅基。那棵百年的大桑樹也被連根刨掉。至於過繼養老的事，再也沒人提及。

全田伯父是一個性情溫和身體瘦弱沒有見解章程的人，過繼奪宅之舉實因貧困所迫。他八十多歲時，因為受了家人的羞辱，喝農藥自殺而死，著實讓人同情。當年背柴火抱被子強入我曾祖母臥室的策略舉動，也不是全田伯父自己的主意，出謀劃策者是他的二弟全順伯父。

全順伯父人稱「小諸葛亮爾」。寓意不是褒揚他足智多謀，單指其喜歡算計他人。有一件小事可以窺見他的品行：進德堂二畝多墳地分家後屬於五家共有，因為二曾祖名下人多，曾祖們就讓全順伯父弟兄們無償耕種著。墳地上有七棵合抱粗的大柳樹，係高祖當年親手所植。每當夏季，綠樹成蔭，蟬叫鳥鳴，景象巍然。全順伯父弟兄們無償耕種共有的田地，本應盡力維護墳地和樹木。他們卻認為柳樹影響了莊稼生長，說服幾位曾祖，趁過荒年時把七棵大樹悉數刨掉。刨樹的時候正值春天，眾人都覺得這些柳樹品種優良，兼有懷念高祖之意，就挑選了許多挺直勻稱的枝條做樹種，到處挖坑栽種。一場春雨之後，各處新栽的柳樹枝條都發出了綠芽，抽出嫩枝。唯獨栽種在大柳樹墳的八棵全部沒有成活。有人看見全順伯父下地幹活時專門繞到那裏，偷偷地把那些還沒有扎根的柳樹枝條用力搖晃幾下。人做到這個份上，也算達到了一種境界。

全順伯父是他們弟兄三個中最勤勞最節儉最能吃苦的，年輕時販賣棉花去北京南苑，挑一百多斤的擔子，一夜趕八十多里路程。他出了一生的苦力，後半世卻非常不幸：喪子喪妻喪女的變故接踵而至，耄耋之年燒炕時失火，傷口沒有及時治療，感染而終。命運乎？因果乎？或許都有些關聯。

領土之爭的第一回合，西院取得了勝利。第二片宅基之爭，是進德堂分家時遺留下來的難題。東院因為十分狹窄，兩間西屋的地基，有一半坐落在西院裏。分家的地契文書上寫明：兩間西屋到翻蓋或拆掉時，延伸到西院裏的地基才能歸屬西院所有。那兩間西屋是土坯砌的牆，黃泥抹的頂，木料和門窗也不結實。大家都認為它支撐不了多久。

兩間搖搖欲墜的西屋，東院的主人既不拆除也不翻蓋，只是竭盡全能一次又一次地維修，硬是讓它又堅持屹立了三十五載。直到華北平原大水災，劉口村的房子幾乎全都倒塌了的一九六三年。臧瑞祥二爺去世之前，始終沒有看到自己領土的回歸。假如那位白鬍子紅臉膛和藹可親的老頭兒會寫詩，彌留之際一定留下了和陸放翁類似的遺囑：「東鄰宅基回歸日，家祭勿忘告乃翁！」

第三塊糾結的地片更是微不足道：東院的西南角，是一個刀形的廁所，是那種露天的，糞坑和垃圾堆連在一起，夏天蒼蠅亂飛，蛆蟲亂爬的農村式廁所。面積只有四平方米大小。如果把東院和西院的邊界取直，這個廁所的一半就伸到了西院一邊。西院的主人一直想把這片破壞風水，臭氣烘烘的兩平方米地皮高價買到手。東院的人卻始終不予理會。四代人朝思暮想的願望，直到一九八三年才完成交易。

都是一個高祖的後代，值得嗎？唉！

五、跑反

我父母經常回顧並講給我聽的往事，是他們年幼時跑反的經歷。那是日本鬼子占領時期，冀中平原的老百姓所特有的經歷。是無數中國男女老幼被日本鬼子的刺刀機槍驅趕、驚嚇和殺戮的經歷。一幅幅驚險慘烈的畫面永遠印在了我的腦海裏。

一九三七年七月七日盧溝橋事變，日本人趨兵南下，兩個月後占領了保定。以後的八年抗日戰爭裏，保定周圍也許是中國人和日本軍隊打得時間最持久，糾纏得最膠著的地區。加拿大的醫生白求恩和來自印度的大夫柯棣華都犧牲在保定的土地上。後來出現了許多以保定為背景的抗日題材小說和電影，如：《野火春風鬥古城》、《平原游擊隊》、《烈火金剛》、《戰寇圖》、《地道戰》、《新兒女英雄傳》、《小兵張嘎》、《狼牙山五壯士》、《敵後武工隊》等等，簡直是數不勝數。一或許是因為保定人特能寫，特會編；二是當年那一帶的確發生過許多轟轟烈烈可歌可泣悲壯曲折的故事。

日本人打下了保定之後，因為急於南下，並沒有馬上搶占周圍的村莊。國民黨的軍隊潰散了，地方官員撤離了，暫時的權利真空讓許許多多牌號各異的土匪突然冒了出來。老百姓在飽嘗日本人的奴役之前，先遭受到了這些中國惡人的禍害。

盤據在劉口村的一幫，被稱做土匪三營，大概是從哪個雜牌軍領取過番號。號稱營的編制，其實人馬最多的時候，不足一百，多是本村和附近村莊的地痞流氓無賴潑皮。為首的幾個是被日本人打散了的軍人。他們禍害的區域是周圍十幾個村莊。誰家有錢有糧，就把人綁來關到他們的牢房裏，讓用錢糧來贖。如若不從，輕則吊打，重則殺人；誰家有年輕的女人，拿著刀槍，推門就進，稍有抗拒，舉刀就砍。

原本都是鄉里鄉親，路上遇到，小土匪吆喝一聲：

「唉嗨！表叔，你這件大襖不錯啊！給我吧。」

扒下來就穿到自己的身上。「表叔」不敢說半個不字。

有一天，我的四曾祖正在院子裏摸索著幹活，門外來了一個匪兵。大概那匪兵聽到了四曾祖的咳嗽聲，沒有敲門，就在街上高聲喊了一嗓子：

「舅喂兒嗷，我就不家去啦。條子給你塞進去了（Lie），明兒下晌兒給送過去！」

四曾祖把從門縫塞進來的紙條讓人一看，才知道是土匪三營那幫小子們攤派了二百斤麵粉，趕忙讓我奶奶套牲口磨麵，卻怎麼也想不起來剛才在大門外大聲吆喝的匪兵，是哪門子親戚家的外甥。

南劉口的村長耿雙義和土匪三營沆瀣一氣，綁誰的票，搶奪欺負哪家，多是出於他的旨意。土匪三營橫行的半年多，是劉口一帶最恐慌最悲慘的時期，其苦楚程度甚至超過日本人燒殺搶掠最嚴重的一九四一年和一九四二年。面對這些本鄉本土冒出來的強盜，鄉親們跑無處跑躲無處躲，只有低頭彎腰憋著悶氣伸出脖子挨。

一九三七年底，共產黨和八路軍開始進入冀中平原，著手建立政權擴充隊伍。劉口村也有了祕密的共產黨組織。共產黨和八路軍要想站穩腳跟，取得民眾的支持，當務之急就是消滅禍國殃民欺壓百姓的土匪。

對土匪三營，八路軍最初的計劃是收編他們。派去一個姓劉的連長和土匪的頭領談判，結果沒有談成。劉連長被窮凶極惡的匪首一刀一刀地給剮了。幾天之後，八路軍調集兵力，把土匪三營來了個一鍋端。活著被捉住的都被拉到府河邊，塞進了冰窟窿裏，包括耿村長父子幾個。

南劉口有個叫劉樂爾的，開了一間雜貨鋪。土匪三營綁票，他不明著參與，只是暗地裏幫著踩線，幹些通風報信的勾當。土匪三營被滅了，劉樂爾認為自己的行為無人知曉就沒逃跑。晚上有人敲門，他以為是來買東西的。開了門後，進來兩個帶槍的八路，連推帶搡把個劉樂爾拉了出去，從此再也沒人見到過他的蹤影。

滅了土匪三營以後，八路軍對零星的地痞流氓，偷盜搶劫的，吸大煙跳大神的也都開始逐個收拾。為了免除後患，把這些隨時都可能投靠日本人的社會垃圾統統提前處理了。處死的方式多是就地活埋。冬天土地凍結，刨土挖坑困難，就在結了冰的河裏池塘裏隨便砸個洞，把人整個塞進去。那一年多，鄉民們在田間行走或去地裏幹活，經常看到有人腿人胳膊人腦袋暴露到地面上來。

紅色恐怖行之有效，八路軍威名大振，逐漸在冀中平原上扎下了根。八路軍的人馬多在夜間活動，狗吠的聲音容易暴露行蹤。消滅社會垃圾和土匪惡棍的同時，各村的狗也都被他們殺了個精光。八路軍殺狗，日本鬼子抓雞，偌大的華北大平原上，沒有了雞犬之聲。

日本鬼子攻佔了鐵路沿線的城市後，開始了對整個華北的蠶食。劉口村離保定不遠，之間全是一覽無餘的平原，沒有屏障遮攔。日本鬼子第一次到劉口村是一九三八年初春，天氣還很冷的時候。整隊的日本兵是直接從保定開過來的。事先鄉親們得到了消息，大多數都跑出了村。日本鬼子進村後就挨家挨戶地搜索。南劉口有個人叫老扁，他的姐姐有些癡呆。鬼子進村的時候老扁的姐姐藏在家裏。她看見日本兵在捉她家的雞，就從隱藏的地方跑出來阻攔，日本兵揮舞刺刀一下子就穿透了老扁他姐姐的胸膛。

為了取暖，日本人點燃了許多柴火垛。從村外看過去，整個村子濃煙滾滾。燒殺搶掠了半日，日本鬼子開始做飯。全村的雞鴨幾乎都被殺光。有的豬活生生地被砍下了一隻腿；有的牛身上被割下一塊肉。日本鬼子撤走後，留下十幾條屍體，一片片廢墟和滿地的雞毛。一個個被點燃的麥秸垛，都成了紅色的火球，在寒風中閃著光亮。

我的大爺爺那時正患病臥在炕上，他的胳膊上生了一片大瘡，血水、膿水不停地流淌。我的曾祖母和三曾祖母為看護大爺爺也沒逃出村去。幾個日本兵闖進我們家的小四合院，用刺刀挑開門簾，嘴裏哇啦哇啦地一通叫喊。其中一個年輕的日本兵掀開大爺爺身上的被子，看見膿水血水，趕忙捂上了鼻子。見是真正的病人，日本鬼子沒有舉刀殺人，跑到院子裏抓走了雞窩裏的三隻母雞。那天鬼子們進村的時間很早，我們家的人還沒有把關在雞窩裏的雞放出來，正好讓日本人逮了個正著。

幾乎和劉口村發生慘案同時，劉口村北邊的崔家迪城村也遭到日本鬼子的屠殺洗劫。一些跑出了村子的人聽了偽軍和漢奸的訓斥勸告又返回了村裏，結果和那些沒有跑的人一起都被刺刀挑了。日本鬼子走了以後，村子裏到處是一堆堆的玉米秸，每堆玉米秸下面都有村民的屍體。

從那以後，日本鬼子在保（定）安（新）公路沿線的村莊建立了據點。劉口村東南方向的老河頭和西南方向的東安村都修起了炮樓。炮樓裏的日本鬼子和偽軍經常到劉口村來掃蕩，抓人搶東西。

挖掘地道是華北大平原上的村民躲避日本人掃蕩的一個創舉。劉口村的地勢低窪，淺淺地開鑿一段，只能藏些糧食衣物，藏不得人。躲避日本鬼子掃蕩的去處，只有村外的莊稼地和蘆葦蕩。劉口人把蘆葦蕩稱作葦蕩（發音Tang）子。劉口村第一次領教過日本人的殘暴後，一有鬼子出動的消息，不管白天黑夜風霜雪雨，鄉親們都會抱起孩子牽上牲口背著被子拿好乾糧，爭先恐後地往青紗帳裏蘆葦蕩裏或別的村莊跑。這就是劉口村鄉親們說的跑反。

日本鬼子出動沒有固定的時間，沒有固定的路線，百姓們只能無時不刻地處於戒備警覺狀態。晚上睡覺不敢脫衣；紅白喜慶不能敲打鑼鼓；過年過節不能放鞭炮；甚至不能大聲說話，不能快速跑動。幾個耪地的人扛著鋤頭一塊回家，村子裏的人遠遠地看到，以為他們扛的是槍，瞬間全村就跑得人去屋空。有一家的孩子才幾個月大，半夜有動靜，抱起孩子就跑，到了葦蕩子裏才發現抱在懷裏的是個枕頭。還有一家人夜裏驚醒後就跑，慌亂中用孩子換下來的尿布包了乾糧，吃的時候解開一看，乾糧上沾了許多黃黃的穢物。由於村民常年都不敢脫衣服睡覺，加上蘆葦蕩裏又潮濕，許多人身上生了疥瘡。

跑出了村莊也並不安全，半路碰上日本鬼子，還會遭到機槍的掃射。跑到別的村莊更不安全，如果被日本鬼子包圍在裏面，不是被殺死，就是被抓走。

日本鬼子燒殺搶掠的殘暴行徑使得鄉民們空前地團結和善謙讓。沒有人再為過日子的瑣事爭吵，沒有人再因為你長我短而交惡。鄰村親戚們的關係也從來沒有地親密，今天你跑到了我家躲避，明日我又去了你村棲身，儘管安心吃安心住，如同在自己家裏一樣。

一九四一年，日本人在冀中平原推行「強化華北治安」。劉口村也修建了炮樓，地點在北劉口村中心稍微偏西的位置。日本人修炮樓用的磚瓦木料，來自拆毀的民房和廟宇。全村的大樹也被悉數砍光。南劉口村小學的課桌原本是又寬又厚的木板，也被日偽軍拆了去。

日本國內的廟宇很多，保存得十分完好；日本人重視教育，為自己的孩子們建設了最好的學校。跑到中國來，卻把中國的廟宇，把中國小學生的課桌，拆掉去修了炮樓，盡顯占領者的野蠻與凶殘。

劉口村的樹木砍了很多，廟宇、學校拆下來的木料也很多，修炮樓沒有用完。鬼子便用刺刀驅使著村民把木料扛到西面十幾里地的馬莊去蓋那裏的炮樓。我有一個堂祖父叫臧春波（小名二喜），那天是被強迫扛木料者之一。臧春波隨口嘟囔了一句什麼，押解他們的一個日本兵沒有聽懂，便認為臧春波說的是反抗他們或污蔑輕視他們的語言，隨即一刺刀攮了過來。臧春波一躲，刺刀撲了空。村裏打聯絡的人趕忙跑過去解釋說好話，日本鬼子沒有殺人，只是狠狠地踹了臧春波幾腳，還硬是強迫他一個人肩扛了兩根檩條送去馬莊。

家門口豎起了炮樓，鄉親們反倒不用再跑反，開始直接面對日本人的屠殺奴役。劉口炮樓幾十個日軍偽軍，不僅他們的吃喝花費，全部在劉口和周圍的村莊索要掠搶，還要搜刮大量的糧食徵集到保定去。劉口村盛產小麥，炮樓修好當年，一次就從劉口村運走了八十馬車麥子。保定市的史志資料記載，一九四二年一月，日本人曾經從保定掠奪了二百萬袋麵粉運回了日本國內，裏面可能就有劉口村鄉親們的血汗。

日本人「強化治安」運動的另一個內容是成立婦女會。劉口村炮樓上的日偽軍，也強迫一些年輕的女子加入了所謂婦女會，住到炮樓上去供他們發洩獸慾。這些年輕的姐妹，有良家女子，也有妓女暗娼；有的是各村為了平安，花錢雇來送到炮樓上的；有的是日本鬼子和偽軍直接抓來的抗屬。華北平原上一個普通村莊的炮樓裏尚且實施這等禽獸勾當，可見慰安婦在日本人的各級軍事編制中是普遍存在的。

我們小四合院裏的人那幾年直接和日本兵近距離直接接觸一共有四次：

一次是日本鬼子第一次到劉口村掃蕩，我大爺爺臥病在炕，被日本人搶走三隻雞那次。

第二次是幾個日本兵砸小四合院的門，七十多歲的四曾祖開門後，一個年輕的日本兵衝著他就是一刺刀，把四曾祖的棉袍挑了個大洞。那日本兵當時並不是成心要殺死四曾祖，他只是想逼真地恫嚇中國老漢一下。

第三次是來自安州據點的鬼子到劉口村掃蕩，闖進我們家的小四合院內，搶走了四曾祖珍愛萬分的玉石煙袋嘴，搜查出藏在麥糠下的十口袋麥子。

還有一次是北劉口村修炮樓，我父親被強迫著去幹活，一個日本兵打了他一棍子。那年他才十歲。

另有一次是沒見到日本人也沒有被搶走東西的入戶騷擾：東安炮樓的日本鬼子到劉口村掃蕩，我們家的人都跑出了村。小四合院的南屋裏間挖了一個很淺很小的地道，胡亂藏一些東西。地道口被日本鬼子發現了，他們點燃了一床狗皮褥子扔了進去，沒有人口傷亡，也沒有損失其他物品。

打從日本鬼子在劉口村設立炮樓到一九四三年撤走，一共兩年多的時間，劉口村被炮樓上的人屠殺的村民有三十幾個。其他村被抓到劉口後殺死的也有四五十人。

一九四二年正月初一，日偽軍把從小侯村抓來的八個村民槍殺後埋在村北的一個大坑裏；初二上午，天降大雪，偽軍大隊長手揮日本軍刀，把從木鍁莊抓來的一個青年斬首在村外老爺廟溝邊。全村人心如刀絞，年意全無，街上空無一人。還是那年秋天，炮樓上的日偽軍從方凌村抓來了十七個老頭，全都用刺刀挑死，扔進了劉街兒的一眼水井裏。方凌村來人搬運屍體的時候，劉口村的人也都跟著哭泣。

劉口村有兩個參加了八路軍的後生，一個叫趙老增；一個叫趙牆爾。一天晚上，他倆離隊探親，悄悄地回到家裏。有人告密到炮樓上，日偽軍分頭包圍了他倆的家。趙老增被堵在了屋裏，日本兵把他抓了去，從此生不見人，死不見屍，再也沒人知道他的音信。趙牆爾聽到門外的動靜，扔了個手榴彈，趁著爆炸後的混亂翻過牆頭跑掉了。日本兵沒抓到趙牆爾，就用刺刀挑死了他的母親和嬸娘。

日偽軍盤踞劉口村期間，八路軍依舊在周圍活動，共產黨的區長和武工隊有時就住在村子裏。占領軍和反占領者處於犬牙交錯的膠著狀態。比較遺憾的是日本鬼子和偽軍多次殺害村民和八路軍士兵，並且幾次實施集體屠殺，卻沒有出現日本兵和偽軍們被擊斃被暗殺的壯舉，甚至連占領者被襲擊騷擾的記載和記憶也沒有。劉口村炮樓上的日本兵最多時不過十二三個，少的時候才四五人，軍階最高的不過是個曹長（上士）、伍長（下士）。把這個局部陣型放到整個抗日戰爭的宏觀戰場來看，劉家口村兩千多個老百姓，和一個班的日本兵相持了將近三年。我所說的相持，其實是兩千多劉口村村民被一個班的日本兵任意欺壓宰割凌辱搶掠。

一九四三年秋，日本人在戰略上開始收縮，許多駐紮在中國北方的軍隊，陸續被調到中國南方和東南亞的戰場。劉口村炮樓上的日本鬼子和偽軍，一夜之間撤了個精光，鄉親們結束了跑反和被占領下的奴役。

很多很多年以後，劉口村的人們回憶起當年的跑反還不免心有餘悸。即便吃糠咽菜餓死人的一九六〇年和一九六一年，人們也認為比跑反的時期要好。可見人的第一需求是安全，其次才是溫飽。

一九九三年三月，在新加坡附近海域的一艘遊艇上，我遇到了一個來自日本的旅遊團。幾十個矮小清瘦的老頭兒，健康的氣色，樸素的休閒夾克，端正地坐在椅子上觀看遊艇上的演出，和周圍那些來自其他國度喧囂臃腫的人群形成了鮮明的對比。我逐個審視著這些年邁的老人。有被審視者和我目光相遇，回報我的是禮貌地微笑。我不禁陷入陣陣沉思：難道在這些安靜的老人裏會有當年屠殺我同胞，燒毀村莊的房屋，搶掠我家的財物，毆打我的父老，用機槍掃射我鄉親的惡魔嗎？

二〇〇六年二月，我和妻子在日本東京火車站前八重洲附近迷了路。我們倆一句日語都不會，只能用手指著中文地圖向日本「老鄉」詢問。一個正在打掃馬路的清潔工看到我們遞給他的地圖，趕緊把手伸進內衣裏掏眼鏡。這時我才看清楚清潔工是一個年紀很大的老人，身體還挺硬朗。老人的花鏡是折疊的，很精緻，打開卻頗費事。我為麻煩了一個老人而道歉，用英語說了一句：

「Sorry！」

老人也因為自己的手忙腳亂而不好意思地笑了。他戴好眼鏡仔細地看了地圖，又把我們領到了要去的路口。我們語言不通，文字卻有相同的部分。

突然間，我想到了六十多年前用刺刀挑破我四曾祖的棉袍，搶走他的玉石煙袋嘴的那些年輕的日本兵。

「會不會就是這老傢伙幹的？」

這是我與日本人少有的兩次近距離接觸。每一次我都會立馬聯想到日本人當年侵佔中國時的暴行。我也不知道自己為什麼會突然有這樣的聯想。這大概就是中國人和日本人之間的節。

六、蘭至爾與大氈

我們小四合院的裏的人都膽小怕事，只知道種地吃飯，過自己的莊戶日子。面對日寇偽軍的殺戮欺壓只能忍受和躲避，不敢有絲毫的抗爭。所以回憶我們家的往事時沒有多少值得稱道，值得表述，值得人敬佩的情節。我們小四合院北面不遠的鄰居家倒是出了兩個與眾不同的人物。

小四合院北邊，有一條從小胡同去大胡同的過道。這條過道有兩個拐彎，它比小胡同還要狹窄。過道裏只有三戶人家，都姓蘭，所以過道又被村裏人稱做蘭家胡同。三戶人家都比較窮，最窮的是蘭亂子家。蘭家的院落比我們家的小四合院還小，房子比我們家的西屋還破。

蘭亂子中等身材，很能幹，他最擅長的是打魚。一樣的網具，同一條溝河，同一片水塘，別人打不到魚，蘭亂子能打上魚來。使用撒網打魚，網要撒得開，撒得圓，撒得遠。蘭亂子把網撒得最開，撒得最圓，撒得最遠。蘭亂子能夠趟水下到河塘裏撒網，水沒了他的胸膛，靠臂力還能把網遠遠圓圓地撒開。全村沒有一個人能比得上他。

蘭亂子的妻子也很會料理家務，小院子破屋子拾掇得乾乾淨淨。儘管頓頓都只是鹹菜下飯，她能把那鹹菜絲切得比頭髮還細。蘭亂子夫婦生了四個孩子：大女兒嫁給了北劉口的賣油郎趙寬志；大兒子蘭冬至，小名蘭至爾，一九一八年生人，七七事變那年十九歲；二兒子幼年溺水夭折了；三兒子蘭庚午，長我父親一歲。蘭庚午和我父親是發小朋友，經常在一塊兒玩。

一個村莊不同姓氏的人家，互相間也都有約定的輩分稱呼。我父親和蘭庚午雖是年齡相仿發小玩伴，卻要稱呼他叔叔，不知道是哪年哪月因為姻親還是盟親延續下來的輩分。

一九三七年秋天，日本鬼子還沒到過劉口村。一天，小胡同裏的人們都嚷嚷著：

「看蘭至爾娶媳婦去啊！」

大家到了蘭家，才知道蘭至爾娶的媳婦是大氈。

南劉口大胡同東面有條南北流向的小河，河上有座木板搭成的小橋。橋東有幾十戶人家，都姓臧。劉口村稱村子最東的這一區域為板橋東。這板橋東還住著一個姓詹名套爾的光棍漢，是臧姓人家的外甥。詹套爾家原本在詹莊，因為貧苦，相貌又醜，四十多歲也沒成家，孤身一人常年住在姥姥家以打短工為生。村裏的人都諧音叫他氈套爾。

氈套是北方冬季常見的一種禦寒用品，多用於包裹在鞋襪之外或保護雙手，由羊毛或其他動物雜毛加工而成。氈套爾身為臧姓的外甥，凡是與他外祖父同輩的臧姓男人，他都要呼之為姥爺。氈套爾調侃自己說劉口村就是他的老爺廟，低頭抬頭看到的不論年齡大小都是他的老爺。

一九三七年七七事變後不久，府河的洪水剛剛漫到劉口的村邊。日本人從北京向南殺了過來，常有逃難的人乘船泊到劉口村。一天，來了一個三十大多四十不到的女人，帶著兩個嬌嫩的女孩子，大的十六七歲；小的才十四五。娘兒仨靠施捨過了幾天，鄉親們看著柔弱的母女在舉目無親的劉口村無法生活下去。便有人說合，讓那做母親的嫁給了光棍漢詹套爾。母女三人住進了詹套爾那兩間又髒又矮的小屋裏，算是找到了一個棲身之地。

漸漸地，村裏的人知道了母女們的一些來歷。兩個女孩兒的父親是國民軍的一個營長，和日本人打仗犧牲了。戰火連天烽煙遍地，各路交通都斷了，母女們才流落到了劉口村來。在這之前，女孩們的大姐已經嫁給了臧村的一戶人家。

做母親的嫁給了氈套爾，大家就叫她的大女兒為大氈，叫她的小女兒為小氈。時間一久，氈套爾一人打短工難以養活母女三人，兩個女兒出嫁成了唯一的選擇。於是，大氈就嫁給了蘭至爾；小氈嫁到了東邊安新縣的一個村莊。

這時候，蘭至爾的父親蘭亂子已經病故。蘭至爾的母親帶著兩個兒子，孤兒寡母地更加貧困，加上兵荒馬亂，婚禮只能因陋就簡。有人把大氈送到蘭至爾家，湊湊乎乎就算成了親。

大氈嫁到蘭至爾家以後，蘭家的人才知道她的名字叫蓮蓉。因為不願意提及那打日本犧牲了的父親，她原來的姓氏，人們也都不再探問，就都叫她詹蓮蓉。多數人仍然稱呼她大氈。詹蓮蓉十六七歲的年紀，正是青春年華，從小在城市裏讀書，不像農村的女子那樣粗糙。蘭至爾娶了個漂亮的媳婦心裏自然高興。年輕的後生們個個都是羨慕不已。

蘭至爾的母親並不喜歡自己的兒媳婦。詹蓮蓉這樣出身的女孩子，哪裏曾做過家務？鹹蘿蔔條切得有手指粗細，惹得婆婆十分不滿。無論婆婆怎樣訓斥，詹蓮蓉只是微微一笑，盡力學著把家務活做好。

共產黨開始到劉口一帶活動。蘭至爾的姐夫趙寬志早已加入了共產黨。後來蘭至爾也成了共產黨員。是趙寬志還是其他人發展的他，誰也不清楚，因為那時候共產黨員都是單線聯繫，都還處在祕密狀態，發展黨員也多是親戚朋友或朋友親戚間溝通培養，私下裏運作。

時光到了一九四一年，日本鬼子在劉口村修了炮樓不久，蘭至爾去炮樓裏做了一名幹零活的差役，算是共產黨的一個內線。一天傍晚，蘭至爾正在炮樓裏忙活，負責和他聯絡的人來告知他，說他已經暴露，要他趕快逃跑。

抗日戰爭期間，共產黨的隊伍不斷擴展壯大。各村地下黨組織最重要的任務就是動員青壯年農民去參加培訓，既吸收男青年，也吸收女子。培訓結束後，適合錄用留下的，或者補充到八路軍武工隊，或者吸收做各級共產黨組織的工作人員，就算是參加革命了。

共產黨的機構和武裝都處於住無定所的狀態，培訓新人的地點因而也無法固定。遠的或去延安，或去鐵路以西的太行山區；近的或去白洋淀裏，或在附近相對安全的村莊，都需要內部熟悉路線的人聯繫護送。南劉口李老雙的女兒和其他兩個男青年一塊兒報名去受訓，是上級安排蘭至爾護送走的。不知道李老雙怎麼知道了這件事，硬說是蘭至爾把他的閨女拐跑了。

蘭至爾滿嘴的牙齒長得很亂，外號叫三層牙。李老雙滿村子嚷著找三層牙拼命，要三層牙賠他的閨女。三層牙是八路軍共產黨的身份就這樣暴露了。炮樓裏派出偽軍去抓三層牙，卻不知道三層牙就是他們身邊的差役蘭至爾。

蘭至爾得知暴露的消息後，趁著夜色從炮樓裏逃出來，沒敢回家，順著老爺廟溝子就出了村，參加了八路軍的區小隊。偽軍到蘭至爾家撲了空。日本人知道了三層牙的真實身份後惱羞成怒，就把蘭至爾的媳婦詹蓮蓉抓到了炮樓上，硬是強迫她加入婦女會。詹蓮蓉不甘敵寇偽軍的凌辱，剛去的時候，一個人對著牆壁哭了三天三夜。

蘭至爾到區小隊不久就當上了班長。班裏的士兵多的時候十幾個人，少的時候五、六個，都是附近村莊的青年。區小隊經常分散活動，藏匿在各個村子裏打游擊。蘭至兒那個班轉到劉口村時他也不敢回家，往往就住到我們家的小四合院來。有時我曾祖母睡到半夜，突然聽到有敲窗戶的響聲，還有人小聲叫道：

「娘吆（伯母）！」

那是蘭至爾。他和手下的戰士每次光顧都是先著一個身手敏捷者翻牆而過，然後悄悄地打開院子大門。全班人馬溜進院裏，聽聽周圍沒有動靜，再敲窗戶喚醒屋裏的主人。

曾祖母趕緊穿衣起身，把蘭至爾一夥兒讓進屋裏，不點燈，自己悄悄地搬到其他房間，把炕騰出來。一個班的士兵齊齊的一溜，抱著槍並排睡到炕上。

蘭至爾他們來無蹤去無影。有時下半夜來；有時上半夜走；有時一住就是幾天；有時白天住下，天一黑就離開。小四合院裏住著一群老人婦女小孩，不會引起外人注意。蘭至爾家近在咫尺，卻是鬼子偽軍耳目們盯防的重點。有時蘭至爾讓我祖母或我父親把他的母親弟弟叫到我們家見上一面。

蘭至爾和他的部下住宿在我們家自是要在我們家吃飯。都是莊戶人家的後生，有什麼吃什麼。吃過飯後，按人數付給蓋了區政府印記的票證，我們家向八路軍交納糧稅時可以頂替公糧。在日本人的眼皮子底下，政權的機能還可以如此有效地運轉，也只有共產黨能夠做到。

蘭至爾他們一直是這樣地來來往往，直到一九四三年春夏之交日本人撤出了劉口村的炮樓。後來，我們家的人想想也都非常後怕，如果那期間被炮樓上的日本鬼子和偽軍知道了，小四合院裏的老老少少一定會遭大殃。

既是共產黨的隊伍，就要學習，就要開會，區小隊的士兵也不例外。有時蘭至爾們開會，並不迴避我們家裏的人。一次，我父親聽到他們開會的內容是批評一個叫臧栓爾的士兵丟了一粒子彈的事。一個戰士質問臧栓爾：

「子彈如果讓敵人揀了去，用來打我們怎麼辦？」

問得臧栓爾張口結舌說不出話。那個臧栓爾家是臧莊村的，距離劉口村三里路，我們家的人原本就認識他。

蘭至爾們開會的方式和內容讓我父親感到很新鮮，在他少年的心裏萌發了加入到這支隊伍裏的意念。這種意念改變了我父親的一生，也改變了我的命運。這是非常重要的。

詹蓮蓉在炮樓裏住了幾個月，被南劉口的村長一干人保了出來。不久，她也參加了區裏的培訓，然後在區裏當了幹部。她讀過書有文化，和丈夫兩個人稱得上是一文一武。蘭至爾的姐夫趙寬志這時已經當上了區長。一家三個人參加了共產黨八路軍，這在南北劉口村是獨一無二的。

蘭至爾犧牲的時候，已經到縣大隊當了排長，日本鬼子已經投降了，作戰的敵人是國民黨的警備隊。一九四六年的秋天，在徐水縣一個村莊的遭遇戰中，蘭至爾帶領自己排的戰士承擔掩護撤退的任務。蘭至爾被警備隊的機槍打中，身上中了七發子彈，腸子都流了出來，戰友們和敵人都認為他死了。沒人的時候，他忍痛堅持爬出了那個被敵人占領了的村莊。鄉親們在莊稼地裏發現了他，把他送到了縣大隊，後來被轉移到河北平原中部的河間縣，那裏有解放軍的野戰醫院。詹蓮蓉知道後也去了河間。幾天後，蘭至爾還是因為傷口感染犧牲了。那時解放軍野戰醫院的藥品和醫療條件都很有限，重傷員的治癒率很低。

蘭至爾和詹蓮蓉結婚多年也沒有孩子。詹蓮蓉的母親跟隨詹套爾回了詹莊。蘭至爾犧牲後，詹蓮蓉在劉口村再也沒有一個親人了。

第二年，詹蓮蓉改嫁，她從此再也沒有回過曾經給她留下了無限悲痛的劉口村。據說老年的詹蓮蓉住在河北涿縣的幹部休養所。她嫁到臧村的姐姐去世辦喪事的時候，她在臧村遇到了劉口村的熟人，她讓這個熟人給蘭至爾的弟弟蘭庚午捎信，願意讓蘭庚午去臧村和她見個面。結果這個捎信的人把這個託付忘記了。臧村距離劉口村才十多里路，為什麼不回劉口看看呢？劉口村悲痛的生活經歷，在詹蓮蓉的記憶裏恐怕是永遠也無法磨滅忘記的。

蘭至爾和詹蓮蓉夫婦是兩個普通的人，他們屬於普通人裏的勇敢者。五十多年後的今天，劉口村還記得他們還知道他們的人已經不多了。如果我不為他們記述些什麼，後人就會完全忘記了他們。

七、我的祖父

前面我已經說過，我們小四合院的裏的人都膽小怕事。日本鬼子蹂躪掃蕩占領劉口村的時候，我的祖父和他的哥哥雖然都正值二三十歲的青壯年，他倆卻沒有勇氣拿起槍刀和日本人戰鬥，他們選擇的是逃避。

我的祖父臧瑞雲，一九一二年生人，小名正月（因出生於農曆正月而得）。和他父親我的五曾祖一樣，祖父小的時候也讀過一年多私塾，念到《上孟子》。我們家曾經有一本圈點了一半的《上孟子》就是當年祖父用過的課本。祖父的哥哥，我的大爺爺臧瑞生，還有西院的全順伯父，私塾都讀了四五年，學問卻都不如我的祖父，其中既有天分也有用功與否的因素。在劉口村，祖父算得上是有文化的人。

過繼給四曾祖的時候，祖父才十六歲。四曾祖讓他去耪地，他把地頭耪完，就到樹陰下睡覺去了。四曾祖是苦了一輩子的莊稼漢，想讓嗣子接替他繼續耕種從父輩傳下來的二十多畝田地。祖父不遵從四曾祖的意願，兩個人多次發生衝突。挨了四曾祖的訓斥後，祖父就一個人到自己生父暫囚在磨坊一側的棺木前去痛哭。久而久之，四曾祖也就不再強逼祖父去地裏幹活了。

劉口村早年就有農閒時外出打工的習慣，我祖父很年輕就跟隨他的哥哥去過北平南苑。在村裏，祖父還給本村財主劉觀瀑管過帳目；當過賣針賣線的貨郎；開過成衣（裁縫）鋪；好像什麼生意都做過。祖父那時正年輕，喜歡新式的服裝和新鮮的玩意。做生意自己也有活錢，他就買了劉口村還很罕見的自行車和手電筒。

一天傍晚，祖父跟隨三曾祖和四曾祖去地裏收莊稼，回到家時天已很晚。三曾祖和四曾祖都不說話，面色十分緊張。吃過飯後倆人才舒展了一些。三曾祖對四曾祖說道：

「老四！今個你看到什麼沒有？」

四曾祖回答說：

「怎麼沒看到？狐狸老仙唄！」

三曾祖說：

「我也看得很清楚，是狐狸老仙，一直跟到咱們家門口，嚇得我不敢吱聲。」

祖父在一旁偷偷地樂。他用手電筒給伯父們照亮，卻被當成了狐狸老仙，把兩個伯父嚇了個半死。

一九三八年，祖父和連襟劉魁元合夥做生意賠了錢。劉魁元宣布破產，賣房子賣地頂了債，全家到外面謀生去了。進德堂分家時四曾祖分到的二十多畝地，四曾祖還在傾心地耕種著。祖父無地可賣，債主們三天兩頭上門相逼。走頭無路的祖父想到了自殺。

土匪三營被八路軍消滅了之後，南劉口村一個外號叫斷腸散的人當上了第一任抗日民主政府的村長；副村長是臧景岩；聯絡員是臧金嶺。臧金嶺小名強子，因為他身長兩米有餘，外號人稱強爾老高。戰亂年代時局不穩，浮到水面上來的人物往往都是一些別有所圖者和愣頭青，這幾個人也不例外。

東安和老河頭炮樓上的日本鬼子經常到劉口一帶掃蕩搶糧食抓人。抗日村長斷腸散一夥人一邊給八路軍籌款籌糧徵兵送情報；一邊也給東安炮樓上的日本人送糧食遞消息。各村的村長也都這樣，稱為「兩面村長」。電影《平原游擊隊》和《地道戰》裏都有這樣的角色。

隨著日本人不斷增兵掃蕩頻繁，「斷」村長一夥兒和東安炮樓的來往也多了起來。如果有人對他們表示不滿，或者以往就有怨恨有過節有私仇，他們就或當作漢奸向八路軍舉報；或指認為八路告密給東安的日本人。全村百姓們敢怒不敢言。

共產黨八路軍鏟除漢奸時有一個頗有道理卻十分武斷的標準。八路軍認為大凡曾經在城市裏或經過商或做過事或上過學的人都不可靠。這裏所說的城市既包括北平天津保定，也包括安新徐水的縣城。這些地方都被日本鬼子占領著，八路軍認為凡是與敵占區有關係有聯繫的人都很容易成為通敵的漢奸。預防的最佳辦法就是統統殺掉，以絕後患。我的大爺爺是在保定和北京經過商的。我祖父也跟隨著哥哥去過南苑。所以他們弟兄倆都有些提心吊膽。

無獨有偶，日本鬼子的殺人標準與八路軍的有些相似。日本人認為不好好種地的中國男人就都不是良民。日本鬼子掃蕩時遇到中國的青壯年男子，就先查看他的手掌，凡是掌心沒有繭子者，日本人就認為不是本分的莊稼漢，不問青紅皂白刺刀就挑了過來。我祖父很少幹莊稼活，他的手比較細嫩，嚇得他得整天握著棍棒，使勁地摩擦雙手，盡力使手掌變得粗糙起來。

一天下午，與我家對門在村小學教書的臧伯民悄悄來我家傳話。他提醒我祖父和他的哥哥，最好趕快出去躲一躲。我家的人知道他常在村裏走動，一定是聽到「斷」村長們商量了什麼。

這個「斷」村長說起來還是祖父的本家兄長，我們兩家素無怨恨糾紛。只是幾年前我祖父去南苑時，「斷」老兄也在那裏混事。有一次「斷」老兄向我祖父借錢去賭博，我祖父不僅沒有答應，而且還規勸他，為此倆人發生過幾句爭執。現在有了報復的機會，不知道「斷」村長是要把祖父哥兒倆當做漢奸舉報給八路軍，還是以暗通八路的罪名送給日本人，全家都驚恐萬分。

那天晚飯後，祖父一個人走到村外的一個菜園裏。他圍繞著一眼水井轉了一遭又一遭。債務纏身，死難臨頭，真是走投無路；年邁的繼父，兩個老母，一雙年幼的兒女，無窮無盡的牽掛。祖父在井邊輾轉到半夜，最終也沒有跳進那眼水井。他轉身回家收拾了幾件衣物，趁天不亮，就和他的哥哥一起乘船去了保定。他們兩個離家出走的時候，祖父二十六歲；我的大爺爺三十五歲。小四合院裏沒有年輕力壯的男子，撐船送他們走的是西院的全順伯父。因為那年秋天的洪水還沒有退去，需要行船至東臧村一帶地勢稍高的村莊才能登陸西行。

差一點投井自殺的經過祖父從未向人提及。只是在我出生後過滿月時祖父高興，回憶起往事他才對全家人說：

「那天晚上我要是跳了下去，就沒有現在咱這家子人了！」

祖父哥兒倆後來的景遇後面再予敘說，先交代一下「斷」村長一伙兒的結局：

「斷」村長幾個人吆三喝四地做下來就有些忘乎所以，徵收糧食錢款時不免做些手腳，本來就都是好吃懶做的人，湊到一起吃吃喝喝就自然而然了。賣滷煮雞的小販每天都送過來幾隻，吃著滷煮雞喝燒酒成了每天必修的公事。村裏的人給他們編了順口溜，開頭兩句是：「南劉口有個吃喝團，吃喝團的團長叫『斷腸散』」。

那時，管轄劉口村一帶的共產黨區長姓霍，徐水縣大東張村人。「斷」村長一夥兒的所作所為漸漸地讓霍區長知道了。一來是為了平息民怨，樹立共產黨的威信；二來是為了在敵情日趨嚴重的將來防止出現更多的漢奸，霍區長派人把「斷」村長幾個都抓了去，時間是一九三八年初冬，我祖父哥兒倆離家出走後數月，天氣開始要冷的時候。

最初幾天，霍區長也沒有十分為難他們，跑敵情到處轉移時就讓他們跟在後面，連手臂都不捆綁。第八天轉移到了閘板口村，吃午飯時，伙夫送來的是火燒夾肉。副村長臧景岩有些疑慮，他對「斷」村長說：

「別是送咱們上路吧？」

「斷」村長還說：

「怎麼會呢？」

下午，霍區長召開了群眾大會，參加大會的除了區裏的幹部民兵，還有十幾個村的不少群眾，當場宣布要處死漢奸。被關押者還有其他村的，二十幾個都被結結實實地綁了起來，一拉溜跪在了空地上。劉口村去參加大會的人都看到了，幾個曾經耀武揚威的人全嚇攤了。為了節省子彈，兩把明晃晃的大刀對著二十多顆腦袋從兩邊往中間一溜砍了過去，一共砍了十五個。餘下的幾個算是陪綁，隨同到閻王門前遛了一遭，以示警告。不管是真漢奸假漢奸還是候補漢奸，殺了一批，八路軍的聲威再振。

從「斷」村長們的作為來看，除去貪些便宜吃吃喝喝，並沒有叛變投敵認賊作父的真憑實據，甚至可以基本判斷是冤假錯案。戰爭時期錯殺錯死的人多了，誰叫你們張狂不檢點來著。那滷煮雞是好吃的嗎？

「斷」村長一干五人被羈押期間，南劉口村的村民曾幾次自發或策動加半自發地去找共產黨的地方首腦聯保，懇請赦免放人。我的三位曾祖母都曾邁動著一雙小腳跋涉數十華里參加村民們的集體行動來著。或許鄉民們認為小腳老太太們的懇求效果會更好。

南劉口村被抓去的五個，活著回來了兩人。三具無頭的屍體運回了南劉口，各家自行下葬。

「斷」村長的叔伯弟弟拍打著棺材自言自語地說：

「我那糊塗的哥哥呀，你怎麼成了那個漢奸了呀？」

強爾老高的個子實在太高了，現找的棺材不夠長，屍體放進去，腦袋無法安到脖子上，只好夾在了腋下。

他的弟弟悄悄說道：

「哥哥哎！你就抱著自各的腦袋走吧！」

「斷」村長幾人被處決後，沒人給東安炮樓打聯絡了，日本鬼子增加了對劉口村的掃蕩。許多村民乾脆就投親靠友躲到其他的村莊，一時間路靜人稀，全村一片蕭條。

我祖父的哥哥，我的大爺爺臧瑞生為人厚道，在南苑打工時認識了三個朋友，四人結成了金蘭弟兄。我大爺爺年紀最長，為大哥；二弟王德金，北京人；三弟薛文元，天津人；四弟楊校才，河北清苑縣大侯村人。

日本鬼子占領下的北京沒有什麼生意好做，大爺爺的盟弟薛文元那時在南苑開了一家名為「永和」的土產雜貨店。祖父他們哥兒倆離開家後就投奔薛文元去了南苑。祖父在「永和」雜貨店裏做帳房先生，因為做事認真帳目清楚，為人又謹慎小心，慢慢地站住了腳。過了幾年，祖父有了一些積蓄，幾次捎錢回家還清了債務。大爺爺也給薛文元的雜貨鋪打工，常駐在保定，負責採購貨物。小商業圈裏的人稱我的大爺爺為臧大先生；稱我祖父為臧二先生。

日本人占領華北時期，時世艱辛生意蕭條，「永和」雜貨店的規模越開越小，在北京南苑經營不下去，就遷到了石家莊，「永和」也更名為「福興園」。祖父也從打工的帳房成了合夥人，占了三分之一的股份。

祖父在外面打工的十幾年，正是日本鬼子占領時期，青年男子生存在城市，相對比在鄉村要安全一些。但有一次祖父也差一點丟了性命。他們從南苑遷移到石家莊後的第二年，為雜貨店儲存貨物的貨棧失了火，整個貨棧化為了灰燼。貨棧的貨物都投了保。日本人的保險公司賠付後，日本憲兵隊卻為此抓了許多人，包括貨棧的經理夥計。祖父和他們雜貨店的幾個人也被抓了去。審問了幾天才放了出來，都嚇了個半死。貨棧的經理夥計們抓進去後就沒了音信，不是被槍斃了，就是做為勞工送去了日本或東北。

一九四六年，我父親曾到石家莊去看望過祖父。他們那個叫做「福興園」的小雜貨店，位於花園街路南，兩小間低矮的門臉，舉手就能夠到屋簷。後院裏，一間南屋是廚房；兩間東屋，一間做倉庫，一間是祖父的宿舍。每天雜貨店關門後，小院裏就剩下祖父孤伶伶的一個人。祖父在雜貨店的收入僅僅能維持自己吃飯。

日本投降後，戰亂仍沒有結束。一九四八年冬天，解放軍占領了石家莊，煤炭供應很緊張。祖父賣掉小雜貨店後和別人合夥去山西買了幾十噸煤。火車在駛往石家莊的途中被國民黨的飛機炸毀，祖父多年的一點積蓄都炸沒了。

戰爭結束以後，在外面奔波多年的祖父回到了劉口村，最初在村裏當會計。人民公社成立後他擔任生產隊的會計，前後二十多年，直到一九七一年患病以後。

祖父是一個有文化的農民，沒有像他的父輩一樣終生在田裏勞作。他在外面打工經商，算是白領；回家做農民，領子的顏色也比其他農民淺一些。會計是他終生的職業，他敬業並且勝任。

祖父為人謹慎做事認真；如果社會安定，他會是一個講求信用的好商人。在外闖蕩多年，他積累了豐富的世俗智慧和經驗。他給我講過一個故事：說他有一次坐火車從保定去石家莊，普通車廂裏的人太多，就去了頭等車廂。一個四十多歲的乘務員，不僅不給補票，還說了許多難聽的話。時隔不久，在石家莊的一個防空洞裏躲避飛機轟炸，祖父又遇到了那個刁難貶損過他的乘務員。大家在防空洞裏藏了一天都很饑餓，就我祖父帶了一些饅頭。祖父把饅頭分給其他人後，問那個乘務員：

「你還認識我嗎？」

乘務員的職業，每天和許多人打交道，出言傷人也是經常的，他早已忘得一乾二淨。祖父給大家講述了火車上的經過。最後饅頭還是給那個尷尬的乘務員吃了。祖父對我說：

「不要輕易地傷害人，誰也說不準什麼時候需要他人的幫助。」

這個小故事給我留下了很深的印象。

一九五八年，劉口村也吃了幾個月的大食堂。為了把糧食都集中起來，村裏的民兵挨家挨戶地搜查。我祖父預感到這樣的做法不會持久，就在自家的火炕底下挖坑深深地埋藏了一缸麥子，比躲避日本鬼子搶掠時藏得還嚴密。隨後果然是亙古未有的饑荒。

祖父擔任村裏和生產隊的會計，帳目做得十分精細。村裏後來的會計和其他生產隊的會計，許多都是他一手帶出來的徒弟。有誰的帳做亂了，或者哪個生產隊瞞產私分，帳目合不攏了，把祖父請了去，三天五日定能理清出頭緒，最終平帳收局。不僅村裏的同行佩服祖父的能力，局外的社員鄉親也無不稱道讚賞。

除了做會計，祖父使用文化的地方是寫信和寫對聯。祖父的毛筆字寫的好，習慣用繁體。大凡要給遠處的親朋寄信而自家又沒有勝任的人去找祖父，只要把情由和目的交代清楚，祖父三言兩語就能把事情敘說明白。字句界於文言白話之間，稱謂準確，語氣得當，寫好之後念給信主聽一遍，基本不用修改。

祖父幼年的經歷，加之受過私塾教育，使他成為一個傳統意識很濃重的人。祖父對自己的母親，對繼父繼母都很孝順。曾祖母晚年輪流在我家和大爺爺家吃飯。不管輪到誰家，只要我們家的鍋裏做一點兒好吃的，哪怕是一碗小魚鹹菜，祖父都要先端到曾祖母的炕頭去一些。祖父在北京南苑打工時，四曾祖去看他。祖父給自己的繼父買了一件皮襖和一隻玉石煙嘴的煙袋，並且帶他到北京城裏遊覽了故宮，看了金鑾殿，還去前門大街「都一處」吃了燒賣。四曾祖心滿意足，回家後逢人就誇自己的嗣子比親兒子還好。祖父對自己的兄長，包括西院的二爺臧瑞祥也都十分尊重；家族內鄉鄰裏評價祖父和我大爺爺的關係時常用的一句話是：「老哥兒倆一輩子從來沒有紅一次過臉」。祖父和晚輩和親戚朋友和街坊四鄰說話也都親切和藹，盡顯慈愛與尊重。他唯獨對我的祖母，不僅談不上尊重有時簡直是粗暴無理。祖母失聰，不能正常地與人進行語言交流。我十七歲那年，祖父當著我的面不僅無端蠻橫地訓斥我祖母，還動手打了她一下子。望著祖母那驚慌羞愧可憐的樣子，我心裏暗暗想道：將來我絕不會這樣對待我的妻子。

祖父是我家祖祖輩輩第一個走進城市，並接受城市文明的人。他注意自己的儀表，衣著整潔，講究衛生，從來不說粗話。他喜歡京劇，自己會烹飪，喜歡親自動手調劑飲食。這些和我們村那些始終在家裏種地的男性農民們都有很大區別。雖然他的後半生沒有能夠生活在城市裏，但他真正喜歡的是城市裏的生活方式。他闖蕩城市的經歷開啟了我父親對城市的憧憬，使我父親很年輕的時候就聽到了城市的召喚。

祖父去世多年以後，我們家的生活富裕了。我父親對我說：

「如果你爺爺現在還活著，他一定願意隨著我們，住到城裏來，不會像其他農村的老人，出來幾天就想回去。」

我相信父親的說法。

還有一次，我和弟弟們談論「三年可以出個富翁，三代才能培養成紳士」的話題，我說：

「應當從咱爺爺開始算起！」

八、保定二師附小

祖父兄弟倆亡命離家去北京南苑的時候，留在小四合院裏的十口人是：六七十歲的三曾祖母和四曾祖夫婦；體弱多病的五曾祖母和她的小女兒；祖母帶著七歲的兒子（我的父親）和幾個月的女兒；大奶奶和她未滿週歲的兒子。

三家六十多畝田地，能夠到地裏幹活的就四曾祖一個。累彎了腰的老人，還常常被驅使著去出夫當差挖溝壕修炮樓。這樣一伙老少病弱，能在十多年的兵荒馬亂中活了下來，簡直就是一個天大的奇蹟。

小四合院裏的另一個奇蹟是我的父親在那樣的處境下還能夠上學讀書。支撐他實現自己願望的人是我那一個字也不識的祖母。

我的祖母姓劉，小名婷爾，出生於一九一一年，比我祖父大一歲。她的生日在那年的農曆七月，辛亥革命還沒發生，所以她也算得上是前清年間的人。祖母的娘家在十幾里外的劉莊村。她幼年喪母，由父親和堂兄們撫養長大。她們家的男子們常年販魚，往來於產魚的劉口村和保定城之間。她和一個叔伯姐姐都嫁到了南劉口村，和她們家男人們從事的職業，為生意而行走的範圍不無關係。

祖母從小纏足，沒上過一天學。我測試過，她真的一個字也不認識，包括她自己的姓氏和阿拉伯數字。常用的紙幣，她只能憑著圖案和顏色辨認。祖母三十多歲就兩耳失聰，別人只能對著她的耳朵大聲呼喊才能讓她聽到一點兒聲音。大半輩子生活在息聲微弱的世界，九十多歲時看電視，她僅憑畫面，還能夠看懂故事情節，能夠看出來誰和誰是夫妻，誰和誰又離婚了；還能夠判斷哪個是好人，哪個是壞人。我曾設想，以她的智商，如果有機會上學，一定是個不錯的學生。祖母竭盡全力讓我父親上學的原因，或許是她從我祖父身上看到了有文化的優勢和優越。祖母督促我父親讀書時經常使用的語言是：

「不好好念書，你那就擼一輩子鋤杠吧！」

我的父親臧全祿，生於一九三一年十月。進德堂第四代男子的

我的祖母劉婷（一九一一～二〇〇三）照片拍攝於一九六七年。

名字都從全字上排列，我父親也不例外。那個年代，幼兒的出生率很高，成活率卻很低。父親出生之前，祖母的一個女兒，大奶奶的一個兒子，都因為「四六風」而夭折了。農村所謂的「四六風」，多發生在嬰兒出生的第四天至第六天，很可能是因為接生時臍帶消毒不好而感染上了破傷風。我父親出生的第四天，他便也開始抽風，小四合院裏一片驚慌。四曾祖的大女兒，婆家是北劉口村。我的這個大姑奶奶把我父親揣在懷裏，邁著一雙小腳步行十多里地，到東臧村找陳老郁的老伴去「挑風」。所謂「挑風」大概是類似針灸或放血療法的鄉村醫術。也許是東臧村陳家那個老太太醫術高明；也許是我父親的生命力旺盛，大姑奶奶不辭勞苦的奔波使我父親轉危為安。小四合院的人們也都舒了一口氣，繈褓中的父親，可是三家人的命根子啊。

父親八歲時上了一年私塾，從《三字經》、《百家姓》、《弟子規》開始讀到《上論語》。後轉入村裏的小學，老師就是曾經關照過我們家的鄰居臧伯民。和村裏一塊兒上學的小朋友們相比，父親不僅功課最好，而且尊敬師長，行為舉止端正，從不打架罵人。經臧伯民老師推薦，父親當上了南劉家口村的兒童團長，經常帶領夥伴們出操。按照臧氏家族輩份，臧伯民應該稱呼我父親為「爺爺」。

日本鬼子和偽軍們來掃蕩時，保命要緊，學校只好中斷上課。待到掃蕩過去，村民多數回到村裏，村裏的義務廣播員瞎德海便會敲著一面破鑼滿村子吆喝幾遍：

「又開學了哇，小人們趕緊去上學呀！」

瞎德海是一個終身未娶的光棍老漢。他的眼睛並不全瞎，只因小時候曾經患過眼疾，便得了這麼個終身跟隨的外號。破銅鑼就是他的廣播器材，敲鑼吆喝的工作並沒有報酬，純屬於義工。瞎德海吆喝開學的鑼聲，一年或許會響起十次、八次，或許是十幾次、二十幾次，完全取決於日本鬼子掃蕩的計劃或對掃蕩的興趣。因為戰亂掃蕩和民國三十二年的饑荒，父親上學斷斷續續，六年裏上課的時間不到兩年，學習的質量可想而知。

父親第一次去保定城裏是一九四二年，日本鬼子還占領著保定。父親給他那賣魚的外祖父帶去了五十個雞蛋，然後跟著我的大爺爺吃住在永和雜貨店駐保定的採辦處。那時祖父還在北京南苑做帳房先生。父親在保定城裏第一次見到電燈，第一次看電影，第一次接觸城市生活。因為祖父說什麼也不同意他在保定城裏讀書，半個月後父親返回劉口。

日本人投降的第二年夏天，十五歲的父親去石家莊找祖父，想跟祖父在那裏上中學。祖父以打仗不安定為由拒絕了父親的要求。父親回到保定，報考中學的日期已經錯過。父親不想輕易放棄上學的機會，住在自己的舅舅家，每天到大街上尋覓招生的廣告。這時我的大爺爺已經回劉口村了。上中學已經錯過了招生的時機，父親最後決定報考河北省立第二師範學校附屬小學的高小部。

河北第二師範習慣上被人們稱為保定二師，是一所以教學質量高和鬧學潮而聞名遐邇的學校。保定二師的附屬小學位於保定市中心，歷史文化名勝古蓮池的旁邊。不論過去與現在，二師附小都是保定乃至河北省最正規的小學，是劉家口村破廟裏的學校完全無法相比的。

考試後七天，保師附小發榜，父親以第一名錄取。父親的舅舅看榜回來非常高興，特意給我父親買了兩個火燒夾肉做為獎賞。

入學後，父親被分在五年級丙班，還擔任了班長。父親看了五年級的課本後，覺得自己差不多都會，決定去找學校的齊校長。齊校長穿著皮鞋和淺灰色中山裝，是一個文質彬彬和藹可親的老頭兒。父親對齊校長說了家裏的情況：祖父年邁，母親體弱，農家小戶供養一個學生很艱難。父親說五年級的功課自己都會，要求跳級到六年級去。齊校長沒有答應。打那以後，父親每天都找齊校長一次。到了第四天，齊校長叫來了教務處的孫主任和六年級甲班的滕老師，指著父親說：

「這就是我說的那個學生。」

孫主任和滕老師口頭考了父親一些五年級的功課。第二天，父親就轉到了六年級甲班。

父親在保定二師附小六年級讀了一個學期，可以說這是他一生受到的唯一的正規教育。以後他在履歷表上填寫自己的文化程度是初中，那指的是他工作後讀過業餘中學。

父親在保定二師附小讀書期間，還有兩件事值得一提：

一是教他語文的滕致祥老師，對父親很關心，很賞識。一九四六年底，滕老師要辭職離開，問父親願意不願意隨他去北平。父親回家和祖母商量，祖母不同意。父親回絕了滕老師。十多年後，父親回母校去向校工打聽，才知道滕老師和齊校長等人那時已經都是共產黨員了。滕老師去北平是受了黨組織的派遣，共產黨已經從戰略上開始謀劃對大城市北平的占領和接收了。

二是因為保定二師附小是正規的國立小學，設有國際上很普及的少年組織童子軍。父親和所有的男同學都參加了童子軍的活動，如同後來中國大陸的小學生都要加入少先隊。

一九四七年開春，共產黨和國民黨都在保定一帶集結軍隊。大戰在即，父親就沒有再返回保定二師附小讀書，開始幫助四曾祖種地。晚上或農閒時分在夜校和掃盲班裏做老師。

九、土改

如果有人問：六十多年來，我們國家，尤其是在大陸影響最深涉及最廣的事件是什麼呢？也許歷史學家、社會學家和經濟學家們會說：應該是土改。五十歲以上的人，可能多數都會贊成這樣的結論。

開始於上世紀四十年代後期，完成於五十年代初期的土改（和農村的土改相似的運動，在城市叫做公私合營），無疑是中國社會一場翻天覆地的變化。它不僅從新分配了社會的財富，而且改變了中國大陸的社會結構，改變了民眾的觀念。按照佔有土地以及財產的多寡，把全社會的人劃分成不同的政治等級，並且這樣的等級還要一代一代地繼承下去，進而造成了更大的不公。即便是以馬克思主義的歷史觀看來，也是一種社會制度的大倒退。這樣做的後果，既改變了民主革命先驅們平均地權的初衷，毀壞了社會的基礎結構，加重了民眾的災難，也埋下了社會不穩定的隱患。

實行了將近三十年的人民公社體制已經被上個世紀八十年代後的土地承包所否定。同樣從史達林的蘇聯移植而來，比人民公社還要早的土改，何時才能夠做出一個可以經得起歷史檢驗的評價呢？當我們因為肥田沃土森林草原大面積減少，霧霾沙塵暴越來越囂張肆虐而痛心疾首的時候，我們是否想過，這和土改改變了土地私有制，導致沒有人再為土地負責的後果有什麼關聯麼？

早在一九四六年初，日本投降不久，南劉口村的共產黨成員就逐漸公開了身份，並開始接管村裏的政權。共產黨的支部書記劉鳳山（外號叫老綿羊）先是擔任了村裏的抗聯主任，後來的公開身份是村裏的公安員。村長是李榮貴；副村長是李三成和李民子；民兵隊長是李榮雲；教育主任是劉觀瀑。不到十六歲的父親，擔任了村裏的共青團支部書記。兒童團長接任此職也算是順理成章。

共產黨接管村裏的政權後就開始實行減租減息。具體的內容有三：

一是減少出租土地的租金（一般是以小麥計算）；

二是動員土地多的人家主動獻地獻糧；

三是提高雇工的待遇。例如要求雇主給每一個雇工十尺白布做衣服。村長副村長們挨家檢查，逐個找雇工詢問：東家給你白布了嗎？實際上雇人種地的主子們，很多人也都沒有現錢買十尺白布給自己做一兩件衣服。

一九四六年冬天，上級派出的七人土改工作隊進駐了南劉口村。工作隊員全都穿著軍裝，大概是臨時抽調的有文化的軍人。工作隊進村後，首先是「搬石頭」。村支部書記「老綿羊」，李村長和李副村長們全都站到了一邊去。工作隊找來村裏幾個最窮的男人，成立了一個貧農協會。貧農協會的主任是給人當長工的臧營爾。二十多年後，他的弟弟臧澤民（小名棚爾）擔任過生產隊長，後文中還會有涉及到臧棚爾隊長的內容。

貧農協會還有一個成員是沒有土地的錫匠，靠給人打錫壺為生，按理應該屬於工人階級的系列，說他是手工業者也行。

為了防止有地有糧有錢的人轉移財產，七人土改工作隊宣布，不允許村民私自到集市上出售糧食布匹以及蘆葦編織的葦子。去趕集賣東西的人，必須在容器或物品或紙條上加蓋貧農協會的公章。貧農協會的臧營爾主任，從來沒有想到自己會擔任如此重要的角色。公章被他用繩子拴住，吊在了自己的腰間，既方便行使職權，又不耽誤自己幹活兒。去集市賣糧食賣葦片的人，都要去找營爾主任蓋章。臧營爾則有求必應，隨時隨地從腰裏抓起公章便蓋，工作效率實在高得很。

軍隊來的七人土改工作隊搞了一冬天，第二年春天便撤走了。原來的村黨支部書記和村長副村長們又都恢復了工作，也恢復了對土改的領導。重新組成的貧農協會主任是臧雲普，小名叫老旦；外號叫歪把小子，也是扛活的長工。再後來貧農協會的主任改成了李麥收。土改結束後，村裏的人對第三任貧農協會主任李麥收的評價是：只有他還像那麼一回事兒。

一九四七年秋，中國共產黨在河北邯鄲召開了全國土地會議，九月十三日通過了《中國土地法大綱》。這個《大綱》，隨著共產黨占領地盤的不斷擴大，逐漸成為全國土改的政策法規。

南劉口村的土改也進入到如火如荼緊鑼密鼓的階段。冬天是農閒的季節，批鬥富人的鬥爭會越開越多。村幹部組織窮人們遊行喊口號。當時流行的口號是：

「打倒土豪劣紳！」

「反對封建地主！」

「耕者有其田！」

「打倒國民黨！」

「打倒國民黨特務！」

雇工從要求雇主給買白布發展到要鞋子、要襪子。南劉口村的耿振元、劉觀瀑等土地房屋財產多的人及家眷都被攆出了家門。被攆出家門的人有的逃亡到保定或更遠的地方，村教育主任劉觀瀑先是躲避到保定，後來去了更遠的天津，他的女兒住在那個城市。

當時劉口村和附近的村莊暫時隸屬於安新縣五區，區公所設在臧村，區長就是北劉口村的原賣油郎趙寬志。趙寬志參加共產黨後化名為臧振芳。南北劉口村裏的人說話提及他，依舊都稱呼他的小名掌爾。一九四八年，劉口村一帶的土改進入高潮。趙（臧）區長掌爾是全區土改運動的真正決策人。

土改的重頭戲是給每一家農戶劃定一個階級成分。南劉口村推選出了一個二十多人的評議團，多是家庭比較貧困者，評定階級成分的大事就由評議團承擔。全村五六百戶村民的人口、土地、房屋、財產都進行登記造冊，還要挨門挨戶進行核實查對。

先從最貧困的農戶裏確定出貧農成分的人。

然後再從土地、房屋、財產比較多的人裏挑選出地主與富農。地主與富農的差別，除了財產的多少外，主要是看其生活來源是否是依靠剝削他人的勞動。依靠程度超過百分之五十的人家為地主；超過百分之二十的人家為富農。

南劉口村對於被確定為地主富農的人家還算慎重，前後三榜公佈，第三榜定案。第一榜公佈的地主有：劉觀瀑、李世珍、耿振元、臧煥章、李印子、臧響爾和一個外號叫「小燒包」的一共七戶人家。第二榜公佈時，地主的戶數還是七家，只是「小燒包」換成了臧景雲。

臧景雲家境殷實，土地房屋數量確實不少。但他任職村長多年，為村民辦事謹慎勤政。他的長子臧勝德是村裏的小學教員。他的其他兒子們都參加勞動，所以第一榜被評議團評定為了富農。

區長趙寬志對南劉口村的負責人們說：

「他臧景雲不被評為地主，那你們南劉口村就沒有地主了！」

趙區長一錘定音，第二榜公佈時，臧景雲家就成了地主。趙區長或趙區長的岳父家與臧景雲家有沒有恩仇過節，村民鄰舍們不是很清楚。讓全村人都印象深刻的是土改之後趙區長岳母一家分到了臧景雲家那全村最好的房屋。分到最好房子的理由也相當充分，蘭至爾家是眾所周知的烈屬。

第一榜公佈的地主名單中那個外號叫「小燒包」的人，到第二榜時被拿了下來，理由是他們家人多地少。「小燒包」家的土地也曾經多過，都被「小燒包」給燒包沒了。「小燒包」好吃懶做，每逢趕集他都要買上一條豬肉，用手高高地托著，一邊向沿途的鄉民炫耀一邊往家走，既享受豬肉的香味，又享受炫耀的快樂，「小燒包」的外號就是這樣得來的。最終結果是「小燒包」家被調整為中農。

如果單獨挑出「小燒包」的個案說事，土改運動從某個方面說來，好像是要鼓勵人們好吃懶做，鼓勵社會上多多出現「小燒包」一樣貪圖享受不過日子的人。

從一九四七冬天到來年春天，南劉口村評定階級成分的會議不知道開了多少次。我父親因為既有文化又是村裏的團支部書記，得以參加幾乎所有的會議。開會的地點多是在耿振元家，每逢拖延到半夜，主持開會的人就招來賣火燒的人，每個參加會議的人可以分得兩個火燒當夜宵。耿振元家無償提供會議室和白開水，最終得到的報酬是從第一榜到第三榜地主名單中都有其尊姓大名。

地主評定出來以後就該著評定富農了。南劉口村一共評定出來富農十幾戶，其中有臧金陵、李建都、李建昌、劉套子等人家。

那劉套子家的土地並不多，他自己又很能幹活，從沒雇傭過別人。他家被評定為富農的原因是他與板橋東的一個家族結有仇怨，而那個家族中的好幾個人參加了評議團，便當仁不讓地對劉套子進行了報復。

評定出了貧農，挑選出了地主與富農，剩下來的人家就都是中農了。按照《中國土地法大綱》，中農裏面還要劃分出來上中農、中農和下中農三部分。如何劃分，《中國土地法大綱》中肯定有，在這裏我們只要重溫一下毛澤東《中國社會各階級的分析》中的有關部分就可以明瞭了。

在四卷《毛澤東選集》一百四十多篇文章中，最重要的應當是第一篇《中國社會各階級的分析》。毛澤東的這篇文章寫於一九二六年三月，那時他年僅三十三歲。文章的篇幅不長，只有五千三百一十八個字。毛澤東後來發表的那些篇幅更長，文筆更有風采，更加充滿階級鬥爭硝煙味的文章在解讀發動中國革命，構思中國的國家模式時所闡述的思想，無不是這篇文章的延續與詮釋。

毛著名篇《中國社會各階級的分析》中有下面一段文字：

小資產階級。如自耕農，手工業主，小知識階層——學生界、中小學教員、小員司、小事務員、小律師，小商人等都屬於這一類。這一個階級，在人數上，在階級性上，都值得大大注意。自耕農和手工業主所經營的，都是小生產的經濟。這個小資產階級內的各階層雖然同處在小資產階級經濟地位，但有三個不同的部分。第一部分是有餘錢剩米的，即用其體力或腦力勞動所得，除自給外，每年有餘剩。這種人發財觀念極重，對趙西元帥禮拜最勤，雖不妄想發大財，卻總想爬上中產階級地位。他們看見那些受人尊敬的小財東，往往垂著一尺長的涎水。這種人膽子小，他們怕官，也有點怕革命。因為他們的經濟地位和中產階級頗接近，故對於中產階級的宣傳頗相信，對於革命取懷疑的態度。這一部分人在小資產階級中占少數，是小資產階級的右翼。第二部分是在經濟上大體上可以自給的。這一部分人比較第一部分人大不相同，他們也想發財，但是趙西元帥總不讓他們發財，而且因為近年以來帝國主義、軍閥、封建地主、買辦大資產階級的壓迫和剝削，他們感覺現在的世界已經不是從前的世界。他們覺得現在如果只使用和從前相等的勞動，就會不能維持生活。必須增加勞動時間，每天起早散晚，對於職業加倍注意，方能維持生活。他們有點罵人了，罵洋人叫「洋鬼子」，罵軍閥叫「搶錢司令」，罵土豪劣紳叫「為富不仁」。對於反帝國主義反軍閥的運動，僅懷疑其未必成功（理由是：洋人和軍閥的來頭那麼大），不肯貿然參加，取了中立的態度，但是絕不反對革命。這一部分人數甚多，大概占小資產階級的一半。第三部分是生活下降的。這一部分人好些大概原先是所謂殷實人家，漸漸變得僅僅可以保住，漸漸變得生活下降了。他們每逢年終結帳一次，就吃驚一次，說：「咳，又虧了！」這種人因為他們過去過著好日子，後來逐年下降，負債漸多，漸次過著淒涼的日子，「瞻念前途，不寒而慄」。這種人在精神上感覺的痛苦很大，因為他們有一個從前和現在相反的比較。這種人在革命運動中頗要緊，是一個數量不小的群眾，是小資產階級的左翼。以上所說小資產階級的三部分，對於革命的態度，在平時各不相同；但到戰時，即到革命潮流高漲、可以看得見勝利的曙光時，不但小資產階級的左派參加革命，中派亦可參加革命，即右派分子受了無產階級和小資產階級左派的革命大潮所裹挾，也只得附和著革命。我們從一九二五年的五卅運動和各地農民運動的經驗看來，這個斷定是不錯的。

（見《毛澤東選集》一卷精裝本第五頁至第六頁）

毛澤東文中所說的自耕農指的就是占中國農村人口多數，自食其力的普通農戶，包括上中年、中農和下中農。毛澤東的這段讓我渾身顫抖了多年的文字，本書下來的內容裏，我還要多次重溫。

土改運動的戲劇性高潮是階級成分劃定之後的分土地和分浮財。地主家的土地是多數都被沒收了的，富農和上中農的土地也要被強迫上交或所謂自願獻出一些。

根據土改那年的統計，南劉口村的土地人均是三畝二分八。土改的最終結果基本上是按照這個數量小差大不差地進行了多退少補填平找齊的分配。

地主家被沒收的房屋、場院也都進行了分配調換。

分配浮財的場面最為熱鬧，從地主富農家沒收拿來的牲畜、衣服、被褥、傢俱、農具、糧食擺了滿滿的一大場院。分配的場面大陸作家周立波（湖南人，前文化部長周揚的侄子）在其小說《暴風驟雨》（作者因為這部小說一九五一年獲得史達林文學獎）中已經描寫過，我讀中學時語文課本曾選用了其中的章節。我們語文課本上的標題是《分馬》。我對當時場景的想像是它一定會十分地熱鬧，很可能如同當今獎金獎品豐厚的彩票即抓即兌之現場。

南劉口村的土改幾乎沒有發生激烈的衝突，也沒有出現流血和打死人的事件。父親老年後回憶參加土改時說到過兩個細節：

一是封地主家的門，攆他們離開自己的住宅那天，天上下著鵝毛大雪；

二是村裏把沒收地主富農家的麥子分配了大部分後還剩下了二百多石，事後用這些麥子為村裏的業餘劇團製備了一套很高級的行頭。（這個細節進一步證明了劉口村盛產小麥的真實性）

所有經歷過土改的人，既包括運動的決策者，土改工作組的成員，負責給每一家農戶劃定階級成分的基層領導者，也包括被劃定為各種不同階級成分的農民們。他們在土改運動的過程中，可能都認為那只是一次對每一個家庭經濟狀況的界定，只是短時期內對人群按照不同的經濟地位的一次劃分，最嚴重的後果也就是將按照這個劃分，重新分配一下現有的財產。誰也沒有想到的是土改運動所公佈的紅榜與黑榜，最終成為了幾十年內在階級鬥爭的旗幟下決定了幾代人社會等級政治地位的終極判決。

前面我已說過，土改運動是六十多年來發生在中國大陸影響最深涉及最廣的事件。或許將來我們的學者，我們的教科書，我們國家的領導人回頭重新審視它評價它的時候，那才是中華民族真正崛起的曙光。

十、上中農（上）——三戶上中農的誕生

一九四七年冬到一九四八年春，劉口村進行土改時，小四合院裏我們三家的土地和人口是這樣的：

我們家有土地三十八畝半（其中有五畝七分由西院二爺臧瑞祥家無償耕種著，還有屬於沙堤營村四曾祖母

娘家的弟兄跨村在我們南劉口置辦的四畝地，我們家實際耕種的土地應當是二十八畝八分），四間房，六口人：四曾祖、祖父（在石家莊）、祖母、姑母、我的父親和母親；四曾祖母一九四〇年因病去世了。

大爺爺家有二十八畝地，三間房，四口人：三曾祖母、大爺爺夫婦和他們的兒子臧全清；

五曾祖母孤身一人，十一畝地，沒有房（小四合院的三間南屋已經倒塌）；

三家合養了一頭牛。

我們小四合院裏的三家人是典型的自給自足的小農戶。土改評議團第一榜給三家評定成分都是中農。

西院二爺臧瑞祥家，土地財產與我們兩家相近而勞力和人口都多，就被評定為下中農。平分土地的時候，分給了他們家十二畝地。二爺臧瑞祥和三個兒子商議後，這個極其渴望土地的家庭決定拒絕接受。他們認為不是自己勞動得來的受之不安。做出類似舉動的人家，南劉口村還有幾十戶，包括幾戶沒有土地，完全靠打工維持生計的雇農。村幹部們批評動員後，最終仍舊有一些頑固戶堅持拒絕，其中就有西院二爺臧瑞祥家。村裏的鄉親們和我們小四合院的人都認為讓他們家做出這樣的決擇的確不易，主要的決策人自然是全順伯父。當時民間對全順伯父的輿論是：「在這（Zhei）個事兒上還算本分。」

我們小四合院三戶人家的中農成分初步評定完以後，父親找到村裏領導土改的人揭發說：自己和伯父家有剝削行為，按照《華北土地法大綱》的某條某款，我們三家應該定成上中農。

父親所說的剝削行為是這樣的：多年來，我們整個四合院三家人能夠下地勞動的只有四曾祖一個七十多歲的老漢。大奶奶有個姐姐嫁到了崔家迪城村的楊家。這個姨奶奶家有五個年輕力壯的兒子，人多地少，又怕被抓兵，其中一個叫鎖的就常年住在他姨母我的大奶奶家，幫助我們三家種地。親戚之間也不能常年盡義務白幹，每年秋後，楊鎖表大大（伯父）都要帶一些糧食回家。楊鎖雖是親戚，事實上卻形成了出賣勞力領取報酬的雇傭關係。村幹部們認為我父親說的有道理，還表揚了父親大公無私的行為。第二榜再公佈的時候，小四合院裏誕生了三戶上中農。

既被評定為上中農，就要主動獻出一些財產。父親與祖母商量再三，決定把丁家窪的二畝八分地貢獻出來。在主動獻出財產的會議上，主持人問我的父親：

「祿奧（奧是劉口方言中經常使用的語氣助詞），你們家準備怎麼辦唉？」

父親回答說：

「我們家沒有多餘的糧食，也沒有像樣的家什。我們就把丁家窪的那片地獻出來吧！」

父親的回答贏得了一陣掌聲。

除此之外，西院無償耕種的那五畝七分地就直接給了二爺臧瑞祥家；沙堤營親戚家的四畝地按照土改時的政策，無償劃歸給了南劉口村。

大爺爺和曾祖母兩家都沒有獻出土地和財產。

父親做為村裏的團支部書記，土改運動的參與者，他不是不清楚土改給每個家庭評定的階級成分孰優孰劣孰香孰臭。他一個不到十七歲的青年，只是從幼稚的信仰理念出發，表現了基本的秉公辦事原則。甚至也不排除想借機自我表現一下的動機。對於這樣看似大義滅親的輕率行為會給全家造成怎樣的後果，他無論如何也是想像不到的。

在我父親的人事檔案中有以下幾句文字：

土改前全家六口人，三十畝地，四間房，半頭牛；土改後全家七口人，二十六畝地，四間房，半頭牛；土改時自動獻地四畝。

這些文字與當年的事實不完全相符。出現差異的原因現在已經無從考證了。或許是這樣填寫更像一個出身上中農的樣子，始作俑者大概也是我的那個對革命事業忠心耿耿，為人謹慎小心，做事又細緻入微的父親。

上中農，一般都稱做富裕中農。天國裏，土改後去世的三曾祖母、四曾祖父和五曾祖母三人，見到了自己早年已經故去的老伴後說及土改的結果，六個老人一定都會十分疑惑：

「我們家什麼時候富裕過呀？」

我做為小四合院的後代，雖然我是在土改之後若干年才來到人世間，雖然我從來沒有享受過上中農的生活，我卻要無法擺脫地繼承上中農的身份。這樣一個說起來微不足道的身份，在我人生的某一階段，將決定我要扮演怎樣的角色，演繹出什麼樣的故事?本書下來將詳細地一一道來。

第二章　北劉家口村

十一、後頭院裏

我的母親姓趙，北劉口村人。劉口村的口語，稱南劉口為「前頭」，北劉口自然成了「後頭」。離開家鄉五十多年，母親和父親說話，常用的口頭語還是：

「你們前頭……，納們後頭……。」

趙是大姓，全國姓趙的很多。北劉口村差不多有七八成的人家姓趙。

北劉口村的趙姓也是來自山西的移民。趙氏家譜記載：始祖趙世榮是在明朝英宗正統年間（西元一四三六——一四五〇年）從山西省興縣遷到河北省清苑縣劉家口村的。到劉口村後，被編入柳林社十甲。

山西省興縣位於太原西北二百多公里處的黃河邊，呂梁山脈的北部，是山西最偏僻最貧瘠的地方。讓興縣聞名於世的事件是一九四六年中國共產黨的四位高級幹部王若飛、秦邦憲、葉挺、鄧發等人乘坐的美國軍用飛機失事於該縣的黑茶山。

趙世榮可能是一個比臧氏祖先臧富、臧貴弟兄更了不起的青年，不僅早一百多年加入了移民的隊伍，到河北後的第四代就培養出一個叫趙琮的知府。趙琮兄弟四人，趙琮行二。明朝刑律規定，官員犯法株連九族。為避連坐訟禍，大哥、三弟、四弟和做了官的老二劃清界限，讓趙琮另立家廟，從此有了東趙西趙之分。趙琮之後為西趙；北劉口趙姓屬於東趙。趙世榮被尊為一世祖，他的後裔在劉口村繁衍生息五百七十餘年，連同遷居周圍村莊者，現有人口兩萬有餘。

我對母親的祖先曾經生活過的山西省興縣也同樣有著濃厚的興趣。我登上興縣土地的時間也是二〇〇六年的秋天。從山西中部的公路驅車去興縣，明顯地是下坡路。因為興縣靠近黃河，地勢比海拔一千多公尺的呂梁北部山區要低許多。

關於興縣，該縣的網站是這樣介紹的：

> 興縣位於呂梁地區西北部，東鄰嵐縣、岢嵐，南連臨縣、方山，北倚保德，西隔黃河與陝西省神木縣相望。面積三千一百五十五平方公里，是呂梁地區版圖最大的縣，現轄七鎮十七鄉，人口二十六萬。興縣，春秋屬晉，戰國屬趙，漢為西河郡地，北齊置縣稱蔚汾縣，隋大業四年改縣名為臨泉，唐物得七年改臨津；貞觀七年更名合河縣，宋複稱蔚汾，明洪武二年始稱興縣，後沿用至今。

興縣的縣城稱做蔚汾鎮，距離西面的黃河十六公里。縣城僅一條主要的街道，沿黃河的小支流蔚汾河而建。據說全縣的人口有三分之一居住在縣城，所以縣城比較擁擠。興縣也是省級的貧困縣。山坡上的土地只能種植穀子、黍子、玉米、蓖麻、土豆、向日葵一類耐旱農作物，很少種植小麥。和山西大多數的地方一樣，興縣也蘊藏著豐富的煤炭，據說蘊藏量高達一百多億噸。只是開採還很原始，除了個別人因為開採煤炭成了富人，多數鄉民生活還很困難。

當地人告訴我，興縣以趙姓做村名的村莊有三個：縣城西北有一個趙家塔，在一個不大的山叉裏，五十多戶人家都姓趙。村子雖然離公路離煤礦都不遠，卻很貧窮，多數人家依然居住在破舊的窯洞裏。趙家塔的得名並不是因為有什麼塔一類的建築，而是因為村子附近有一座尖尖的山丘象塔的形狀。興縣有許多塔形的山丘，也有許多叫「塔」的村莊。

縣城正西方向還有一個趙家川口，地處去陝西神木的公路北側，離黃河不遠。村子比較大，有兩千多口人，趙姓占五分之三。村民的住宅沿公路一側分佈，公路的另一側是蔚汾河。表面看去，趙家川口比趙家塔村要富裕一些，但還有許多村民居住在簡陋的窯洞裏。

縣城西南還有一個趙家坪，比趙家川口還要大，是鄉政府的所在地。我沒有去那個村莊，趙姓人口的比例不清楚，估計不會超過三五千人。

我母親家族的家譜上關於先祖趙世榮五百多年前從興縣遷徙到河北的記載是非常可信的。我在興縣雖然除了瞭解到當地的確有不少姓趙的鄉民外，沒有找到其他任何與那個趙世榮有關聯的蹤跡。沒有文字的記載，也沒有口頭的傳說。但這也就足夠了，五百多年後依然生活在興縣那片土地上的趙姓鄉民，都應當是我的表親。

我母親的高祖叫趙廷俊，是趙世榮的第十五代後裔。這之前誰個創業，誰個守家，貧富罔替的過程已經無法知道。趙廷俊從上輩那裏繼承了土地八百多畝，在當時算得上北劉口村數一數二的財主。趙廷俊的後代，被南北劉口村的人統稱為後頭院裏，是一個頗有名望的家族。後頭院裏的稱謂頗有北劉口村第一家族的味道。

趙廷俊有四個兒子：趙純珠、趙純瑜、趙純璋、趙純璞。趙廷俊去世以後，兄弟四人仍然沒有分家。對外三弟趙純璋主事；內務由大哥趙純珠的妻子當家。

大清同治十一年（一八七三年）的夏天，長兄趙純珠突然病故。趙純珠沒有兒子，選擇誰做繼承人的問題提到了全家的議事日程上。二弟趙純瑜有三個兒子：鳳池、鳳歧、鳳儀，長子趙鳳池已經考中了秀才；三弟趙純璋只有一個兒子：鳳崗；四弟趙純璞也只有一個兒子：鳳洲。順理成章地從趙純瑜的三個兒子裏確定一個做趙純珠的繼承人好像是唯一的選擇。

趙純珠的妻子，主持全家內務的大嫂相中的卻是三弟趙純璋八歲的兒子趙鳳崗。這時，趙純璋的妻子又有了身孕。大嫂決定等。於是，把趙純珠的屍體入殮進棺，用松香石蠟密封，暫時存放起來。五個月後，趙純璋的妻子果然又生了一個兒子。次子趙鳳翥出生後八天，趙純璋的長子趙鳳崗被大伯母選擇為趙純珠的繼承人。正式舉辦趙純珠的出殯儀式，儀仗隊中打靈幡者是年方八歲的趙鳳崗。趙純瑜對此有些異議。四弟趙純璞說：

「二哥，算了吧！不就是二百畝地嗎？」

趙純瑜無言與對。

隨後，後頭院裏兄弟子侄相安無事，該讀書的讀書，該耕作的耕作，日子一如既往地度過。

暫不發喪的風波之後十幾年，鳳字輩弟兄六人陸續長大成人，趙純瑜的次子趙鳳歧也考中了秀才。一家出了倆秀才，不僅在劉口村，十里八鄉之內也是了不起的榮耀。

後頭院裏也到了分家的時候。八頃多地，四家各分得兩頃多，並無多大區別。四處宅院，趙純瑜屬意的是臨街的那處，指望家裏的兩個秀才，有哪個考取了舉人之後，好在家門口豎立旗桿。分家的結果，老二趙純瑜的願望沒有實現。臨街的宅院通過抓鬮分到了老三趙純璋的名下。許多年後，後頭院裏第四、第五代後人談及祖輩們為繼嗣和分家產生的恩恩怨怨，還會動情地唏噓感歎一番。

二十世紀最初的幾十年，是中國社會發生劇烈變化的時期。後頭院裏十幾戶人家，仍然完全保留著傳統的耕作方式和經營方式。地裏的產出主要是小麥，自家的勞力耕種不過來，就雇傭長工或短工。國家的狀況越來越糟，後頭院裏的景遇也是每況愈下。各個家庭從高祖趙廷俊那裏繼承下來的土地，有的依舊還屬於自己；有的已經變賣出售。到日本鬼子占領華北之前，後頭院裏維字輩十一戶人家，一百多人口，土地大約只剩下四百多畝。子女多人口眾的，生活已經難以為繼，不得不去當雇工扛長活，和村裏那些貧苦的農戶沒什麼兩樣了。

我母親的祖父趙鳳翥，在哥哥趙鳳崗過繼給大伯母後，成了父親趙純璋二百多畝土地的唯一繼承人。據我母親回憶：她的祖父身材不高，大眼睛，五綹長髯，面目慈祥。趙鳳翥幼年讀書，學問雖然比不上兩位考取了秀才的叔伯兄長，卻也通曉文墨，經常閱讀《周易》一類有關算命卜卦的書。他為人和善，卻有個性。至今劉口村還流傳著關於趙鳳翥的一件逸事：

離趙鳳翥家不遠有一個錢鋪。東家就是趙鳳翥的哥哥趙鳳崗，幾千塊大洋的本錢，並無多少生意。兩間臨街的房子，冬天生著火爐，許多人聚集在一起聊天，是一處社交的場所。趙鳳翥也常去那裏閒坐。

一天晚上，錢鋪帳房趙良弼整完帳目，少了兩塊大洋。明明記得下午有客戶送來，就是不見了蹤影。第二天，趙鳳翥又到錢鋪玩耍。趙良弼隨口問道：

「六爺（叔伯弟兄間趙鳳翥行六），可曾見過兩塊大洋？」

趙鳳翥遲疑了片刻，說：

「是我拿了。」

隨即回家，取了兩塊銀圓，著人送到了錢鋪。從此再也不去那裏聊天。

過了些時日，趙良弼清理火爐時在爐灰裏發現了那兩塊丟失的銀圓，才知道是誤會了。

錢鋪擺了酒席給趙鳳翥道歉。飲酒之間，有人問趙鳳翥：

「六爺，明明不是你做的事，為什麼還認了下來？」

趙鳳翥說：

「既有人懷疑，辯解也枉然。」

趙鳳翥老人另一件讓人稱道的事，是他四十六歲時夫人病故，續聘了一位五十二歲的繼室。我外祖父的這個繼母進門後果然賢惠，全家安寧和諧。

趙鳳翥老人生活的年代，國家發生過許多大事，華北也有多次戰亂，但劉口村一帶還算安定。他養育了三個兒子：維義、維禮、維智，也都勤勞恭順，耕作理家都不用父親操心。一九三一年，趙鳳翥給三個兒子分了家，每個兒子土地五十畝，留下了七十畝做自己的養老地。該操勞的都操勞了，該享受的也都享受了，唯一放心不下的是孫輩中還沒有一個男子。

一九三六年大年初一吃飯的時候，趙鳳翥老漢喝了點酒，心裏高興，對大家說：

「我給咱家每人都算過卦，這麼多人裏就有一個有福之人。」

眾人七嘴八舌地問：

「這個有福的人是誰呀？」

老漢笑而不答。

那年母親年方八歲，品味著祖父的話，心裏想道：也許這個唯一有福的人就是我呢。

當年不久，六十三歲的趙鳳翥患病，幾天後去世。去世前留下遺言：喪事大辦，盡七十畝養老地開銷。時至今日，劉口村的老年人還記得那場隆重的喪禮：殺了八口大肥豬，兩頭肉牛，七天流水的宴席，念經的和尚樂器班子儀仗隊伍都極盡其奢華。喪事的隆重程度，遠遠超過當時劉口以及周圍村莊那些土地更多家產更豐厚的人家。趙鳳翥一生雖說不上十分節儉，卻從不奢侈張揚。他喪事要大辦的遺言，是因為時世將變的預感，還是出自沒有孫嗣的悲觀，所有的人都不得而知。

一年後，盧溝橋事變，日本人占領了華北，殺進了中國，世道每況日下。全家人想起去年春節趙鳳翥老人曾經說過的話，都說：

「那個有福的人說的就是他自己啊！天下亂了，他也走了。」

十二、俊改換變拾夠剩

如此七個字做標題排列在這裏，誰都不可能理解其中的含義。如果我告訴你說這是我母親和我姨姨們的名字，又有誰能夠理解其中的辛酸呢？

我的外祖父趙維義是趙鳳翥的長子，一八九四年生人，屬馬，小名升爾。後頭院裏的男子是都要讀書的，外祖父也不例外。他能夠一般地閱讀，可以書寫簡單的信函。但他很少閱讀，也很少書寫，他的主要的精力和時間是用於耕作。他是一個有點文化的農民；是一個有著可供自己耕種的土地，生活比較富裕的農民；是一個不必被別人雇傭，而需要雇傭別人的農民。

我的外祖母比外祖父大三歲，他們一九〇九年春天結婚，外祖母十八歲，外祖父才十五歲。

外祖母一生，生育了十個孩子。前兩個女孩出生後沒出滿月就夭折了。一九一三年出生的是我大姨，取名叫俊爾；三年後出生的是我二姨。又一個女孩子，盼兒心切的外祖父和外祖母給我二姨取名叫「改」。

希望改變的願望並沒有實現，又過了三年，來到人間的是我三姨。外祖父給她的命名是「換」。兩年後，第六個孩子又出世了，性別既沒有改也沒有換，等待這個小生命的名字也是一個字：「變」。變姨姨長到三歲，因病夭亡。

一九二四年外祖母生育了第七個女兒。在這之前，外祖母找人給自己算卦。算卦先生說外祖母是九仙女的命，註定要生九個女兒。也許這個算命先生，暗裏曉得了外祖母的心事，故意忽悠；也許是真的道行高深，一卦說破天機。

外祖母一生算過三次卦，生育九仙女的卦是第一個，其他的兩個卦，後面再予敘說。

即便真是天上的仙女下凡，紮堆地降臨到家裏，外祖父和外祖母也不再歡迎，他們盼望的是兒子，盼望的是男性繼承人。第七個女兒出生後，外祖母給她起的名字是「拾爾」。慌稱這是我家的第十個女兒，老天爺您不是註定要我們生九個仙女嗎？我們已經超額完成了。老拾爾是我的四姨，後來嫁給了徐水縣大東張村霍家，十七歲因肺結核去世。留下了一個女兒：我的表姐霍秀茹。

也許是送子娘娘真的受了欺騙；也許是外祖母的誠意感動了上蒼，一九二六年，外祖母終於生了個兒子。外祖父和外祖母高興到什麼程度，可想而知。趙鳳翥老漢有了孫子，也是樂得合不上嘴。過滿月的宴席就花費了幾十石麥子。

我的這個舅舅取名叫坡，全家自然寶貝疙瘩一般地呵護著。坡舅舅一歲多時突然身體發燒，不過是肺炎、扁桃體炎或者麻疹一類的小兒常見病。據說請來診治的老中醫挺有名氣，經常給外祖父一家人看病。一付湯藥下去，坡舅舅便失去了幼小的生命。外祖父外祖母全家的老老少少一下子從幸福的顛峰，跌入了痛苦的深淵。

我少年時閱讀魯迅先生描述他患病的父親為庸醫所誤的情節，就會想到那個奪去坡舅舅的性命，進而改變了外祖父外祖母一生的中醫老先生。那廝雖然不是故意，但實在可憎可惡。我很欣賞魯迅先生對我們傳統醫學的調侃。我認為那是他最精彩也是最讓人盪氣迴腸的文字。

一九二八年秋天，外祖母又生育了她的第八個女兒，這就是我的母親。在活下來的姊妹中，我母親排行五。這之前，母親已經有了四個成活下來的姐姐。

我母親的二叔家沒有子女；三叔家那時只有兩個女兒，沒有兒子。母親出生前三天，她三叔的第三個女兒剛剛降臨到人間。又接踵而至來了兩個女孩，一大家子人全都失望至極。「足」和「夠」兩個字，就成了我母親和她那個叔伯三姐的名字。我那個叔伯三姨的「足」字，按劉口村習慣的發音不是ZU，而是JU，和「菊」字的音近似，很像一個女孩的芳名。她長大後，長輩叫她小菊；我們後輩叫她菊姨。

我母親就沒有那麼幸運，「夠」字如何演繹，也無法令她滿意。家裏家外親戚鄉鄰都叫她老夠爾。她嫁到南劉口我們家後，男女老幼街坊四鄰還是叫她老夠爾。

一九九三年，我去西安出差，順便去看望一家中斷來往四十多年的親戚。我介紹了我的姓名和來自哪裏後，聽者好像還沒太明白我的身份。這時，突然有一個年近八旬的老太太一步從裏屋跨了出來，用劉口的鄉音大聲問道：

「你是老夠爾家的大小子吧？」

老太太是我母親的堂嫂，她們四十多年沒見過面。老夠爾的稱呼依然響亮。

上世紀七十年代，劉蘭芳的評書《岳飛傳》風靡中國，宋高宗趙構的名字經常出現在廣播喇叭裏。一天，母親對我們說，她就叫趙夠，和高宗皇帝的名字一樣。母親的自嘲令我想起了當年她的出生給我的外祖父和外祖母帶來的失望。

算命先生關於九仙女的預測後來真的應驗了。一九三六年，外祖母生下了她的第九個女兒。標題「俊改換變拾夠剩」，最後一個「剩」字就是我這個六姨，家裏人都叫她老剩。這個性情剛烈的六姨，後面我將詳細介紹。

十三、通敵案和國特案

即便是一個村莊的鄉間野史也完全可能存在著無限的詭異，更何況是在與日本人對抗的年月。第一章〈跑反〉一節記述過一九四一年到一九四三年日本人盤踞劉口村期間的一些情況。這裏要講的通敵案就起源於那一時期。

當年，炮樓據點裏的日本兵數量少，站崗放哨搜查搶掠主要靠四十多個偽軍。偽軍的大隊長名叫張文考，外號張閻王，河北涿州人，殺人慣用一把日本軍刀。抓到炮樓裏去的鄉民被他親手用日本軍刀砍死的有幾十個之多。張文考經常揮舞著明晃晃的軍刀對人吹噓：

「我這把刀，三天不殺人，它自己就會嗡嗡地響！」

村裏的大人嚇唬小孩子時就說：

「別哭，張閻王來了！」

小孩子立馬被嚇得哽咽住哭聲。

就是這樣一個殺人不眨眼的惡魔，日本鬼子投降後卻沒有受到制裁懲處。說是有北劉口村抗日政權的領導人證明張文考是他們在劉口村炮樓裏安插的內線。還說張文考曾經多次給共產黨八路軍提供過情報。

早在日本人和偽軍大隊長張文考還在劉口村耀武揚威的時候，村子裏就有傳言說北劉口村有人與炮樓裏暗地裏通著。炮樓裏的日本鬼子和偽軍對他們在周圍的活動網開一面，也不抓捕禍害他們家的人；抗日政權裏的人也給炮樓上提供一些消息。八路軍回家探親的單個士兵趙牆爾和趙老增很可能就是他們出賣給日本人的。日本人投降後，這些曾經為虎作倀的人竟然出面為張閻王說話，致使張文考安然無恙地回原籍涿州去了。對張文考的包庇寬容進一步加重了北劉口村乃至區政權裏有人與日本炮樓裏的偽軍勾結的傳言。這就是上世紀四五十年代在北劉口村議論不息所謂的通敵案。

周圍的同胞鄉親屢屢被日本人殺害，怨恨放到兩個國家兩個民族的血海深仇裏，如同大山中的一塊小石頭，況且美國還曾讓那小日本享受了兩顆原子彈。若是八路軍士兵趙老增，八路軍士兵趙牆爾的母親及嬸娘真的是因為被自己村子裏的人出賣而喪命；揮刀殺害幾十個村民的張屠夫竟然還在幾十公里外的地方悠閒自得，那就的確是一件讓人氣憤無比難以接受的事了。

通敵案說到底也只是人們的猜測和質疑。隨後的二三十年裏，政治運動不斷，北劉口村也始終有人想把這個案子查它個水落石出。一直沒有結果的原因，是因為幾個涉案人抗戰勝利以後仍然在劉口村和附近的鄉區黨政機關裏任職。隨著時光的流失，質疑通敵案的人和通敵案的當事人知情人們都相繼離世。通敵案也就成了一樁永遠不可能知道真相的歷史懸案了。關於通敵按我只能敘說這些。歷史上的無頭案多著去了，誰能理得過來？

接下來說一說國特案。

一九四三年，日本鬼子的炮樓撤走後，劉口村一帶成了解放區，鄉親們不再提心吊膽地過日子了。以前，天不黑大家就關門睡覺，現在女人們可以說笑；男人們可以串門聊天了。日本鬼子還占領著保定和大半個中國。抗日戰爭還正打得激烈。人們聊天除了家常裏短鄉間新聞，有時候還會談論談論抗擊日本的戰局。地處鄉村，沒有報紙沒有廣播，多是道聽塗說，並沒有多少確切的內容。一九四五年春天，美國人和國民黨的軍隊殲滅日本人的消息通過各種渠道也傳到了還被日本人占領著的華北農村。資訊閉塞少見寡聞的農民們隨便聊天說閒話而已。北劉口村的人們誰也沒有想到，說閒話說出來了天大的禍端。

這時擔任北劉口村村長的是趙雙江。這個趙村長，有人說他就是當年涉嫌通敵案與炮樓裏勾結的那夥人中的一個，也有人說他還到不了那個核心的層次。趙雙江原本是村裏一個喜好吃喝嫖賭的混混，一個典型的流氓無產階級或半無產者，戰亂時期得以浮到臺面上任職，他的角色只是一個全武行的爪牙打手。

有人把村民聊天的內容彙報到趙雙江一干人那裏。趙雙江村長和從前的村長不一樣，他手下有一夥身強力壯手持武器的民兵。趙雙江派民兵把聊天說閒話的人抓了去嚴加審問，硬說他們是幫助國民黨特務散佈消息。

趙雙江和他的民兵們審訊犯人的辦法很簡單：用兩條繩子捆住犯人的雙腳，犯人不招供，民兵們拽起繩子就跑。美國西部大片裏有相似的鏡頭，英雄好漢躺在地上，被匪徒拖在狂奔的馬匹後面。劉口村沒有那樣的英雄，在地上掙扎不了十米，屁股脊樑胳膊和腦後就血肉模糊，骨頭都露了出來。

這樣的刑法，在劉口村叫做拉人。村長趙雙江和後來的村黨支部書記，一個姓溫的女人都有一句霸氣十足的口頭禪：

「不行，咱們就叫人拉他！」

村裏的任何人聽到這句話都會膽戰心驚。

這種刑罰是不是劉口村的人所發明，現在已無從考證。我詢問那些當年曾經被拉過的人和曾經在拉人現場的圍觀者。他們說，那時侯拉人不光在劉口村流行，周圍其他的村莊也有這樣做的。

還有人告訴我，劉口村拉人一直持續到土地改革，合作化運動和人民公社以後。被拉過的人前前後後有幾十個，沒有一個人因此而喪命。有的村就比劉口村殘酷多了，竟然把人拖到葦茬地裏去拉。收割後的蘆葦地裏，蘆葦茬子猶如一把把露出地面的尖刀。把人拖在上面拉，十步之內必死無疑。相比之下，劉口的村民還算幸運。

拉人是劉口村和它周圍的村莊那一時期階級鬥爭中比較流行的一種威懾力極強的刑罰。村裏最先被趙雙江們拉的是我外祖父的堂兄趙維藩。為了保護自己，趙維藩在自己身上裹了一件厚厚的皮襖。皮襖在地上拖拉被磨破了，露出了裏面花花綠綠的襯布。那襯布原本是淺色的白布，日本鬼子掃蕩時和花布一起藏在碾子下面的洞裏，下雨浸濕後串了色，白布上滿是不規則的斑斕圖案。趙維藩的夫人用斑斕圖案的白布做了皮襖的襯裏。趙雙江一夥從趙維藩磨爛了的皮襖裏扯出來那塊染了顏色的白布，硬說它是特務組織的旗幟。趙維藩穿的皮襖，表皮是藍布做成的。特務組織的名稱便被說成了是「藍衣社」。

多次審訊拉人之後，北劉口村先後挖出來國民黨藍衣社特務四十六個。一些原本和趙雙江他們有過節的人，名字便被隨意添了上去。北劉口東頭的臧老營，是村裏的治安員，他就借機報復了自己的幾個鄰居。

趙維藩被拉過後，因為傷痛躺在地上掙扎喘息，趙雙江一夥還讓村裏無知的兒童往他身上抹屎撒尿，受盡了凌辱。

涉嫌國民黨特務案的人越來越多，卻沒有找到特務們上面的聯絡人，也沒有搜查出特務們的武器和作案工具。案件彙報到區裏和縣裏後，上級也不相信。案子退回到村裏，村長趙雙江也不結案，所謂的特務們被放回家後還經常被村長、治安員和民兵抓去審問。

國特案的陣勢越搞越大，北劉口村人人自危。多數農民根本不知道國特是何物。小孩子玩耍時互相攻訐，都會鸚鵡學舌地說：

「你們家是國特！」

「你爹是藍衣社！」

發誓則說：

「如果我撒謊，我就是國特搡（養育）的。」

北劉口村審查國特案前前後後持續了三年多，始終沒有正式的結論。四十多個受害人裏有後頭院裏我的叔伯姥爺堂舅好幾個。趙雙江村長導演的這個根本不存在的案件，改變了北劉口村許多人的命運：

受害最深的是後頭院裏整個家族。早在日本鬼子還盤踞在劉口村炮樓的時候，後頭院裏就有好幾個人參加了八路軍，加入了共產黨。犧牲在戰場的有兩個；打仗負傷轉業回家的傷殘軍人有兩個。國特案發生後，幾乎整個後頭院裏的男人們都背上了政治黑鍋，二三十年不得翻身。

我的堂舅趙甲子因為國特案被趙雙江一夥逼得離家出走後參加了八路軍。一九四八年，八路軍轉成了解放軍，攻打大同的時候，趙甲子陣亡。

趙維藩被拉又飽受凌辱之後，於一九四六年帶著自己的長孫趙百歲走上了逃亡的道路，幾經顛簸經山西過黃河到了西安，投奔了當醫生的女兒趙淑賢。

趙維藩的兒子趙濯瀑和我另一位堂舅趙孔修多次被趙雙江關押審訊，後又送到區裏和縣裏。關押了釋放，釋放了又關押，上來下去折騰了幾年，趙濯瀑被打得渾身殘病；趙孔修丟了在供銷社的工作。

趙維藩的三女兒趙淑華，小名花蕊，當時正在保定女子中學讀書。她因為國特案不敢回家，先從保定跑到北平，後輾轉流亡到青島，最終乘船去了臺灣。我應當稱其為三姨的趙淑華，在臺灣擔任小學國文老師四十多年，直至退休。

龍應台女士所著《大江大海一九四九》記述了一九四九年端午節前後在國民黨劉安琪將軍帶領指揮下，從青島港乘船撤出了十萬國軍和眷屬的事。我的三姨趙淑華大概就夾擶在其中的某一條火輪船上途經上海去的臺灣。

一九九一年，堂姨趙淑華（右）偕同夫君劉俊卿先生（右）回大陸探親時與我父母相見於山東。

三姨到臺灣後嫁給了三姨夫劉俊卿。劉先生當年是一名從山東煙臺逃到臺灣的中學生。龍女士在她的書中還記述了八千名山東少年追隨自己的校長老師輾轉南下歷盡艱辛抵達臺灣的歷程。劉俊卿姨夫很可能就是那八千少年山東人之一。

北劉口村的國特案不僅改變了受害者的命運，也改變了害人者的人生。一九六六年文化大革命開始後，北劉口也成立了貧下中農參加的群眾組織，或者說是造反派。一手製造國特案的趙雙江一夥人，離開北劉口村到保定、安新和清苑工作的，不論他們在市裏縣裏鄉裏擔任什麼職務，都先後被揪回到北劉口村接受批鬥；依然留在村裏的假案製造者更是不可能倖免。二十多年前的暴力再次重演，不同的是角色來了個對換。趙雙江指揮著民兵拉人打人的時候只有三十多歲，文革中被打得滿地找牙時，他已經五十大多了。群眾組織的報復摧殘了趙雙江的身體，也摧毀了他的精神。他被揪回北劉口遭受審訊毆打時，正因為男女作風問題在保定的監獄裏服刑。被送回監獄後不久，趙雙江的生命就結束在了那裏。

當年貓在別人家窗戶下偷聽人們聊天後向趙雙江告密的趙龍爾，一直在村裏當農民。一九四一年時他曾經被日本人抓走，半年後一個人又跑了回來。文革中貧下中農的群眾組織追問他：

「別人被日本鬼子抓去，不是被打死，就是被抓勞工，怎麼唯獨你安全地回來了？」

據說，趙龍爾是喝農藥自殺的，臨死也沒有洗刷掉叛徒的罪名。

當年審訊國特案拉人打人最為兇狠的大個子趙林生，後來去了鄉裏工作，文革中也被揪回了北劉口，等待他的也是比他當年更兇狠的刑訊。

北劉口村趙雙江一夥兒橫行鄉里欺壓奴役百姓的行徑，只是中國農村社會變革過程的一個縮影。有研究中國社會的學者認為，中國農村從上個世紀四十年代開始，發生了一個從鄉紳治理到村霸治理的轉變。村霸的權利基礎，二十世紀八十年代以前是「政治」。即家庭出身決定的政治地位，進而以政治地位上的優勢欺壓奴役擺布政治上弱勢的群體；八十年代以後逐步轉變為「經濟」，即以金錢財產賄賂地方官員或村民進而竊取村裏的行政權並利用這個權利為自己獲得更大的經濟利益。在中國這樣一個農村人口占多數的國家，鄉村治理無疑是社會穩定和發展的最重要問題。廣大農村實現公平民主的治理，需要走過一個漫長艱難的過程。

關於「藍衣社」，《辭海》是這樣解釋的：

「藍衣社」，即「復興社」。因復興社社員制服為藍衣黃褲，故名。

對「復興社」，《辭海》的解釋是：

「復興社」，「中華民族復興社」的簡稱。亦稱「藍衣社」。九・一八事變後，蔣介石為了加緊鎮壓抗日民主運動，於一九三二年以「復興民族」為名，在國民黨內部成立的一種帶有特務性質的派系組織。其核心組織是「勵行社」，下設特務處，由戴笠主持。一九三八年四月取消，其成員轉入「三青團」，「勵行社」的特務處改組為「軍統局」。

常識性的結論是：如果像北劉口村這樣一個華北平原的普通村莊都潛伏著四十多個「藍衣社」，國民黨人大概就不會丟失大陸的江山地盤了。

十四、逃往土木爾臺

我的外祖父趙維義弟兄三人，趙維智是他的三弟。我的這個三姥爺一九〇二年出生，是一個為人和善膽小怕事的人。他也被無緣無故牽涉進了北劉口村的國特案裏。趙維藩被拉又受辱的慘狀，嚇破了我這個三姥爺的膽，他獨自一人逃離了北劉口村。

三姥爺的第一任妻子，病故前養育了五個女兒。第二個妻子為他生育了兩個兒子。他離家出逃的時候，他的小兒子趙章文還不到一歲。

三姥爺先跑到保定，住了一段時間，又和前面提到的在保定女中讀書的趙淑華一起逃到北平。趙淑華離開北平去了青島後，三姥爺作為一個沒有多少錢財的農民無法在城市裏生活。走投無路的三姥爺在北平大街上找到一個算命先生算了一卦，想占卜一下自己的去處。那個算命先生瞎著雙眼胡亂一指，對三姥爺說：

「宜往西北！」

三姥爺從未出過鄉裏，除了劉口村周圍的親戚，再沒有他鄉的熟人。悶了兩天，他才想起了北劉口村一個叫趙場爾的人來。

這個趙場爾，也算得北劉口村的一個人物。民國十八年鬧災荒，他去西北跑單幫的途中遇到一個帶著兩個孩子的漢子在賣自己的妻子。趙場爾把盤纏都給了那個賣妻的漢子，和那漢子一家跑到綏遠一個叫土木爾臺的地方，過起了拉幫套的日子。那個被賣的女人，為她兩個丈夫又養育了幾個子女，其中有兩個據說是趙場爾的。

趙場爾每年冬天回劉口村一次，帶回一兩匹騾馬，幫襯留在老家的妻兒，開春後再去土木爾臺給那家子人拉幫套。趙場爾對劉口村的鄉親們說過，土木爾臺那裏地廣人稀，他憑著做生意賺的錢買了很多土地。

三姥爺不知道從哪裏打聽到了趙場爾的位址，一個人朝西北方向跋涉而去。那時候鐵路只通到集寧，從集寧往北再去土木爾臺，二百多華里並無道路。趙場爾拉幫套的地方，按以後的行政區劃隸屬於內蒙古察合爾右旗，土木爾臺鄉（鎮）東灘村。東灘村距離土木爾臺十幾里路，靠近戈壁沙漠，是一片人口少野狼多既無河流也沒有村莊的一處荒灘。土地倒是可以隨意開墾，隨意耕種，但只能種植穀子蓧麥和土豆。廣種薄收，每逢乾旱就顆粒無歸。

即便自然環境如此惡劣，遠離了迫害者的魔掌，三姥爺擔驚受怕的心安靜了下來，在荒涼的戈壁灘邊緣開始了艱難的耕種。

三姥爺離家逃亡後，留在劉口家裏的是三姥姥和五個兒女。沒有出嫁的三個女兒中，年齡最大的是那個起名為「足」的三女兒，那年才十八歲。趙雙江一夥把清查國特案的帳算在了三姥爺的家人身上。菊姨人小嘴硬，謾罵趙雙江的結果是被民兵們五花大綁地抓了去，頂替三姥爺被拉了一次。在北劉口村被拉過的人裏她的年齡最小。

看官讀者可以閉上眼睛設想一下，一個十八九歲的姑娘被一夥男民兵用繩子捆住雙腳拖在地上奔跑是一幅怎樣慘不忍睹的畫面。

三姥爺逃離了劉口村，卻逃離不了懲罰。土改之前，三姥爺家就被沒收了土地、房屋和家產。土改以後，三姥姥和四個兒女隨我的外祖父外祖母一起被趕出了家門（菊姨一九四七年出嫁了）。三姥姥無法在劉口村生活下去，就帶著孩子們也去了遙遠的土木爾臺。三姥爺一家人落戶在了那裏。

三姥爺一家遷移到土木爾臺東灘村的最初十幾年，沒有人過問追究他們的階級成分問題。四清運動後，北劉口村有人給東灘村去信，三姥爺一家才被確認為「逃亡地主」。自那直到文革期間，三姥爺經常被當作四類分子而接受批鬥，被強迫掃街。三姥爺被批鬥時還多次遭受毒打，最重的一次致使他的胳膊嚴重受傷。

一九六八年，內蒙古清查「內人黨」時，三姥爺和章文舅舅也受到牽連。先在村裏關押，後被押解到公社（鄉鎮）裏，前後達四五個月。章文舅舅那年二十四歲，他遭受的毒打比我三姥爺還要厲害一些。有一次他遭毒打後被人丟棄在荒野，醒來的時候，大雪已經把他掩蓋起來，掙扎著從雪地裏爬出來，才算倖免遇難。三姥爺一家在那荒遠的土木爾台，幾十年的經歷也是一卷貧窮、苦難與屈辱的書。

我的三姥爺趙維智（一九〇二～一九八九）。（照片拍攝於一九八八年）

一九八九年，三姥爺病逝於遠離家鄉的荒原上，終年八十七歲。

幾十年來，北劉口村的長輩們，我的外祖母和三姥爺的女兒們時常議論的一個話題，就是三姥爺當年千不該萬不該從北劉口村逃到土木爾臺那樣偏僻，那樣荒涼的地方去。

我成年後，逐漸理解了那個我只見過一面的三姥爺。他貌似膽怯懦弱的外表下面，有著一顆堅強勇敢的心，為了安全自由和尊嚴，他寧願選擇寒冷荒涼貧窮和勞累。

十五、掃地出門

北劉口村的土改同南劉口村一樣，也是一九四七年底開始的。一九四八年一月，我的外祖父趙維義一家被評定為地主。

在我少年時期所受的教育，所閱讀的書籍裏，地主的形象都是和戲劇《白毛女》裏的黃世仁，電影《紅色娘子軍》裏的南霸天一樣兇惡狠毒，一樣欺男霸女。

我的外祖父趙維義卻完全不是這樣的人。他性情溫和善良，甚至有些懦弱。他沉默寡言，對任何人都報以笑容。他和外人打交道的信條是：吃虧是福。因為經常讓別人佔便宜，村裏的人送他的外號叫「大頭」，小名加外號的稱呼是「大頭升爾」。他的身體不強壯，卻會幹所有的農活，年輕時耕地曾經累得吐過血。是哪裏搞錯了？帶著這個疑問，我認真調查了我外祖父家土改前的經濟狀況：

一九三一年分家，外祖父從他的父親趙鳳翥那裏繼承了土地五十畝。我二姨出嫁時陪送出去了九畝，土改時外祖父家有土地四十一畝。都是好地，每年出產小麥六十到一百口袋小麥（一口袋小麥重約一百五十市斤）。秋糧收獲少量的高粱做飼料用。

一座宅院：方磚墁地的北房四間做臥室；簡易的西廂房做牲口棚和倉庫。

一輛木輪大車；一頭騾子。

常年雇傭一個長工，管飯，每年工錢八口袋小麥，大約一千二百市斤。全家五口人：外祖父和外祖母，常年住在娘家的大姨，六姨老剩和四姨病故後遺下的幼女茹表姐。全家的收入全部依靠土地收獲的小麥。年景好時有節餘。

關於外祖父家對長工的剝削，我也做過調查：長工的工錢，全村乃至劉口周圍的村莊都是一樣的：每年八口袋小麥；區別在飯食的好壞。飯食不好雇不到好扛活的，完全是市場經濟。

外祖父家常年吃兩樣的伙食：外祖父和長工一塊兒吃；女眷們要差一些。

按照土改的規定，一些被確定為地主的農戶是要被掃地出門的。所謂掃地出門，就是他家所有的人都要被趕出原先的住所；他家的所有財產都要被沒收，包括他家的土地、房屋、牲畜、農具、傢俱、日用器具、被褥衣物、現金貨幣、糧食、豬羊、家禽和細軟浮財。全家人被強行驅趕出家門的時候，除了隨身穿的衣服，什麼物品都不允許帶走，包括禦寒取暖的被褥和當天需要的食物。

我外祖父一家是在一九四八年一月底，丁亥年臘月二十三被掃地出門的。那天是傳統的祭灶小年，天氣很冷，飄著漫天的鵝毛大雪。這一天氣特徵與我父親記憶中南劉口村驅趕地主那天是一樣，南北劉口村的地主們應該是同一天被掃地出門的。在這之前，外祖父已經被關押過十幾天，讓他交代是否還有其他的財產。外祖父一家被掃地出門時，他已經五十四歲；外祖母五十七歲；我的大姨三十五歲；六姨老剩十二歲；茹表姐四歲。

外祖父的三弟趙維智逃亡去了土木爾臺。他家的土地房屋兩年以前就已經被沒收了，暫住在外祖父家的三姥姥和四個孩子這時也和外祖父全家一起被掃地出門；

外祖父的二弟趙維禮沒有子女，夫婦兩個也被驅逐出了自己的家；

被掃地出門的還有一個老人：她就是我外祖父八十多歲的繼母。

這樣的四家人，幾乎全都是老弱婦幼的十三口同時離開了自己溫暖熟悉的家，走進了寒冷，走進了貧困，開始了屈辱，也開始了無天日的黑暗。

掃地出門之前，村裏的民兵們就對劃成了地主或很可能被劃成地主的人家開始設崗看護，防止這些人悄悄地轉移自家的財物。我那個常年住娘家的大姨晚間乘民兵們不注意時，從外祖父家偷出來兩床被子和幾件衣服，還有二十多斤麥子。為她存放贓物的是她的堂伯父趙維仕的妻子。偷竊自家的財物，算是那個特殊時代的奇特案例。

外祖父找人借了兩間草棚子，暫做四家老老小小十三口人的棲身之地。當天晚上就沒有食物可吃，我外祖母不讓男人們和孩子們去乞討，她自己先拿起了要飯籃子和打狗棍，寒冬臘月挨門挨戶地乞討食物。後來外祖母曾經回憶說，因為是臨近年關，鄉鄰們都很大方，要飯比平日容易很多，一小半晌就乞討來很多過年的食物。

住進草棚十二天後，因為寒冷饑餓和驚嚇，三姥爺七歲的大兒子趙章立夭折了。臨死前，兩隻小手緊緊地拉著他母親和我外祖母的胳膊。草棚裏的人都哭得死去活來。艱難地度過了寒冬，三姥姥帶著剩餘的三個孩子到土木爾臺投奔三姥爺去了。

貧下中農們分完了土地，分完了房屋，也分完了糧食農具浮財。被掃地出門的地主們才給了一些維持生活的物品。外祖父一家分到土房兩間半；小水缸一個；案板一條；菜刀一把；飯碗三隻。還有鋤頭、鐵鍬幾件農具。

外祖父分到的兩間半土房是北屋，比二姥爺夫婦倆分到的兩間南屋好。南屋背陰，不適合居住。外祖父分到的兩間半土房是趙孔修家的。趙孔修的祖父是趙鳳歧。趙鳳歧是趙純瑜的次子，後頭院裏第二個考中了秀才的那個。三代之後，家道式微。趙孔修家土改中被評定的成分是貧農。我外祖父家的住宅分給了他。土改給兩個同一曾祖的家庭開了個玩笑，老夥裏分家六十年後，有的淪為地主；有的成了貧農，土地來了一次再分配，住房也要互相對換過來。

趙孔修家分到外祖父的住宅後執意不想搬過去，也拒不騰出他家的兩間半土房，他堅持讓外祖父一家還回原來的宅院裏去住。趙孔修做為翻身解放的貧農，並沒有什麼階級概念和階級覺悟，他看重的是家族的親情。還有一個原因就是外祖父的繼母這個時候病危了。八十多歲的老人經歷如此的變故，身體很快就垮掉了。趙孔修堂舅提出來，無論如何也要讓高齡老人過世在原來自家的住宅裏。

一九四八年春節後，外祖父的繼母在自己家原來的房舍裏閉上了眼睛。村裏派人找到外祖父說，搬回原來的住宅是反對土改，是地主階級進行反攻倒算，要嚴加處理。外祖父和趙孔修舅舅協商後，房子才按照土改的判決換了過來。兩處房子相隔幾十步遠。站在外祖父家後來的兩間半小土屋前可以眼睜睜地看到矗立在東南方向那座方磚幔地的四間大北房。外祖母告訴過我，自打離開那個原本屬於自己的大宅院後，她和外祖父都再也沒有回過那個院子裏。

外祖父一家被掃地出門的那年夏天，村裏分給外祖父家十七畝耕地，都是全村最貧瘠最不好耕種的。村裏那些和外祖母同樣遭遇的人家都還沒有從悲痛和憤怒中掙脫出來，無心從事耕耘。我外祖父本來身體就不好，家破人亡弟去侄喪，接連不斷的變故使他的身體更加虛弱。外祖母知道農時不可誤，帶領著大姨和十二歲的老剩姨姨在那十七畝薄地裏搶種了高粱。秋天收獲後就不再依靠乞討度日了。外祖父家去年收割的蘆葦，也都被沒收分給了別人，棉花被褥衣服也都各歸新主。外祖母向他人借來了葦子和棉花，和往年一樣，帶領著我大姨和老剩姨姨，開始編蓆織布。外祖母遇變不驚，靠自己勤勞的雙手不僅讓全家度過了劫難，也贏得了村民鄉鄰們的尊重。後頭院裏的男女老幼，不管是地主還是貧農，都感歎稱讚說：

「論過日子，誰也比不上大嬸子（小一輩的稱呼大奶奶）呀！」

我詢問曾經參加過劉口村土改的父親，像外祖父家這樣只有四十多畝地，自己還常年在地裏幹活的人家，也被劃為地主成分是否過分了？父親告訴我：不算很過分，當時的政策就是這樣規定的，關鍵是外祖父家雇傭了長工，全家的主要生活來源依靠剝削長工的勞動。

同樣的問題，我母親的回答是：

「說一千，道一萬，都是因為你姥爺沒兒子。你如果有一個舅喂兒（舅舅）你姥爺種地就不用雇人，頂大劃個中農（劉口村口語農字發音Neng）。你丑舅喂兒（趙孔修堂舅出生於辛丑年，小名丑爾）他爹養了四啊（個）兒子，十七個孫子，就成了貧農，又分房子又分地。當初在老夥裏的時候，可都是一樣地來著。」

後來我又多次和父親探討這個問題，父親說的更詳盡了一些：從整個北劉口村，乃至南北兩個劉口村看，對我外祖父兄弟仨的懲處算得上是最為兇狠的。像我外祖父家這樣只有四十幾畝田地，自己也參加勞動的農戶，定為富農也就可以了。即使評定成了地主，也不一定非要掃地出門，不一定要沒收所有的房屋和財產。南北劉口村有幾戶和外祖父家情況差不多的人家，結局都比他們三家好。

究其原因，與當時的區長趙寬志不無關係。他可是對他治理下的所有農戶都有最後判決權的。與我外祖父家隔路相望的趙栓子家有四百多畝地，一匹馬，五頭騾子，房屋也比我外祖父家的多，常年雇傭著幾名長工幫工。在趙書記的關照下，趙栓子家土改中評定的成分是富農。全村人都知道其中的關鍵因素，是趙栓子和趙寬志家的關係素來密切。密切到趙區長的父母一直住在趙拴子家的房子裏。土改運動的基層推行者面對親疏遠近好惡恩仇，操作起來是寬還是嚴，稍微隨心所欲地處置是在所難免的。

趙寬志區長不止一次當面對我父親說過對後頭院裏整個家族的反感和怨恨。致使賣油郎產生階級仇恨的起因，我父親無從知道，我母親家族的人也都說不清楚。按說，若干若干年以前，趙區長家與我外祖父家還都曾在一個鍋裏撈勺子的呢，斬盡殺絕到底是為什麼呢？許多許多年以後，後頭院裏我那些堂舅、表兄們在提到趙寬志或臧振芳的名字以及他的小名掌爾的時候，都會恨恨地哼一聲鼻子說：

「那（Nai）個人呀（Yai），對咱們院裏可夠狠的（Di）！」

即便出現這樣的不公平，如果把它與全國其他區域的土改比較一下，南北劉口村的土改都還算是文明的，算是中規中矩的。整個土改過程中，南北劉口村沒有發生一起把地主富農分子毒打致死或刑訊逼死的事件，也沒有發生貧下中農和村幹部隨意調戲迫嫁姦污地主富農家女子的事件。全國土改運動中，究竟有多少地主富農死於非命？美國歷史學家費正清估算的數字在一百萬至二百萬之間。因為當時統計的混亂或根本就沒有上報統計，更因為以保密為由的封鎖封閉，國內外研究這個問題的社會學家和歷史學家很難得到一個詳盡真實的數據。土改中死亡的人數，被迫害家庭的數目，恐怕是一個永遠也無法得到答案的歷史懸案了。

將來，我們的後代回顧他們祖先所經歷的土改運動，並重新對它進行評價時。我建議他們不必過於強調公平公正。社會變革過程中難免要出現偏頗，難免要有一些無辜做出犧牲。真正不公正，真正違背天理的是剝奪了地主富農們的土地財產之後，還要把他們和他們的後代確定為下等賤民，而且長時期把這些賤民擠壓在社會的最底層，任意地侮辱壓榨踐踏。

十六、臘月十四月亮白

土改不僅沒有增加糧食的產量，而且消耗了民間的存糧。一九五〇年秋天洪水過後，許多人家斷了炊煙，劉口村的村民第一次踏上了外出逃荒的路途。外祖父決定去一趟內蒙古土木爾臺，一來看望自己的三弟，二來討要些糧食回來。

和外祖父一起去的還有趙孔修的長子趙木鐸和堂舅趙鴻志。貧農家的兒子和兩名地主分子一起外出逃荒尋糧，頗有時代特徵。我那表兄趙木鐸早年參軍打仗身負重傷，傷癒之後，醫生配製了一付鋼鐵的背心來支撐他的腰椎，他是劉口村最有名的傷殘軍人。

外祖父一行三人，走到集寧地界的一個村莊，被當地的民兵誤當作國民黨特務捆了起來。民兵把他們仨押送到村部，從趙木鐸身上翻出了他的革命傷殘軍人證書後，就把他們放了，還管了他仨一頓羊肉麵條。三十多年後，趙木鐸回憶起那時的情景，還對我說：

「那地方的人真好。」

逃亡，或者說遷居到土木爾臺的三姥爺，也沒有足夠的糧食幫助他們度過災荒。沒多久他們就離開土木爾臺回返了。往後，外祖父就沒再也沒見到過他的親弟弟，我那個三姥爺的面。

第二年春天，糧食依舊短缺，外祖父又去了西安。這次和他同行的是我大姨和老剩姨姨。

不知是什麼原因，河北保定人和西安有著特殊的淵源。很多年前，保定人就喜歡到西安去，或經商，或做工，或逃荒。保定著名的「白雲章」包子鋪，竟然在西安市區最繁華的東大街開有分店。外祖父那年去西安投奔的是堂兄趙維藩的二女兒趙淑賢。

前面我已經說過，趙維藩因為趙雙江等人製造的國特案受到非人的迫害，幾年前就逃往了西安。趙維藩的二女兒趙淑賢這時已是西安城裏比較有名氣的醫生，一九五一年她還開著自己的診所。外祖父到西安後，趙淑賢醫生讓十五歲的老剩姨姨在她的診所裏當助手。外祖父自己則在大街上擺了個書攤，靠出賃連環畫書維持生活。

趙淑賢醫生的住宅位於西安市西大街的橋梓口。外祖父賃畫書的地攤就擺在西大街和大麥市街的交叉口。一九九九年五月，趙維藩的長孫趙百歲表兄指著那個將要全部被拆遷進行市容改造的路口，向我訴說四十八年前的歷程經過時，我腦子裏想像著外祖父當年遠離家鄉艱難度日的情景，心中不禁湧出一股熱流。

老剩姨姨年齡雖小，幹活卻乾淨俐落，有膽量，很快就能勝任打針送藥護理病人的工作，趙淑賢醫生對她很滿意。有差距的是老剩姨姨沒有文化，連藥品的名稱都不認識。那時，西安已經開始醞釀把私營的醫院和診所改變為國營，趙淑賢醫生把老剩姨姨當作她診所的護士登記在冊，劃歸國營時就可以直接安排進醫院裏工作。趙淑賢醫生建議老剩姨姨回家去上幾年學，文化提高了再去她那裏。外祖父和老剩姨姨就又返回了劉口村，時間大約是一九五二年春節前夕。

我大姨去西安的原因和過程，後面我再單令敘述。

老剩姨姨是外祖父最小的女兒，雖然取名叫老剩，卻十分嬌貴，一則是老生閨女，做父母的都疼愛；二來老剩姨姨聰明能幹，敢做敢當有膽量，和男孩子一般。

一九四七年，國民黨的保安隊來劉口村搶糧食，慌亂中老剩姨姨和大人失散了。她獨自一人身上背著衣服被子，一手牽著自家的騾子，一手拿著一顆手榴彈，在野地裏跑了一夜，什麼東西都沒有丟失。她那年才十一歲。手榴彈是區武工隊住宿在外祖母家時，老剩姨姨向他們索要的。

十二歲時，她一個人能背著兩領丈蓆（六尺寬一丈長的葦蓆）去十幾里外的馬莊村趕集。

土改後第二年秋天鬧洪水，莊稼地裏的水深三尺多。外祖母種的高粱已經成熟，外祖父和外祖母都不能涉水下地。十三歲的老剩姨姨一個人從幾里遠的莊稼地，借著水的浮力往家裏拖運已經成熟的高粱。十幾大捆帶穗的高粱秸栓在一起有幾百斤重，老剩姨姨如同船夫拉縴一樣拽著繩子趟著水行進。北劉口村邊的知了地河有幾十米寬的深水。老剩姨姨先帶著繩子凫過深水到岸邊，然後把漂在水裏的高粱秸一捆一捆地拖到岸上。女孩子勇敢高強的本領招來很多圍觀幫忙的鄉親。老剩姨姨拖了一趟又一趟，十幾畝成熟了帶著秸桿的高粱，老剩姨姨一個人把它們都運回了家。全村人都知道外祖父有一個能幹的老閨女。

外祖父和外祖母不僅疼愛老剩姨姨，而且把晚年的希望也都寄託在了她的身上。一九四六年時，外祖父曾有一個規劃設計：他感到自己年紀已老，體力漸衰，種不了地了。他想去保定城裏買一處房子，開一個水果鋪子，供養老剩姨姨上學，今後也就靠老剩姨姨養老了。為此外祖父還專門去保定城裏考察過。因為戰亂，保定城裏的房子很便宜，幾千斤麥子就可以買一處很好的宅子。最終還是因為故土難離，割捨不了對土地的眷戀，外祖父的設想沒有實現，致使他們老年的歸宿淪為了地主。

老剩姨姨跟隨外祖父從西安回到北劉口後就開始上學讀書了。她給自己起了個很好聽的學名：趙淑敏。趙淑敏同學學習很用功，很快就成了班級成績最好的學生。並且她還會唱歌跳舞，會吹笛子打花鼓。如果能夠這樣順利地學習下去，到二十歲時趙淑敏同學就能小學畢業。那時小學畢業生就算是有文化的知識分子，可以尋找好的工作了。

趙淑敏上學的第二年，她逐漸意識到她和其他的同學是不一樣的。她想和同學們一樣加入共青團，許多學習不如她，參加各種活動也不如她積極，申請得也比她晚的同學都加入了，她卻得不到批准；公佈考試成績的時候，明明是她的最好，卻常常被降到了第三名或第四名。這樣的歧視性壓力時時處處都存在著，一個沒有任何社會經驗的農村女孩子，怎能理解和面對呢？

趙淑敏同學由此對自己的父母產生了無名的怨恨，怨恨他們給自己帶來的地主成分，怨恨他們使自己年紀輕輕，就成了低人三等的賤民。放學後，老剩姨姨不再和過去那樣搶著幹活，不願意搭理家裏的人，和原來相比像是換了一個人。外祖父外祖母也都知道老剩姨姨鬧脾氣的原因，可他們又有什麼辦法呢？

一九五一年，外祖母已是六十歲的老人。她自己那樣的處境卻還惦記著處境更差的三姥爺一家。三姥爺在土木爾臺種地，一個人養活不了四五個孩子。三姥爺的四女兒淑英和五女兒淑靜也都到了談婚論嫁的年紀，她倆無論如何也不想出嫁在那荒涼的戈壁灘，外祖母最擔心的也是這個。外祖母編蓆織布攢了幾個錢，寄給土木爾臺的三姥爺做淑英和淑靜的返家路費，幫助她倆返回了劉口村。

淑英和淑靜回到家鄉後，要強的姑娘們不願意過多地依賴艱難度日的伯父伯母。淑英和淑靜倆人籌劃著編織葦蓆，自己掙錢過日子。把蘆葦解成篾子再推著沉重的石滾把它們壓扁的活兒，只有男人才能勝任。姊妹倆自己學著解蘆葦壓篾子。她倆嘗試著自己種地。沒有農具沒有牲口，雨淋日曬費盡了氣力，地裏的莊稼也長不好。她們棲身的一間小屋，晚上常有人去敲門砸窗，村裏的壞男人還變著法子企圖欺負她們。走投無路的姐妹倆想到了自殺。一天，她倆在自己那間小屋裏栓好了兩個繩套，她們把頭頸放到繩套裏痛哭流涕地互相告別時被人發現。外祖母把她倆的鋪蓋搬到自己家裏好生安慰。

趙淑英和趙淑靜姊妹倆上吊自殺沒有死成。我老剩姨姨卻以同樣的方式結束了自己的生命。在村裏學校裏受到的歧視讓她失去了生活的信心。她對我母親說：

「生在誰家都比咱們家裏強。」

她還多次對外祖父和外祖母說：

「下輩子說什麼也不再託生來這個家了。」

外祖父和外祖母聽在耳裏，看在眼裏，苦在心上。他們也只當小女兒是在說氣話，並沒有當真。外祖父家兩間半小屋的房頂很矮，東側是一個四尺多寬堆放雜物的套間。一九五三年一月二十八日傍晚，老剩姨姨鑽進自己繞在房頂的繩套，吊死在了那個小套間裏，死的時候還不到十七歲。

老剩姨姨自殺的時候，我才三歲。在我不成熟的記憶裏無論如何也想不起來老剩姨姨的容貌了。她告別人世的那天下午，我就在外祖父家。為點小事，她還訓斥了我。以後的場景長輩們沒有讓我看到，但我知道發生了什麼。我記住了套間裏那個栓繩子的地方。幾年後，我長大懂事了一些，去外祖父家仍然不敢仰視那片房頂。

春節剛過，西安趙淑賢堂姨給外祖父來信說，她的診所已經歸入國營的醫院，老剩姨姨作為她的助手，可以直接到醫院裏當護士，要趙淑敏護士去西安的醫院報到上班。

老剩姨姨自殺的那天是農曆臘月十四，劉口的月亮很亮，很白。在外祖父和外祖母慘淡的餘生中，他們永遠都不會忘記那天白白的月亮。

老剩姨姨沒有留下照片。

十七、大姨（上）

我的大姨出生於一九一三年農曆八月初四。雖然辛亥革命已經發生，民國政府頒布了禁止纏足的法令，我大姨的雙足依舊受到摧殘，因為大姨的性情溫順並且「要樣」（劉口方言，仔細、愛美的意思），結果是她的一雙腳比其他同時代受害者的都要小。

後頭院裏的男人幾乎都讀過書，我的堂姨們也有幾個讀書識字的，我外祖父卻沒有讓女兒們上過學，後來的老剩姨姨除外。我大姨自己找機會學了幾個字，僅僅認識自己的名字而已。

大姨十九歲嫁到徐水縣南白塔村。婆家姓周，漢族，卻是旗人。大姨的丈夫弟兄三個，老大叫崗；老三叫坡；老二就是我的大姨夫，官名周浩然，小名也許叫嶺啊峰啊什麼的。大姨夫比我大姨小二歲，結婚的時候才十七歲。

南白塔村人多地少，許多人家都靠釀酒為生。周浩然家的家境還算可以，周浩然的父親周振林給一家大燒鍋當帳房。周浩然弟兄仨都能寫能算，屬於那個時代的文化人。大姨嫁到周家去的時候，周浩然正在一家店鋪當學徒，河北一帶叫做學買賣。

周浩然弟兄仨不僅有文化，而且個個都長得一表人才。老大，姑且就叫他周大崗吧，能幹有心計；老三，似乎可以稱呼他為周三坡，那時還在上學；大姨夫周浩然文靜內向。我大姨年輕的時候很漂亮，性情又溫順，家務活乾淨利索，她和姨夫周浩然的感情很好。兩個人甜甜蜜蜜地一起生活了差不多四年，期間生養了兩個孩子，全都沒有活成。

一九三五年底，周浩然的父親被東家抄了魷魚。周家沒有多少土地，賦閒在家的周振林要周大崗帶領二弟南下鄭州去做買賣，力圖挽回家境的頹勢。周浩然捨不得離開我大姨，他對大姨說：

「如果咱倆有十畝地，我就在家過咱們的小日子。」

周浩然還說：

「要是有幾百塊錢，我們自各開個燒鍋，我就哪裏也不用去了。」

大姨回娘家和我外祖父商量，想借一些做生意的本錢。一來外祖父一時拿不出那麼多錢，二來嫁出的閨女潑出去的水，日子是給人家過的，就沒有答應大姨的請求。

不久，周浩然跟著他的哥哥周大崗去了鄭州，時間大約是一九三六年的春末。去鄭州投奔的是什麼親戚，做的什麼生意，我大姨也不清楚。臨行前，周浩然流著眼淚對大姨說，他最多三兩年就會回來。大姨只能自己偷偷地流淚，淚水苦苦地流進心裏。周浩然走的時候才二十一歲。大姨沒有想到，年輕的恩愛夫君這一去竟成永別。

弟兄倆走後，大姨獨自一人住在婆家，侍侯孝敬公婆，幫助大嫂照看一雙四五歲的兒女，白天忙忙碌碌，夜裏一盞孤燈照孤影。

周大崗和周浩然在鄭州做生意租住了一戶人家的房子。不久，周大崗就和房東十八歲的姑娘搞到了一起。房東發現後很生氣，周大崗帶著那個大閨女跑得無蹤無影。房東一氣之下告了官，說周家弟兄拐賣了她的閨女。周浩然在鄭州沒法待下去，回家又懼怕嚴厲的父親訓斥，就獨自一人逃離了鄭州。丟了閨女的房東找到徐水，愛面子的周振林氣炸了肺，賠了人家錢財，也賠了臉皮。不久周振林一病不起，臨死也沒有見到兩個孽子的面。

隨後，一九三七年七七事變，日本鬼子打了過來。大姨在婆家孤自一人無法安身，只能回到娘家居住。又過了兩年，外祖父接到了周浩然的來信。原來周浩然離開鄭州後去了西安，考進了國民黨的員警學校，現在快畢業了，要外祖父把大姨送到西安去團聚。周浩然知道我大姨不識字，信是寫給外祖父的。

大姨自己想去找丈夫，無奈戰火連連天各一方，華北是日本人占領，西安是國民黨統治，交通阻斷，路途很不安全。和周浩然書信來往了兩次，都是外祖父寫的回信，不外是些淡淡的言語。大姨心裏有話想和丈夫說，自己卻不會書寫，也不好意思說給父親代筆。

外祖父對自己的女婿進了員警學校有些不以為然，加之戰爭期間敵對區域信函來往會招來麻煩和危險，外祖父在第二封信裏對周浩然說道：以後不要再來信了。外祖父的意思不外是說時世艱辛暫停通信待時局好轉後再聯繫，絲毫沒有也不可能有要與周浩然斷絕關係的念頭。外祖父這樣不準確的表達很容易讓周浩然誤解。此後，大姨就和丈夫周浩然失去了一切聯繫。

我大姨做為長女，從小跟著外祖母做家務，學得一手好針線活，剪裁衣服縫製鞋襪都做得漂亮，洗衣做飯也乾淨利索。大姨住在娘家，一刻也不停地忙著手裏的家務活計，用以打發常年的孤獨和思念。十多年的時間，先後四個妹妹出嫁，都是她這個大姐幫助準備的嫁妝。

天氣晴朗暖和的夜晚，大姨常常去村邊的場院裏呆坐。有時候是獨自一人，有時候我母親陪著她。大姨坐在場院的石滾上，仰望遠處的星空和孤寂的月亮，一聲聲長吁短歎，落淚也是難免的。天色漸晚，我母親開始打盹自行回家睡覺了。大姨往往會一個人獨自留在場院上直到下半夜。

按照劉口一帶農村的風俗，出嫁了的閨女是不能在娘家過年的。大家歡歡喜喜準備過年之際，是大姨心情最悲涼的時刻。每逢年前臘月二十三，外祖父就套上馬車，拉著衣服被子食物和柴火，把大姨送到南白塔那個名義上屬於她的家。空曠的屋子冰冷的炕，一個人過年那才是淒淒涼涼悲悲慘慘。

有幾個春節因為兵荒馬亂路途不安全，大姨沒有去婆家過年。正月初一清早，前家後院親朋好友到外祖父家拜年的時候，大姨就一個人躲在裏屋，迴避難堪的應酬。

正月裏，劉口村的戲班唱戲，全齣的河北梆子《王寶釧》，從《彩樓配》到《大登殿》。王寶釧等候夫君薛平貴，苦守寒窯十八年。大姨觸景生情，淚水滴濕了層層衣衫。

和大姨命運相同的婆家那個大嫂，一個人帶著兒子女兒，日子過得也很艱難。大姨經常給娘兒仨做些衣服鞋襪，幫襯著他們。因為荒淫惹下禍端的周大崗，帶著鄭州的那個姑娘跑到了東北。一九四六年，周大崗當上了一個煤礦的礦長。大姨她婆家的大嫂聽說後就帶著兒子女兒去了東北。沒想到那個心腸墨黑的周大崗，不僅不認結髮的妻子，也不接納親生的兒女。大姨婆家的大嫂只能帶著兩個孩子淪落街頭，靠拾破爛揀煤核為生。

娘兒三個返回河北途經天津時，周大崗的兒子報名參加了國民黨的警備隊。後來，大姨婆家的這個侄子隨著警備隊投降了解放軍，抗美援朝時犧牲在了朝鮮。大姨記得她婆家的侄子是一九三一年生人，屬羊，犧牲的那年才二十一歲。大姨婆家的嫂子成了烈屬，國家對烈屬每年都有撫恤補助金。烈屬大嫂的女兒後來在徐水縣供銷社工作。命苦的女人雖然也是顛沛流離艱難困苦了許多年，總算是老有所養，命運比我的大姨強多了。

十幾年沒有周浩然的音信，人們都以為他已經死了。苦苦思念自己丈夫的大姨也徹底失望了。一九五一年春節過後，周浩然的弟弟周三坡從南白塔來到北劉口我外祖父家。他告訴我大姨說，他的二哥周浩然找到了，如今正關押在西安。

周浩然在國民黨的員警學校畢業後，去甘肅玉門當了員警，後來職務逐步提升，擔任了警長或局長一類的官職。國民黨跑到臺灣去以後，周浩然留在了西安。一九五〇年全國範圍內鎮壓歷史反革命開始後不久，周浩然被關進了監獄。

大姨是隨著外祖父和老剩姨姨一起到西安去的。趙淑賢醫生是一九一〇年生人，比我大姨大三歲。堂姐趙淑賢幫我大姨在一個河北老鄉經營的印染廠找了一份工作。劉口一帶管印染廠的技工叫做「耍花布的」。以後大姨在向別人介紹自己在西安的經歷時就說是在那裏耍花兒布。我大姨仿照堂姐趙淑賢名字，給自己起名叫趙淑慧。

趙淑慧大姨到西安後並沒有見到那個讓她朝思暮想，想了十五年的周浩然。周三坡也到西安去過幾次，也沒有見到過他的二哥。歷史反革命分子在關押期間是不允許探視的。大姨連周浩然關在那裏都不很清楚。只是給那個曾經的丈夫捎過幾次衣物和食品，都是周三坡轉送到監獄裏去的，也不知道那周老二收到沒收到。

離大姨耍花兒布的那個印染廠不遠，有一個高牆圍著的大院子，裏面關押著許多犯人。經常有犯人被持槍的軍人押解著去什麼地方勞動。大姨多次站在路邊，對面前走過的犯人逐個審視，卻一次也沒有見到過周浩然。十五年的歲月，人的變化太大了，大姨連自己的丈夫長得什麼樣子也都是越想越模糊了。即便周浩然站在自己的對面，她恐怕也都不敢相認了，怎麼能夠從一群穿著差不多破舊衣服低頭走路的人群裏，一眼把那夢中人認了出來？

過了幾個月，周三坡來告訴大姨，說他二哥沒什麼大的罪行，很快就要放出來了。大姨也覺得有了希望。

時間一天天過去，轉眼到了一九五一年底，一直也沒有釋放周浩然的消息。一天，周三坡來了，一邊哭一邊說，他的二哥被槍斃了。原來周浩然快要釋放的消息也是屬實，沒想到臨要出來之前，另有一個犯人舉報他曾獲得過一枚國民政府的獎章，查實後便改判了死罪。苦苦等了十六年，最後等來了這樣的消息，大姨想哭都沒有了眼淚。

第二天，周三坡領著大姨到了一戶人家。那家有個女人姓陳，不到三十歲的樣子。陳女士有兩個女兒：一個六歲，一個四歲，模樣長得都挺好。一家三口見到大姨後都哭哭啼啼個不停。周三坡向那個女人介紹大姨說是「表姐」，卻沒有介紹那個女人是什麼身份。大姨一看便明白了那女人的來歷。大姨沒有惱怒那個和自己命運不同，結局卻相同的女人。心裏對那一雙可憐的女孩子還充滿著同情。

以後，那個姓陳的女人又來看望過大姨幾次。大姨還給那兩個小女孩做過衣服。再往後就斷了來往。那個姓陳的女人嫁給周浩然之前是個高中的學生，周浩然被處決後，她就帶著兩個女孩子改嫁了。周浩然死前，就關押在離印染廠不遠的那個高牆大院裏。周浩然被押解著去勞動，時常在大姨圍觀的那條馬路上經過，距離最近的時候，和大姨相隔也就是幾步遠。大姨一次也沒有認出他來。

國民政府警官周浩然臨近釋放，因為獄友的舉報而又被執行了槍決。他的那一枚獎章來源於國民政府對他的一次褒獎。褒獎的原因或許是他某次辦案傷害過共產黨的事業；或許僅僅是因為工作勤勉，受到上司的賞識而被考評為模範警員。他的案件卷宗現在或許還保留在西安的某一個檔案館裏；或許早已被草草銷毀了。這些也都並不重要，世界上不可能再有人去研究探討那些陳年舊帳，並將其書寫記錄成文字了。那年那月那些日子，槍斃一個被某些人認定為「歷史反革命」的人，幾乎和踩死一個螞蟻，拍死一隻蒼蠅一樣，何況他周浩然還得到過國民黨的獎章？

至於舉報周浩然的那位獄友是國民黨的一個什麼級別的人物；他是何方人氏；他與我的大姨夫周浩然是什麼關係；他舉報之後是否因此立功受獎減刑；是否因此而倖免於難，躲過了鎮反的槍口，這些也都無從考證了。

周浩然和我大姨是曾經的恩愛夫妻。戰亂阻斷也好，天隔一方也好，在我大姨毫不知情的情況下，他在外又娶妻生女，另起爐灶，無疑也算得上是一個民間的陳世美。民間陳世美飲彈身亡，撒手西去了，早已心灰意

我的大姨趙淑慧（一九一三～二〇〇二），小名俊爾。（照片拍攝於一九八〇年前後）

冷的大姨又跟帶著做了一次斷腸人。大姨西安尋夫的淒慘經過，全是她親口告訴我母親的。每次說及，大姨都會淚流滿面。

鎮壓反革命運動始於一九五〇年十月，一九五三年十一月告一段落，歷時三年。它與「抗美援朝」、「土地改革」並稱共產黨建國初期的三大運動。整個鎮反運動究竟殺、關、管了多少人？毛澤東主席對外公佈說是殺了七十萬，關（押）了一百二十萬，管（制）了一百二十萬。毛主席的這個說法，來自當時公安部副部長徐子榮一九五四年一月的一份報告。

徐子榮的報告稱：鎮反運動以來，全國共逮捕了二百六十二萬餘名，其中處決反革命分子七十一萬二千餘名，關了一百二十九萬餘名，先後管制了一百二十萬餘名。以被處決人數七十一點二萬這個數字計算，占當時全國五億人口的千分之一點二四，其中就包括我這個傳說中的大姨夫周浩然。

時任公安部長羅瑞卿有關一九四八年至一九五五年的廣義鎮反統計數字是二百萬人。

十八、大姨（下）

大姨離開西安回劉口村的時間大約是在一九五三年的春末，比外祖父和老剩姨姨晚了一年多。她回到外祖父家時，老剩姨姨已經自殺身亡。一年後，大姨改嫁到劉口村西邊大約二十華里的高莊村。

在西安的時候，我大姨曾經和堂姐趙淑賢醫生多次討論過嫁人的念頭。趙淑賢年輕時經歷過短暫的包辦婚姻，後來單身一人發奮學醫，成為西安著名的醫生。兩個同樣婚姻遭遇的女人都顧慮著一個可怕的傳統：不論是娶進來的媳婦，還是嫁出去的閨女，後頭院裏從來沒有過再嫁的女人。姐妹倆說及此事，只好一次次發出無奈的歎息：

「一代代姑奶奶們都這麼熬了過來，我們也慢慢地熬吧！」

大姨改嫁到高莊村的時候，已經四十一歲。時代變了，社會變了，傳統的觀念也要改變。其實迫使大姨改嫁最主要的原因，是外祖父家被掃地出門之後，家裏的衣食住宿非常艱難，已經沒有我大姨的立身之處了。

高莊村的新大姨夫家姓崔。崔姨夫的前妻給他留下了三個男孩：大的不到十歲，小名叫瓢爾；二的從小聾啞，家裏外頭都叫他啞巴；老三小名叫箱爾。

崔姨夫家的家境不錯，有五間白灰捶頂的大北屋。崔姨夫的父親還在世，一個留著清朝小辮的乾瘦老頭。崔姨夫自己會手藝，在供銷社的食品廠裏做點心。一家五口，老的小的殘廢的，很是需要一個女人操持家務。大姨很能幹，她嫁到崔家後，一家人都很高興，包括我那個不會說話的啞巴表兄。大姨自己也很高興，十分滿足遲來的家庭生活，她對三個孩子都很疼愛，和自己親生的一樣，尤其對啞巴表兄照顧得更是周到。

我第一次去高莊大姨的新家是她嫁過去一年多的時候。大姨的公公，一個乾乾瘦瘦九十多歲的老頭兒，腦袋後面拖著一根比筷子還要細的小辮，目光呆呆地注視我時，臉上沒有一點笑模樣。大姨安慰我：

「別害怕！他就是那個樣子。」

大姨領著我，一間一間地參觀了她們家的五間北屋。那五間北屋還比較新，白灰錘頂，地基是石頭的，房沿是薄薄的石板。這樣的建築材料，在華北平原上很少見。大姨家的房子在當時也許是高莊最好的建築。

第二次去大姨家是一九六七年的秋天。大姨家的瓢爾表哥剛剛娶了媳婦。新媳婦很漂亮，高高的個頭，苗條的身材，五官很端正，皮膚很白淨，還是個中學生。瓢爾表哥的長相一般，小的時候頭上長過禿瘡，留下挺大的疤痕。因為大姨家的日子過得不錯；瓢爾表哥還學了板金工的手藝；尤其是崔姨夫家的成分比新媳婦家的好，所以瓢爾表哥娶了個比自己強得多的新媳婦。和我一起去的還有我二姨家的玉林表弟。大姨的心情很好，高興地對我倆說：

「怎麼樣？你們瓢爾哥哥的媳婦漂亮吧？以後你們倆娶媳婦的時候，就比著你表嫂尋。」

再以後我有很多年沒到大姨家去過。瓢爾表哥娶了媳婦後，啞巴表哥開始比劃著向自己的繼母要媳婦，一隻手比著長頭髮；一隻手指指自己的心窩；嘴裏發出阿阿的聲音，臉上是一副急迫的表情。一九六八年前後，報紙上宣傳解放軍的醫院用針灸治癒了很多聾啞人，說什麼是「千年的鐵樹開了花，萬年的枯枝發了芽」，聾啞人開口說了話，第一聲喊出的是「世界最強音——毛主席萬歲！」。大姨帶著啞巴到處找醫生診治，不管是解放軍的醫院還是地方上的醫院，跑了很多地方，花了許多路費。啞巴表哥最終也沒有喊出「最強音」來。

大姨到高莊崔家後就一直忙，忙家務也忙地裏的活。生產隊解散耕地分到農戶以後，崔姨夫的身體不好，地裏的農活都是大姨帶著啞巴表哥幹，家裏還餵養著豬羊和雞鴨。大姨的穿戴不再和過去那樣乾淨整潔，頭髮也總是亂蓬蓬的；衣服上滿是做飯餵豬時留下的污漬，鞋和襪子也都髒兮兮的，可過去大姨的「要樣」是出了名的，布鞋底子的邊沿都要經常用粉子塗抹成白的。

因為忙，大姨甚至都很少回劉口村去看望年邁孤獨的外祖母。即便是回娘家一趟，也是早晨來下午去。啞巴表哥騎著一輛舊自行車來回接送她，如同一名專職的司機。我母親回劉口村看望外祖母，捎信讓大姨也去見個面。大姨也是來去匆匆，惦記著家裏的莊稼和豬羊。

晚年的大姨端坐在夕陽下曬太陽。她家那五間大北屋早已破舊不堪。（拍攝於一九九七年四月）。

外祖母用揶揄的口氣對我母親和二姨說：

「你大姐姐她早晚也得過成個地主。」

崔姨夫到了老年身體很不好，患過腦血栓後，多年生活不能自理。一天，大姨正服侍著他吃飯，突然崔姨夫神經錯亂，抓起炕沿上的一把菜刀就胡亂砍了起來。大姨趕緊上去攔護，菜刀砍在大姨的頭上胳膊上，鮮血染紅了炕上的被褥，濺得窗臺和牆上到處都是。大姨躲閃開來，崔姨夫就用菜刀砍自己的腦袋。大姨就又衝上去保護崔姨夫，任憑揮舞的菜刀一下一下砍到自己的身上。趕來救護的人們進屋的時候，大姨因為失血過多已經昏迷了過去。

大姨被搶救了過來，頭上臉上胳膊上留下了十幾道疤痕。大姨家的菜刀不很利，否則，大姨的性命是保不住的。崔姨夫清醒過來後，自己也很後悔。玉林表弟去看望大姨時嚇唬崔姨夫說：

「你再砍人把你捆到公安局裏去！」

嚇得崔姨夫縮在炕角嗚嗚地哭了起來。崔姨夫最後的幾年，既瘋又傻，全靠大姨看護照顧。一個瘋子，一個啞巴，大姨年老以後的境況可想而知。

一九九七年四月，我再次去看望大姨的時候，崔姨夫早已去世多年；瓢爾表哥也病故了。和大姨就伴的只有啞巴表兄一個。玉林表弟陪我和我的母親走進大姨家的院子，大姨正一個人坐在凳子上曬太陽。大姨已經八十四歲了，飽經滄桑的臉上布滿了刀刻般的皺紋。當年被崔姨夫砍傷留下的疤痕，都淹沒在了皺紋中。長時間只和啞巴表哥一個人相處，很少和他人進行語言交流，大姨自己也幾乎失去了說話的能力。看到我們以後，沒有問候，也沒有敘說家常，只是互相凝視了許久許久。

大姨家的五間大北屋，經過四十多年的風雨，都快坍塌了。最東邊的一間，房頂都露出了窟窿，裏面坐北面南供奉著一個泥娃娃似的神像，這就是聞名五里八鄉的龍哥。

有關龍哥的傳說，在保定東鄉已經流傳了很久，故事說府河北岸有個谷上村。大約是宋朝的什麼年代，穀上村有一個姑娘。一天夜間暴雨傾盆，這個姑娘做夢夢見了天上的龍王。不久，姑娘就有了身孕。未婚而孕的姑娘被父母兄嫂趕出了家門。姑娘後來流落到了大閻莊村，生下了一個男孩，取名叫傅四。沒爹的孩子遭人欺，傅四十多歲就一個人遠走他鄉，開始了四處流浪的生活。不久，傅四的母親也孤獨地去世了。

傅四在外闖蕩了幾年，長成了一個身強力壯的青年。宋朝時黃河流經河北的中部，為了治理水患官府招用了許多河工。傅四流落到黃河邊後就當了河工。一年秋天，黃河的水格外大，大堤的下面沖出了一個牛腰粗的漏洞。河工們扔進去無數的草袋石頭也無濟於事，眼看大堤就要崩潰，千里平原將成澤國，百萬鄉民即為魚鱉。這時，傅四挺身而出。只見他扛起一幅寬厚的門板，回身對夥伴說道：

「我家住保定東鄉大閻莊村，家裏只有我媽一人。我死之後，請各位給我媽捎個信！」

傅四說完，縱身跳進了洶湧翻滾的洪水裏。漏洞堵住了，黃河的堤壩保住了。為了頌揚傅四的功德，官府河工和鄉民給傅四修建了廟宇，按照傅四真人的容貌塑了金身。廟宇的石碑上，傅四的籍貫寫得清清楚楚：保州大閻莊。人們傳說傅四是龍王爺的兒子，所以只有他才能夠堵住黃河大堤的漏洞。供奉傅四的廟宇起名叫「龍哥廟」，每逢天旱，人們就去龍哥廟求雨；黃河來了洪水，人們就找龍哥祈求平安，都十分靈驗。

正巧有一個大閻莊的人外出經商看到了龍哥廟裏供奉的塑像和石碑上的刻文，就把傅四的事跡和龍哥的傳說帶回了家鄉。大閻莊也仿照著建起了一座龍哥廟，一年四季香火不斷。每逢天旱無雨，鄉民殺豬宰羊，焚香祈禱，不出七日，必降甘霖。大閻莊龍哥廟的香火，延續了千年。直到上世紀五十年代全國都破除迷信的運動中，龍哥廟才被拆除。

大閻莊與大姨家居住的高莊相隔三五華里。大閻莊龍哥廟裏的龍哥木質雕像是什麼時候，又是如何被我大姨請到她家去的，現在已經無法知道。也許是大姨那個留著清朝小辮子的公公所為；也許是啞巴表兄揀了來準備當柴火燒的。

當時讓龍哥成為「地下工作者」是一件非常有風險的事情，大姨沒有告訴外人。木頭龍哥被大姨安放在不住人的房間裏，偷偷地接受大姨的供奉。崔姨夫去世後，陪伴大姨晚年的是一個聾啞人和一根陳舊古老的木頭疙瘩。大姨供奉龍哥，祈求的不是雨水。龍王爺下雨的功能已經為數十萬眼深水機井所代替，雖然這些機井抽乾了華北大平原的汁水，使富庶的大平原變成了一個乾涸的漏斗。大姨祈求的是什麼呢？是平安？是福祉？是命運？木頭龍哥成了大姨漫長人生的精神寄託。

鄰居和鄉親們逐漸知道了大姨家的龍哥。一些老頭兒，老婆兒時常聚到大姨家，給龍哥以簡單的祭奠。村裏鄉裏的幹部和民兵們也沒有到大姨家來制止迷信活動。誰會和一個風燭殘年帶著一個啞巴的老太婆較真呢？況且社會也是在不斷地變化，人們慢慢地感覺到了寬鬆，寬鬆到可以隨意給任何東西燒香磕頭的地步。

一天，從大閻莊來了一夥敲鑼打鼓的人。大閻莊的村民知道了龍哥被廢後隱居的地點。他們要迎回原本駐紮在他們村裏的神靈。大閻莊的人給了大姨一個大泥娃娃和許多供品，感謝大姨這麼多年收留了落難的龍哥。大閻莊的人把木頭龍哥的真身帶走了。大閻莊的村民在舊龍哥廟的遺址上重建了一座新的龍哥廟。雖然新龍哥廟只是三小間低矮房屋，有原裝的龍哥雕像延續龍哥廟古老的歷史就行。

大姨和啞巴表兄在一起時，沒有語言交流，兩人只能這樣呆坐著。久而久之，大姨也就基本上喪失了語言能力。從大姨粗糙的一雙大手可以看出她操勞苦難的一生。照片拍攝於二〇〇一年春節。一年後，大姨去世。

私下裏祭祀了三十多年的龍哥雕像被請歸故里以後，大姨讓啞巴表兄把大閻莊村民送來的大泥娃娃放到了原來擺放龍哥的位置，繼續自己的虔誠。

我在大姨家東間裏見到的龍哥就是前些年大閻莊村送來的大泥娃娃。因為破舊的房屋透風漏雨，大泥娃娃和它前面的小桌，還有小桌上的供品都落滿了塵土，唯獨香爐裏的香依舊還點燃著。望著這些有關龍哥的破爛物件，我感受到大姨後半生那悲涼的處境與心境。

大姨和啞巴表兄住的西邊兩間屋子，房頂的木料也都腐爛了，隨時都會倒塌。我母親提出要把大姨接到我們家居住。大姨一口拒絕：

「我走了，啞巴可怎麼辦呀？」

同樣的話重複了好幾遍。是啊，大姨已經沒法離開相依為命幾十年的啞巴表兄了。

我和玉林表弟幫助大姨翻蓋了兩間房屋。大姨又陪同啞巴表兄在原來的地方生活了幾年。

二〇〇二年一月三日，大姨病故了，剛剛跨入虛歲九十的年齡。茹表姐和玉林表弟在電話裏都不讓我和母親去給大姨送殯。河北的農村，正在強制推行火葬。表姐表弟幫啞巴表兄連夜把大姨入殮，按照老規矩土葬了。棺木是大姨自己多年前就準備好了的。啞巴表兄不怕寒冷，手持鐵鍬在大姨的墳地守了三天三夜。據說縣裏負責推行火葬的民政官員聞訊專程到附近巡視了幾次，他們看見啞巴表兄和他手裏明晃晃的鐵鍬，喃喃唏噓了幾句，悄悄地離開了。

大姨去世的當天夜晚，天氣晴朗。我站在空曠的地方，遙望西北的星空，回憶著大姨漫長淒慘的一生。淚水浸濕了我的眼睛。心裏默默地祈禱著：大姨，您走好啊！

十九、駕返瑤池

在幼年的記憶裏，我對外祖父外祖母的印象始於一九五五年的夏天。外祖父的家是一個很小的院子，是一個大院子西北角的旁院，兩小間北屋加一個更小的套間，牆是土坯的，門很窄，窗戶很小，屋裏的家什很簡單。院子裏種著幾棵鳳仙花和夜來香，幾棵扁豆。還有一棵花和果實都很好看的裂瓜。幾個拳頭大小金黃色的裂瓜吊在碧綠的瓜秧上。外祖父靠著牆，盤腿坐在蒲墊上，用小刀或穿子（白洋淀一帶特有的破解蘆葦的工具，可以把較粗的蘆葦破解成三至五條葦篾子）破解蘆葦。三五隻母雞在外祖父周圍啄食蘆葦上掉下來的葦皮蝨子（一種寄生在蘆葦莖葉之間，呈扁平形狀的蟲子）；外祖母在一旁，或坐在地上織蓆，或坐著矮凳（劉口稱做床子）編簍，蘆葦篾子有節奏地抖動著。

雖然生活很貧苦，那幾年也許是外祖父和外祖母晚年最安定的時段。老剩姨姨已經去世，悲痛漸漸地忘卻；大姨改嫁去了高莊，找到了自己的歸宿；陪伴外祖父外祖母的是我四姨的女兒霍秀茹。茹表姐正在上小學。

外祖父是一九五九年一月十三日去世的。劉口村北面不遠的徐水，是全中國人民公社大躍進的紅旗縣，使得劉口村的「躍進」比其他地方折騰得要歡實一些。一九五八年秋天，北劉口全村人熱熱鬧鬧地吃了幾個月的大食堂。糧食吃光了，地裏的收成卻比往年少，大食堂的鍋揭不開了，只好解散。糧食早都集中到了村裏，灶臺上的鐵鍋也都被收繳去煉了鋼鐵，大食堂的煙筒熄火了，各家各戶的炊煙卻也無法燃起來。

外祖父的身體雖然不強壯，但也沒有什麼大病，去世的原因不外乎壓抑的心情和食物匱乏。即便那年冬天能夠勉強支撐過去，來年的大饑荒他也一定是在劫難逃。外祖父沒有留下照片，所以我對外祖父的印象只能是一個模糊的輪廓。我母親說我的鬍鬚和我二弟的眼睛都隨外祖父。

外祖父去世之前，茹表姐已經離開外祖父家。外祖父去世後，小院裏就剩下了外祖母孤身一人。

我的外祖母姓王，劉口村西北五華里的于莊村人，一八九一年農曆十一月二十六日出生，屬兔，她比外祖父大三歲。外祖母小時候纏足，不識字，沒有正式的名字，在家是長女，小名叫大秀。按說以王大秀做名字也可以，但她從來沒有使用過。出現在良民證和生產隊花名冊上的名字為「王氏」。叔伯舅舅趙章文寄給她的信封上寫的是「王氏老大娘收」。

她于莊村的娘家雖不是于莊最殷實的人家，卻也不是普通的農戶，家境比外祖父家還要富裕一些。外祖母的娘家侄子王志珍，一九三九年就加入了共產黨，長時間擔任村裏的共產黨支部書記直至一九八六年。王家沒有被劃成地主富農，家庭成分是上中農，土改時主動獻出一頭騾子，兩床被子。這與王志珍在共產黨內任職不無關係。

王志珍算是我母親的表哥，我曾經隨母親去于莊看望過我的這個表舅。王志珍身材高大體格健壯，他的兒子孫子也都是闊臉膛高鼻樑大眼睛，按現在的標準都屬於健美的男子。于莊王家的祖先也是來自山西，並且他們家譜記載的原籍也是山西沁州，口頭流傳也被說成是「小心州喂兒」。

我外祖母的身材也很高，身體很健康。她年輕時身板挺直，中年使喚牲口時被牛頂傷了腰，加上終生勞累，老年以後嚴重駝背。手拄著拐杖行走，因為腰是彎的，頭顱要下垂到和膝蓋差不多高低。我的記憶中，她的腰一直是彎成這個樣子的。

外祖父去世後的第二年，饑荒籠罩全國，劉口村這樣盛產小麥的村莊也沒能倖免。外祖父的二弟，我的二姥爺趙維禮被餓死了。二姥爺夫妻倆沒兒沒女，二姥爺餓死後，二姥姥也是孤身一人了。也就是說，土改前我外祖父弟兄三個四戶人家十五口男女，十二年後，餓死的逃亡的自殺的病故的夭折的出嫁改嫁的，就剩下外祖母和二姥姥兩個孤苦伶仃的老太太。

二姥姥姓賈，臧村的娘家也是被掃地出門的地主。她又沒有親兄弟，二姥爺去世後，世間再也沒有二姥姥的一個親人了。棲身的兩間小南屋潮濕陰冷，少衣無食缺柴火，一個六十多歲的瘦弱老太太，日子可想而知。

二姥姥性格內向不善於言談，不善於和鄰居親朋交往，也就不像我外祖母那樣人緣隨和。春天時節，家家戶戶沒有糧食吃，人們都去地裏打拉拉苗。

拉拉苗是劉口村地邊田埂旺盛生長的一種野生植物，開粉紅色的小喇叭花。它的藤狀枝葉，曬乾了可以餵豬；它的白色細根，劉口一帶稱之為富根，富含澱粉，曬乾了磨成粉可以摻在糧食裏吃。

我的外祖母雖然年邁體衰彎腰駝背一雙小腳行走困難，她在地裏把割下來的拉拉苗堆成了堆後，就會有順路的好心鄉鄰幫她帶回家。二姥姥自己不能背負重物，又沒有人幫助她，只能望著一堆綠油油的拉拉苗唉聲歎氣。

到了夏天，生產隊的麥子收割了，多多少少也分給人們一些。過去人們磨麵都是驅趕牲口拉磨的，現在村裏幾乎沒有了牲口。只能靠人推著石磨轉。磨棚裏等候著一家家來推磨的人，磨出一點麵粉，就趕緊拿回家去下鍋，填飽饑餓的肚皮。二姥姥自己推不動磨，也沒有人能幫助她推，她自己只好煮一碗麥粒吃。

冬天，小南屋裏冷得如冰窖一般。二姥姥一個人去田野裏拾柴火。到處都結了冰，二姥姥一雙小腳站不穩，走一步滑一跤，摔得渾身青一塊紫一塊，傷痕連著傷痕。

二姥姥自己實在活不下去了，萬般無奈的她決定改嫁。六十多歲的老太太要改嫁的消息，在北劉口村，在趙氏家族，在後頭院裏引起了軒然大波。外祖父堂弟趙維垣的夫人是二姥姥的表妹，她認為自己的表姐兼堂嫂這麼大年紀了還改嫁是一件非常丟人的事。當著很多人的面，趙維垣的夫人狠狠地抽了二姥姥三個耳光。

耳光不能改變二姥姥的命運。我的外祖母十分清楚，二姥姥不改嫁只有死路一條。她力排眾議，支持二姥姥再走一步。外祖母對那些反對二姥姥改嫁的人說：

「她改嫁，最傷心最難堪的是我。她不改嫁，你們誰能養活她呀？」

二姥姥最終嫁給了南劉口村一個叫劉正興的老漢，他是生產隊的飼養員，角色雖小，那年頭也是個不至於餓死的差使。二姥姥的針線活很好，和劉飼養員一塊兒過了幾年，逃脫了餓死的命運。二姥姥去世後隨劉正興下葬，徹底脫離了地主的家庭。

外祖母的處境比二姥姥好一些，她有幾個女兒接濟，有好心的族人鄰居鄉親們幫助，于莊娘家還有弟弟和侄子。大饑荒的兩年，外祖母沒有餓死。

一九六三年夏天，華北一場空前的大水災，千里大平原一片汪洋。劉口村歷來多水患，人們也從來沒有看到過這麼大的洪水。過去鬧水災，南北劉口村子中央總有一片上不去水的區域，也少有房屋倒塌的。六三年夏季的大水，幾乎沖垮了南北劉口村所有的房子。外祖母那兩間半小土屋也倒塌了，鄉親們使用原來的破舊木料，幫外祖母在廢墟上搭蓋了一間僅能遮擋風雨的小屋。

那哪裏是一間屋子啊？寬三米有餘，長五米不到，高六尺稍多。人站在屋裏，個子稍高一點的人，腦袋就會碰到房樑。屋子的門更矮，人進出要低頭，窗臺離地不足二尺。窗子上沒有玻璃，糊著灰白的窗戶紙。地基用舊磚堆砌了幾層，土坯壘成的牆也只有三面，東邊靠在鄰居家的西牆上。房頂是麥秸泥抹的，下雨的時候就漏水。這間水災後搭建的簡易土坯屋也許是北劉口村最矮小最簡陋的房子。外祖母在這樣一間小屋裏，獨自一人生活了二十多年。

小屋雖然簡陋，有外祖母在，它就是我母親和姨姨們的娘家。二姨家住得最近，看望外祖母自然去的最多；大姨、三姨和我母親，每時每刻都牽掛著自己年邁的老娘。三姥爺家的三女兒菊姨，四女兒淑英，五女兒淑靜，還有我四姨家的茹表姐，都是外祖母張羅著出嫁的。外祖母的小屋也是她們的娘家，年邁的外祖母是她們唯一的娘家人。外祖母對我母親對我的姨姨們對茹表姐說：

「為了你們回娘家的時候有這麼窩，我也要好好地活著，要支撐著這間破屋子。」

年邁體衰的外祖母，獨自一人度過的八千多個日夜是何等孤獨，何等地艱難啊！

一個夏天的夜晚，狂風夾著暴雨。外祖母的小屋沒有玻璃，雨水穿透了窗戶紙，嘩嘩地潲進屋裏，淋到了火炕上。八十多歲的外祖母摸黑拿了一張葦蓆，用雙手支撐著擋住窗戶。那天外祖母正鬧腹瀉，她如果鬆開了手，雨水就會把火炕澆塌。外祖母一直堅持到下半夜，暴雨停了，褲兜子裏的糞便漏撒了一炕。外祖母自己打掃清洗乾淨，天都亮了。

還有一年，也是夏天的夜晚，暴雨更是格外地大。院子裏積了很深的水，響雷一個接著一個。外祖母那間小屋的牆是土坯的，房樑是直接架在土牆上的。如果積水把土牆泡塌了，整個房頂都會砸下來。為了保護自己性命，也為了保住棲身的小屋，外祖母彎著腰淋著雨，把屋外廁所的磚拆下來，一塊一塊搬到屋裏，壘起兩個磚垛子頂住了房頂的木樑。如果一個身強力壯的人幹這點活，也許一兩個時辰就能完工。八十多歲腰彎背駝的外祖母忙了整整一夜。

二十多年的漫長歲月，八千多個日日夜夜，垂垂暮年的外祖母為了最基本的生存，彎著她那成了極度弧型的腰，艱難地操勞著。

按照人民公社和生產隊的規定，外祖母這樣年紀的老年人，家裏如果沒有兒子贍養，就可以成為生產隊的「五保戶」。生產隊要無償地向「五保戶」的老年人提供糧食、柴火和少量零用錢，維持「五保」老人的最低生存。外祖母因是地主分子，不僅不能享受「五保戶」的待遇，而且還要被強制從事清掃街道一類帶有懲罰性侮辱性的勞動。不管外祖母的年紀有多大，腰部如何殘疾，身體怎樣衰老虛弱，村裏負責管理「四類分子」的人（一般是村裏的民兵連長或黨支部的治保委員）都要分給我外祖母一定面積的街道路面強制她定期定時打掃。

外祖母的生活所需，除了我母親姨姨們接濟以外，生產隊也分給她一些糧食和蘆葦，前提是外祖母必須向生產隊交夠贖買這些糧食和蘆葦的錢。贖買的價格雖然低於在集市上購買，對外祖母來說，卻也是一個繁重的大數目。我母親和姨姨接濟們給外祖母的零花錢，她幾乎要全部積攢下來，交給生產隊贖買口糧和蘆葦。

外祖母年紀太大了，腰部還殘疾，沒法和青壯年人那樣去生產隊的地裏勞動，她只能在麥收秋忙時節去生產隊的麥場打穀場幹活，掙取生產隊的少量工分。她能勝任的活兒，不外乎揀麥穗；捧高粱穗；搓玉米棒，或者社員們回家吃飯休息時留在打穀場上做看守，以免小孩和雞鴨禍害場院上的莊稼。生產隊安排她去幹這些活，還帶有照顧的情理。生產隊的隊長副隊長，多是後頭院裏她那些堂侄族孫們。外祖母最後一次到生產隊的打穀場幹活掙工分，是她九十歲那年。

為了減少我母親姨姨們對她的接濟，外祖母不顧自己年邁腰殘每年都要餵養一頭豬或兩三隻羊。她彎著那極度弧型的腰去田地裏挖豬食挑野菜，儲備羊兒過冬的乾草。豬和羊的糞便，外祖母都要積攢著。看到路上有一灘牲畜的糞便或小孩子拉的屎，她都要回家拿了鐵鍬，收到自家小院裏的糞堆上。糞土交到生產隊，可以算做少量的工分。她餵養幾隻下蛋的母雞，雞蛋自己捨不得吃，多數賣給他人。每年生產隊分一些蘆葦，外祖母想法子把蘆葦編成席子簍子葦箔賣錢。孤苦伶仃的外祖母艱苦的日子自己過，在那個年代只能如此。

為了減少我母親姨姨們對她的接濟，外祖母把自己日常的衣食縮減到了最低的極限。她的衣服被褥全都是縫了又補，補了又縫。一日三餐也是省了再省：每天早飯，她給自己烙一張餅，做兩碗白粥（玉米糊），餅吃半張，白粥剩下一碗；中午為了節省柴火，就不再點燃鍋灶，等候在路邊，有去井裏挑水的鄰居路過，取一瓢井拔涼水飲用，早晨剩下的半張餅就是香甜的午餐；晚飯更是簡單：鍋裏的一碗剩白粥，添上點水加熱成兩碗，熱乎乎地喝下去。三餐下飯的都是鹹蘿蔔條。為了節省燈油，她一個人在屋子裏就不點燈。村裏其他的人家都安裝了電燈，外祖母付不起安裝的費用，一直使用著煤油燈，以至於去串門的鄰居們戲稱她的油燈為古董。

外祖母能夠一個人生活二十年，也多虧了鄉親鄰居和同族同宗的兄弟、侄子、孫輩們對她的幫助。族人和鄉親對身為「四類分子」的外祖母不歧視不疏遠，完全不像城市裏有文化、有職位的人那樣。她的自留地一直是趙鴻圖舅舅和他的兒子們給無償地耕種著。生產隊分糧食，也都是同隊的社員給她搬運回家。村裏強制分給外祖母的掃街路段，歷來都是她那些也是地主分子的侄子們代她完成。外祖母三十年的用水，多數是鄰居們去井裏挑水時順便把她的水缸也給灌滿了。一次我去看望外祖母，正碰上醜舅兒的二兒子趙玉鐸在給外祖母修繕房頂。玉鐸表兄幹了半天活，渾身弄得全是泥巴，連大奶奶的飯都不吃一口。

外祖母的小屋低矮破舊，卻很乾淨。誰家來了客人；誰家的孩子多，家裏睡不下，就到外祖母的炕上借宿，有時是三兩個女孩；有時是幾個光屁股小子。幾十年後我回劉口村去，一些四五十歲的男人和女子，說到我的外祖母，還都回憶起當年在老人家的炕上借宿的情景。

我打記事以後，和外祖母一起生活的時間加起來還不到一年。和她相處最久的一段是一九六三年秋天，華北大水災後母親把外祖母接到了我們家。外祖母一生幾乎從來沒有離開過家鄉，四十里地之外的保定城她只去過一兩次。到我們家那次是外祖母一生中唯一的一次遠行。

那時，我們家住在山東的一個縣城，生活也很清苦。外祖母去了以後，幫助我母親料理家務，雖然時常無糧為繼，但也能讓一家人熱湯熱水地喝個溫飽。住了幾個月，外祖母竟然比原先胖了一些。我父親帶她去一個叫大眾攝影部的照相館拍攝了一張照片。沒承想外祖母的這張照片拍攝得非常好。照片沖洗出來後，照相館的攝影師也很滿意，他們未經我們家的人同意便放大了一張，擺在照相館的櫥窗裏展覽，藉以招攬顧客。我們家的人那時也都沒有肖像權意識，不僅認可了他們這樣做，而且還覺得是件值得高興的事。我有時還故意饒路到照相館的櫥窗去看一看。在那櫥窗前可以經常聽到有人贊歎說：這老太太真福態啊！照相館還給我們家放大了一張，外祖母的這張照片至今一直擺放在母親的房間裏。

我的外祖母王氏，小名大秀（一八九一～一九八六），一九六三年春節拍攝於山東臨清。

七十三歲的外祖母已經喪失了勞動能力，她自己生活很艱難。讓外祖母長期住在我們家，由我的父母贍養她是最合適，也是最應該不過的了。但是外祖母在我們家住到第二年春天，就返回了劉口村。雖然我那時只有十四歲，但我知道外祖母離去的原因是她不願意因為自己的地主成分，因為自己地主婆的身份，給我們家帶來政治上的麻煩與拖累。

我自打進入小學讀書就開始接受有關階級鬥爭的教育。帶著一些抽象的概念，我曾經嘗試著調查瞭解做為地主分子的外祖母剝削人欺壓人的罪狀，以便與她劃清界限。我這樣的意圖在一九六七年秋天完全失去了意義。在外祖母的小屋裏，我遇到了一個前去串門的老漢。他和外祖母聊天，說倒幾十年前和外祖父一起幹莊稼活時的事，使用的語言是：「那時候，咱們怎麼怎麼著。」完全是一家人的樣子。老漢六十多歲，身體魁梧相貌粗獷，他也姓趙，我只記住了他的外號叫豬爾老拱，曾經是我外祖父家的長工。

豬爾老拱當年也算的是北劉口村的名人。他沒有文化，記憶力卻非常好。他不會看書，卻能說書。全套的《三國》、《隨唐》、《說岳》和《三俠五義》話本，都全憑著記憶說講，且言語風趣幽默，全村的男女老少都是他的聽眾。每逢陰天下雨，不能下地幹活，他就給人們說書，很受村民的歡迎。說書的是業餘愛好，聽書的其樂無窮。

豬兒老拱在我外祖父家做長工很多年，和外祖父外祖母的關係很好，土改以後還經常去看望他們。地主和長工之間，並沒有階級仇恨和階級鬥爭。聽了那老漢和外祖母親切和睦，笑呵呵地嘮嗑後，我開始懷疑我所受到教育和所閱讀的書籍。

我的外祖父是一個善良怯懦，家境比較富裕的農民。外祖母是一個幫助丈夫種地，以家務勞動為主的農婦。和中國大多數農婦一樣，她終生勞作，一刻也不歇息。農忙時，田地裏麥場上和男人一樣盡力；平日裏，磨房廚房宅院裏，縫補漿洗紡線編織耗盡了她的時光。她勞作的目的是過日子，是吃飯穿衣，是養育兒女，是侍候丈夫和公婆。

和大多數農婦相比，我的外祖母更勤勞，更能幹。她會燒菜，會紡線織布剪裁，做得一手好針線。她講究衛生，家境不論富裕還是貧困時，屋子裏外總要收拾得整齊乾淨。受她的言傳身教，我母親和姨姨們也都善於縫紉和家務。我觀察外祖母時注意到，勞動對於她已經成了習慣。即便坐在炕上，她的手總也不會閒著，自己沒有了活計，就幫別人縫縫補補。外祖母的手很巧，她八九十歲的時候，每年還要用秫秸蘆葦製作許多筐子、簍子、箅子一類的家什，送給親友和鄰居。因為一年到頭不停地幹活，外祖母的一雙手非常粗大，關節鼓鼓的，突出的地方都磨出了厚厚的繭子。

經過長時間的觀察和思考，我感覺到我的外祖母不是階級敵人。再後來我就認識到，像外祖母這樣勤勞能幹，善良寬厚的老人，被無端地拋到社會的底層，受盡了歧視和壓迫，時間長達四十多年，那一定是我們的社會出了問題。

外祖母漫長的一生，經歷了無數的天災人禍，她都能泰然處之。和許多遭遇淒慘的人不一樣的是，外祖母對自己受到的不公很少抱怨。有人在她面前敘說冤屈和不公，外祖母用做寬慰的話常常是：

「有什麼法子？現在時興這個。」

面對自家的土地房屋被沒收，全家被掃地出門；親人被批鬥，被關押，被拉，受刑訊，逃亡，餓死，自殺；面對各種各樣的的變故和事端，外祖母都能從容對待。即便是那些直接欺壓自己的村幹部和打手們，外祖母都對之報以寬容的態度。她認為這些事情，只要忍一忍，就都能過去。唯一讓外祖母義憤填膺難以接受的是，地主富農家的男子都娶不到媳婦，這裏面包括我三姥爺家的章文舅舅和後頭院裏外祖母那些土改中被劃成了地主富農的侄子侄孫們。提及此事，外祖母都會悲憤地感歎：

「這不是要斷子絕孫了嗎？」

一九七八年，三姥爺家的章文舅舅已經三十三歲了，還沒有成家。章文舅舅五官端正，勤勞樸實，性情溫和，成不了家的原因完全是因為家裏的地主成分。

外祖母多次對我母親我姨姨們說：

「一想到納們章文說不上媳婦，我的心就跟刀子剜肉一樣。」

八十七歲的外祖母把章文舅舅從內蒙古土木爾臺接到劉口村來，外祖母圍繞著章文舅舅設計了一項工程。外祖母的工程方案是讓我母親和我的姨姨們，也包括我三姥爺家的幾個姨姨，大家幫襯著章文舅舅在外祖母的小院裏翻蓋兩間房子。然後用章文舅舅的小妹妹給章文舅舅換一個媳婦。

利用換親方式成家，是那個年代中國農村很多困難人家採用的婚姻方案。男青年到了結婚的年齡，或因為家裏貧困；或因為家庭成分是地主富農；或因為自身身體殘疾，沒有女子願意嫁給他。如果這個男青年有姐姐或妹妹，做父母的就會採用換親的辦法為兒子成家，以延續香火門宗。

所謂換親，最簡便的是甲方的女兒嫁給乙方的兒子做妻子；乙方的女兒到甲方做兒媳。雙方換婚協議中的首要條款是把兩對夫妻的婚姻關係連帶在了一起，四個人中有一個悔約，即等於兩對夫妻解體。

有時參與換親者會擴大到三方或多方。當事人越多，操作的難度越大，連帶關係越複雜。一個人發生變故，多個婚姻都會解體，所有參與的人都會受到傷害，甚至釀成悲劇。

章文舅舅住在外祖母的小屋裏，幫助外祖母到生產隊掙了十多個月的工分。章文舅舅的小妹妹也從土木爾臺回劉口村來過，我應該稱之為小姨姨的那個女孩子面容姣好，皮膚白淨細膩，讓這麼漂亮的姑娘嫁給一個或者年老醜陋殘疾；或者家裏異常貧困；或者也是受人欺壓的地主富農後代，是非常殘酷的。章文舅舅不忍心太委屈了自己的妹妹。外祖母不僅關心侄子的婚姻，也心疼自家的侄女，手心手背都是自己的肉，外祖母的計劃最終落空了。章文舅舅和我的那個小姨姨又返回內蒙去了。

外祖母之所以如此看重侄孫們的後代延續，是因為她一生中最失望的事就是自己沒有兒子。外祖母沒有文化，她理解不了社會時事變化的因果。她把自己淒慘的遭遇和晚年的孤獨，全都歸結為沒有兒子的緣故。

這張圖像模糊的照片是一九八〇年夏天我母親（右一）省親時拍攝的。左一是我大姨；右二是我二姨。地點是外祖母獨自一人生活了二十多年的在那間小屋裏。四個人好像是剛剛結束了午餐。

那年我的外祖母已經八十九歲，幾個月前她剛剛摘去了「地主分子」的帽子，不再是階級敵人了，不再是專政對象了，不再被強迫掃街了。

因為自己一生沒有兒子，外祖母便喜歡並欣賞所有的小男孩。我注意觀察過外祖母，她不論看到誰家的小子，也不論長相醜俊，她都會聚精會神地端詳半天，目光裏充滿了喜愛和羨慕。對女孩子，即使長相再俊俏，她都沒有那樣的欣賞熱情。若有鄰居抱著自家的小男孩到外祖母的小屋裏玩耍，她都要想法找出一點能吃的食物給小男孩子吃。小男孩如果自願讓外祖母抱著親熱一會兒。外祖母就會很高興。外祖母和小男孩親熱時，她的手常常下意識地撫摩小男孩的小雞雞。

我是她最年長的外甥，雖然和她住在一起的時間不很長，但外祖母對我的疼愛超過了任何人。

一九八一年，我回劉口村去看望外祖母，她那年已經九十歲了。共產黨和政府給所有的地主富農都摘掉了「四類分子」的帽子，不再受人隨意欺壓了。外祖母非常高興，她不顧自己的高齡，還四處張羅著給家族內她那些打光棍的侄子侄孫們介紹對象。

前面我說過外祖母年輕的時候曾經算過三次卦。外祖母算過的第二卦是關於自己的壽命。算命先生說她能活八十三歲。和許多中國的老人一樣，外祖母很重視自己的歸宿。農村老人的所謂歸宿，其實就是一口棺木。外祖母的歸宿後事只能依靠她自己籌劃。六十多歲的時候，外祖母就開始為購買自己的棺木攢錢，多數是賣羊賣雞蛋所得，每年多則十幾元；少則三五元。用了十多年的時間，外祖母為自己準備了一付結實的棺木。

外祖母八十三歲那年的農曆三月初三，劉口村一帶走親訪友的日子，外祖母娘家的侄子捎信來，說那天要來接她回于莊村去。外祖母早早就換好了乾淨衣服，站在村口的路邊，往于莊村那個方向瞭望。這時，外祖母突然感覺一陣旋暈。剛巧有一個鄰家的女人就站在她的身旁，順勢扶了外祖母一把，外祖母沒有摔到地上。昏迷不醒的外祖母被抬回家後，二姨夫立即去郵局給我母親拍了電報。

我母親趕回劉口村時，外祖母已經昏迷了三天。村裏的「赤腳醫生」（也就是鄉村醫生，當時都這樣稱呼之。他們出診不收取報酬，生產隊給他們記工分，憑工分從生產隊分得糧食）來看過了，也沒有確定是什麼病症，或許是腦血栓；也可能是腦溢血，已經是八十多歲的人了，該準備後事了。親戚和鄉鄰們早已幫助把棺材拾掇好，刷上了桐油和黑漆。

誰也沒有想到的是，五天以後，一直處於昏迷狀態的外祖母自己逐漸甦醒了過來。又歇息調養了幾天，外祖母就能下地走動，可以摸索著幹些家務了。更令我母親和姨姨們驚喜的是，外祖母竟然沒有留下一點兒後遺症。

這時，外祖母想起了當年那個算命先生關於八十三歲壽命的卦。她樂觀地對母親和姨姨們說：

「老天爺可能真的是給了我八十三歲的壽命。我心眼好，光做善事，還勤快愛幹活，這回病好了，往後最少還能活十年。」

外祖母一個人又繼續生活在她那簡陋的小屋裏。時光又過了九年，這期間，外祖母為自己準備的棺材先後三次被別人用去。農村的人家，突然有人去世，現張羅棺木並不是一件容易的事。村裏的老人，早已準備下棺木的不止我外祖母一個，但誰也不願意借給他人先用。外祖母三次仗義的行為，一時在村裏成為美談。

一九八三年的春天，外祖母病危的消息，再次把我的母親喚回了劉口村。這次村裏的「赤腳醫生」診斷得十分準確。外祖母患了急性肺炎，渾身高燒不止，針也打了，藥也給吃了，一點兒也不見效。「赤腳醫生」再次發出料理後事的醫囑。我母親一面給外祖母穿上了送終的衣服，一面給外祖母服用了超大劑量的紅黴素藥片。因為外祖母一生幾乎沒有服用過藥物，無比強大的生命力加上超劑量紅黴素的作用，處於高燒昏迷狀態的外祖母再次清醒了過來。

外祖母畢竟九十二歲了，急性肺炎痊癒後，她的腿腳再也不能行走了。我二姨把她接到了自己家裏。

我最後一次見到外祖母是一九八四年的秋天，外祖母住在二姨家已經兩年。二姨一家人照顧著外祖母的起居，天氣好的時候，玉林表弟便把她背到院子裏曬曬太陽。

也許是因為人將老去其言也多；也許是九十三歲的外祖母開始回憶總結自己的一生。與以往不一樣的是我那次和外祖母一塊相處的時間很短，外祖母卻和我說了很多話。外祖母說起往事，回憶了她當年結婚時的情景：那年正逢國喪，結婚那天不能吹打樂器；不能燃鞭放炮；也不能穿紅掛綠。外祖母說到自己結婚的事，還有些靦腆，還有點不好意思，臉上流露出幸福的笑容。外祖母結婚是一九〇九年春天。之前，慈禧太后和光緒皇帝先後去世，全國範圍內禁止娛樂。

外祖母又和我聊了一些家常後稍事沉默。隨後，她笑了笑，仰臉望著貼在牆上的毛主席像，用腦袋指了指偉大領袖，有些神祕地笑著對我說：

「哼！那麼大的本事，也沒有活過我。」

這是我聽到的外祖母說的最「反動」的一句話，幾分揶揄，還有幾分炫耀。這句話沉澱在她心底也許有好幾年了。願毛澤東的在天之靈能夠原諒一個沒有文化的農村老太太的不恭和不敬，不要再追究她的反革命言行了。

外祖母是一九八六年十月六日，農曆九月初三去世的。看上去她並沒有什麼明顯的疾病，大概是器官的確老化了。去世前幾天，外祖母自己就有預感，我母親回到劉口村侍侯在外祖母的身邊。外祖母彌留之際，她要求搬回她自己的家去。母親和玉林表弟把外祖母抬回了她那間快要倒塌的小屋，為她穿戴整齊。外祖母躺在自己那一無所有，連門和窗戶都沒有了的小屋裏，平靜地結束了她九十五年的人生。

接到外祖母去世的消息，我和兩個弟弟連夜趕回了劉口村。外祖母入殮後的夜裏，我提出來由我和二弟兩個為外祖母守靈。

外祖母的棺木前，點燃了一盞長明燈，小如黃豆的燈火在秋夜的涼風裏閃動。沒有人的時候，我給外祖母很標準地磕了一個頭，然後對著外祖母的棺木，長時間地默哀，回憶外祖母那平凡而讓人尊敬的一生。

突然間，外祖母鮮明厚重的形象在我的心中有一個升華。外祖母吃苦耐勞，待人寬厚；她明曉事理；她處世泰然。身處社會的最底層，面對低劣的生活條件和無窮無盡的歧視壓迫，外祖母能夠頑強地生存，維護自己做人的起碼尊嚴。在幾十億的芸芸眾生裏；在古今中外的各種人物中；在我的師長同事親戚朋友中，外祖母雖然只是一個連自己的名字都不認識的農村老太太，她卻毫無疑問是最值得我敬佩，最值得我懷念的人。

我母親和姨姨們商量後，決定盡我們的能力把外祖母的喪事辦得隆重一些。因為外祖母高壽，樂器班子吹奏的不是哀樂，而是喜樂。一隻嗩吶，一架銅笙，把當時最流行的歌曲《濟公》吹得詼諧響亮。後頭院裏的男人們和女人們都穿起了白色的孝衣。悲傷痛哭的除了我母親和我大姨二姨（三姨幾年前已經去世），還有我三姥爺家的三個姨姨和茹表姐。

外祖母的靈棚上挑著一個橫幅，白紙黑墨寫了四個大字：「駕返瑤池」。

照例要招待鄉親們一頓飯菜，碗和筷子都是租借來的。劉口村一帶有個風俗，說是壽命長的人使用過的碗筷拿回家給自己的孩子使用，孩子就能長命百歲。被拿走的越多越說明當事人受尊重。喪事還沒結束，租借來的幾百個飯碗就被鄉親們一搶而空。我的大姨和二姨在一旁還一個勁地說：

「拿吧！拿吧！都拿光了才好。」

外祖母的小屋裏，還有一隻醃鹹菜的罈子被一個中年女人抱走了。我母親趕過去制止也沒有攔住。望著母親若有所失的樣子，我寬慰她說：

「一個破罈子算不了什麼。」

母親對我說：

「我不是在意這些罈子和碗筷。我是想起了你姥姥當年算的一個卦。」

外祖母年輕時算的第三個卦，是算命先生讓她抽的一個籤，卦籤上寫著一句話：

你拽條棉褲我搶個襖，抱起了罈子往外跑。

算命先生預測的是土改時的掃地出門，還是葬禮之後的場景寫真？漫長的人生，總會有一些事情是用普通道理用一般的常識無法解釋清楚的。

二十、三舅

外祖母的葬禮上，掛在橫幅上的四個大字「駕返瑤池」是三舅趙鴻志書寫的，骨架是柳體，十分受看。我詢問三舅四個字的意義和出處。三舅笑了笑說：

「人去世了，寫幾個字，都是好的意思唄。出處不外乎神話傳說王母娘娘和瑤池的典故，李商隱的詩裏有的。若去世的是老頭兒，則要寫『駕鶴西歸』之類的字了。」

劉口這樣的鄉村，熟悉唐詩的人是不多的。我知道三舅趙鴻志的學問，也知道他的為人。他的毛筆字寫得很好，一般的人他是不給寫的。他對我的外祖父外祖母很好，他和他的弟兄們，做了許多值得我感激的事。

趙鴻志的祖父就是當年「暫不發喪」事件中過繼給趙純珠遺孀的趙鳳崗。這個趙鳳崗是我外祖父的親伯父。我的二姥爺餓死，三姥爺全家逃往內蒙古的土木爾臺之後，血緣關係和我外祖父家最近的就是趙鴻志和他的弟兄們了。

趙鴻志一九二一年生人，弟兄四個，他行三，小名德安，所以我稱呼他三舅，有時稱呼他為德安舅舅。

趙鴻志的大哥趙宏圖，讀過私塾，也上過洋學堂，自己買了許書，在村裏的學校當過老師，不當老師的時候就種地，種地不耽誤看書。日本鬼子侵佔華北之前，共產黨開始在保定一帶活動，有人送給趙鴻圖幾本馬克思和列寧的書，或者是闡述他們觀點學說的書。趙宏圖愛不釋手地看了幾天，感慨道：「天下有這麼好的書，我還讀那些糟粕幹什麼？」於是，他把自己原先的那些子經詩史集之類的古書一把火燒掉，悉心攻讀起馬列主義來。大舅趙鴻圖應當是南北劉口村閱讀馬列主義書籍最早最多的人，不知是什麼原因，他卻沒有加入共產黨。他做過的最重要的工作是在村裏寫寫算算，相當文書一類的工作。當然那是在土改以前，土改之後，他成了地主分子，只有勞動改造被關押被批鬥的份了。

趙鴻志的二哥名叫趙鴻善，小名老肥，日本鬼子占領時期他就參加了八路軍，後來打仗負了傷，屬於革命傷殘軍人。回家後不久，因為趙雙江一夥在村裏抓國特，抓藍衣社，趙鴻善沒法在村裏生活，就去了北京南苑，在那裏開了一家生產圖釘、曲別針的小工廠。我的三姥爺去土木爾臺；趙淑華姨姨去臺灣之前，他們在北京逗留的時候，就住在了老肥堂舅的家裏。

趙鴻志舅舅還有個弟弟，叫趙鴻範，小名紀爾。趙鴻範的三個哥哥都是地主分子，趙鴻範土改時還不夠十八歲，只能算是地主子女。即便不是地主分子，只是地主子女，也沒有姑娘願意嫁給他，趙鴻範為此一直說不上媳婦。我的外祖母很喜歡忠厚老實的紀爾四表舅。每當說及紀爾表舅打了一輩子光棍的事，我的外祖母都會義憤填膺一番。

大舅趙鴻圖光讀馬列主義的書，沒有加入共產黨；三舅趙鴻志既讀了哥哥手裏的書，也入了黨。他加入共產黨的時候，北劉口村還有日本鬼子的炮樓。三舅屬於抗日戰爭時期的老資格黨員。

一九四七年秋天，北劉口村土改運動開始之前，趙鴻志舅舅就在村北的知了地河邊，搭了個棚子。他知道自家肯定會被劃為地主，沒等被掃地出門，他就主動帶了一床被褥，幾件衣服，一鍋一碗一雙筷子，搬到了簡易的棚子裏，自己家裏的土地房屋和其他財產物品全部放棄。

隨後而來對地主富農的批鬥刑訊歧視和羞辱，讓三舅趙鴻志很失望，他認為這樣的做法既不符合我們民族的傳統情理，也不符合馬克思的學說。他做出了一個令人驚訝的決定：退出中國共產黨。

共產黨很小很少很弱還處於地下活動的狀態時，三舅不顧自身和家人的危險，加入了共產黨；共產黨強大了勝利了，執掌政權了，三舅卻要退出共產黨。讓人們怎麼說他呢？真是不可思議不可理喻。對於他不符合常規的舉動，劉口村的人有許多不同的看法：共產黨內的人說他是逃兵叛徒；鄉鄰親朋們責備他不識時務清高迂腐。三舅趙鴻志自己卻說的簡單：

「現在共產黨坐天下了，不再需要我這樣的人了。」

一九五〇年秋冬，三舅趙鴻志陪同我外祖父以及堂表兄趙木鐸逃荒尋糧跋涉到過內蒙古土木爾臺，返回時他沒有再回劉口村。他去北京投奔了他的二哥趙鴻善，並在北京找了一份旅館會計的工作。公私合營後，三舅成了國營旅館的一名職員。

三舅趙鴻志到北京工作後不久，正值新《婚姻法》公佈後的離婚潮。許多人趁著機會解除了原來由父母包辦的婚姻。三舅趙鴻志那年三十剛出頭，一表人材，有文化有教養。一個和他一塊兒工作梳著兩條長辨子的姑娘看中了他，非要嫁給他不可。三舅和他妻子的婚姻的的確確是父母包辦的婚姻。我的這個三舅母身材很矮，不僅沒有文化，而且還有病。神志不清的毛病一犯，她就頭不梳臉不洗，也不做家務，家門也出不去。三舅媽和三舅一比。簡直是一個天上一個地下，差別太大了。

北京女同事的愛情攻勢一久，三舅趙鴻志也動了離婚的念頭，他從北京回劉口村來辦理離婚手續。因為推行新《婚姻法》，離婚的手續很簡單，只要聲明是包辦婚姻，鄉裏的民政助理就會開出證明准予離婚。三舅很快就辦好了手續。三舅返回北京要走的時候，三妗子該吃飯就吃飯，該睡覺就睡覺和沒事人似的。三妗子糊塗得連什麼是離婚都搞不清楚。

三舅沒有能夠立即回北京去，他走到半路就又返回了劉口村，他受不了三妗子那可憐的樣子。回家後，他把離婚證明撕了個粉碎，親手給三妗子梳了頭，洗了臉，對她說：

「這婚咱們不離了！你還是帶著孩子在家裏過吧。」

三舅對我外祖母說：

「她（指三妗子）就是這麼個沒成兒（劉口的方言：沒本事，沒能力）的人。我跟她離了，她也不會嫁人。我還得養著她。外頭一窩子，家裏一窩子，我沒有能力養活她們。」

善良的三舅趙鴻志沒有和糟糠之妻離婚，他一個人在北京工作到動蕩的一九六六年。

北京的文革風暴刮起來後，「純潔革命首都」的行動把許多出身是地主、富農、資本家還有那些曾經為國民黨工作過的人清理出了北京城。三舅趙鴻志和二舅趙鴻善都被革命群眾押送回到北劉口村。三舅趙鴻志是一個人被遣返；他的二哥則是全家落難。三舅趙鴻志從北京回到家裏後和妻子女兒們住在一起；二舅趙鴻善家的房子土改時已經被沒收，一家人這樣的身份誰也不敢收留。我的外祖母說：

「債多了不愁；蝨子多了不咬。反正我也是地主，你們若不嫌棄我，就都住到我的炕上吧！」

外祖母那間低矮的屋子裏，擠進了一家北京人。不久，二舅趙鴻善的弟兄們幫助他在我外祖母的小院裏又搭了一間房子。趙鴻善的子女在劉口村住了幾個月就跑回北京去了。趙鴻善夫婦倆和我的外祖母為鄰，成了一戶「四類分子」農民。

文化大革命期間的劉口村也並非一片靜土，對「四類分子」的羞辱和批鬥也是無止無休。據統計，北劉口村那時被村裏確定為「四類分子」的人有五十六個，我的外祖母，三舅趙鴻志以及他的大哥和二哥，堂舅趙寒臣和趙暖都名列其中。我應當感謝北劉口村的黨支部書記溫女士，還有曾經臨時掌握了村政權的貧下中農造反組織，我那年近八十歲彎腰駝背的外祖母，既沒有被他們捆幫押送到會場批鬥過，也沒有品嚐過群眾專政的鐵拳。她老人家只是被強制勒令打掃村裏的街道。

北劉口村四類分子的批鬥會，和全國其他城市鄉村的批鬥會沒有多大的區別：掛牌子，彎腰撅屁股，揪住頭髮，扭著胳膊，腦袋都快挨著了地面，臉還要仰對著群眾。令被批鬥者膽戰心驚的是突然有人從後面一腳踹到腰間，踢到屁股上，當場一個結結實實的嘴啃泥，碰得唇破牙掉鼻樑斷，滿臉血淋淋的。以上的場面，只是應用在全體人民公社的社員大會上。下午或者晚上的小型批鬥，那才是真正的無產階級對階級敵人的專政。所謂的批鬥，實際上就是刑訊，讓誰參加批鬥，都是要批鬥誰，批鬥多長時間，使用什麼刑具，完全是隨心所欲。

三舅弟兄三個都儒雅和善，他們煙不吸酒不喝不說粗話。別說傷害別人，就連妨礙他人的事他們都不做一點，唯一的罪惡就是從上輩那裏多繼承了一些土地。在被批鬥的五十多個四類分子中，三舅他們弟兄仨的身材最高大，站在臺子上十分顯眼。

三舅對參加這樣的批鬥卻不以為然，他對兩個哥哥和家裏的人說：

「我們沒有偷，沒有搶，沒有賭博，沒有搞女人，有什麼可丟人的？現在時興這個，哪朝哪代都有過。我們得好好地活著。」

面對批鬥毒打和羞辱，三舅弟兄仨顯得格外鎮靜和從容。尤其是三舅趙鴻志，每一次批鬥大會上，他都是目不斜視，面容平靜。村裏讓四類分子們敲著鑼兒鼓兒遊街，三舅把小鑼兒敲得不緊不慢，故意地響亮而有節奏；村裏讓三舅弟兄們一起去掃大街，三舅手中掃帚的節奏不緊不慢，旮旮旯旯都要打掃乾淨，坑坑窪窪都用土填平。三舅對兩位兄長說：

「我們這是在積德行善。」

大年初一清晨，農村的風俗都要互相拜年。四類分子是不能隨便拜年的，只能去掃大街。三舅掃完大街後先去給我外祖母拜年：

「大嬸子，拜年了！」

磕過了頭之後，又說：

「大嬸子，分給你那段路我已經打掃乾淨了。早晨起來掃街，就等於活動活動身體，今天我要多吃一碗餃子。」

心胸豁達的人，也有恐懼的時候。三舅從北京被押送遣返回劉口村不久，時間是一九六六年的八月底，北京市的紅衛兵，在大興縣的貧下中農的幫助下，對「四類分子」大開殺戒，三天殺死了「四類分子」及其子女三百多人，許多人家被滿門抄斬。有兩個相鄰的村子開展了殺人競賽：一個村把全部「四類分子」家的人都埋到一眼水井裏；另一個村則使用鍘刀，使地主富農和他們的子女全部身首異處。

北京市的大興縣距離劉口村不到一百公里。消息傳來，劉口村的「四類分子」們都被嚇得毛骨悚然。三舅弟兄幾個議論了幾次，也沒有討論出安全的對策，只好聽天由命吧。好在隨意殺人的風潮沒有蔓延到劉口村，依舊是批鬥和毆打，只是更粗暴更兇狠了一些。

文化大革命結束後，當年被驅逐出北京的階級異己分子又都返回了京城。二舅趙鴻善的子女都在北京，他們夫婦落實政策回首都去了。三舅已經到了退休的年齡，他的老婆孩子都在農村，他就留在了劉口村。

二〇〇六春天，我陪母親回劉口村省親時去看望三舅趙鴻志。我倆走進他的居室，屋子裏靜悄悄的，三舅他獨自一人正躺在炕上看書。八十五歲的老人了，神態安詳，說話的節奏依舊緩慢，高興地和我母親敘說家常。我悄悄地看了一眼他剛才閱讀的書，是一本《楚辭》。做為一個普通的農民，一個被城市驅逐回鄉下的退休老人，三舅的情操和三閭大夫是相通的。

二〇一〇年春我母親回劉口村掃墓時與「後頭院裏」她的堂兄趙鴻志（中）（一九二一～二〇一二），趙暖（右二）（一九一九～二〇一二），堂弟趙老歪（右一），趙有（左一）合影。

趙鴻志和他的長兄趙鴻圖、二哥趙鴻善；趙暖和他的哥哥趙寒臣，五位男人都有文化，都忠厚勤勞默言，且都身材高大。他們都曾經被當作「地主分子」而受到管制和批鬥。文革時期北劉口村受管制的「四類分子」共有五十六人。

就在我的這部書即將敲打完工的時候，二〇一二年春節前，三舅趙鴻志因病去世，享年九十一歲。三舅去世前幾年，雖然我曾經多次去看望他，卻沒有把我正在寫書的事情告訴他。如果他的在天之靈知道了我的書即將出版之消息，他一定會十分欣慰，因為三舅是一個愛書的人。我還自認為，我書中所寫之內容和三舅的情操也是相通的。

二十一、二姨夫

二姨夫叫臧郡英，小名秋忙，家住北劉口村東頭。二姨夫和我們家一樣都是臧貴的後代，按輩分他和我的父親同輩。我的三姨夫叫臧常在，家是府河南面安新縣喇喇地村。那個村的臧姓是臧貴的哥哥臧福的後代，和府河以北的臧姓雖然也是同宗同族，但比較輩分高低的難度要大一些。二姨夫和三姨夫到了一起，喜歡互相開玩笑，都說自己大一輩。爭論了幾十年，最終也沒有搞清楚到底誰的血緣距離山西沁州更近一些。

二姨夫出生於一九一〇年。二姨夫年輕時家裏很窮。弟兄三個分家後他只有四畝半地，兩間土房，三十歲還沒有成家。他們弟兄經營著一個豆腐房，我外祖母去他家做豆腐，看到二姨夫整天樂呵呵的，人很勤快，什麼活都會幹，就相中了他，託人去說媒，把我二姨嫁給了他。

我的二姨，小名改，從小患有關節炎，身體殘疾。嫁給二姨夫的時候已經二十四歲，二姨夫三十歲，那個時代都算是大齡青年了。二姨雖然殘疾，家務卻做得好，針線活比我大姨做得還精細；做飯可與我的外祖母相媲美。二姨夫成家後，外祖父給了他九畝地，算是我二姨的陪嫁，兩個勤快節儉的人日子過得好多了。土改的時候，二姨夫的成分是中農。他的哥哥和弟弟兩家就都是貧農。

二姨夫身材不高，因為常年勞累，人有些瘦，背有些駝，腿有些彎。他走路的速度很快，兩隻八字腳向外撇得厲害，身體有節奏地搖晃著。二姨夫走路快是為了節省時間，節省下時間好多幹些活。二姨夫不喝酒，不吸煙。不喝酒是為了省錢；不吸煙是怕耽誤幹活的功夫，種煙葉的地方，省下來還可以多種點莊稼和蔬菜。

二姨夫年輕的時候家裏雖然窮，卻也念過一年多書，認識一些字。我母親和外祖母通信，信都寄給他，回信也是由他寫。二姨夫的回信，都是以二姨的口氣。第一句話是：「五妹見字如面」六字。以至於我到學會寫信以後，「見字如面」四個字也模仿使用了好多年。二姨夫也幫別人寫信，寫對聯，寫字據什麼的。二姨夫有一付老花鏡，寫字的時候戴上它，挺有學問的樣子。

二姨夫也看書。有一年，我在他家翻箱倒櫃地想找書看，共找出來兩本：一本《農家曆》；另一本其實不是書，是一本過去練習寫毛筆字的描紅本，裏面夾著許多鞋樣子，繡花樣本類的紙片，那是我二姨做針線活用的。

二姨夫的那本《農家曆》，紙已經發黃，裏面既有天干地支和百般忌禁一類迷信的東西，也有天文地理植物動物百科常識。每逢要幹一件比較大的事，他都要拿出《農家曆》來看一看。譬如他要壘一段牆頭，如果

《農家曆》上說那天忌禁動土，他會推遲施工的日期。我問二姨夫：

「你真的相信這些迷信的東西嗎？」

二姨夫說：

「什麼信不信呀！要按說天底下其實不存在什麼神啊鬼啊的，只不過對照一下心裏踏實。」

二姨夫的確是不信神不信鬼。他有個叫生爾的本家叔叔，因為頭髮鬍鬚都黃黃的，外號叫黃毛生爾。這個黃毛生爾會跳大神，經常裝神弄鬼給人看病驅邪。二姨夫對自己堂叔的勾當很不以為然。一天，二姨夫去地裏幹活，路過黃毛兒生的地頭，見黃毛生爾正在耪地。二姨夫大聲說道：

「生首首（叔叔），生首首，你怎麼還用得著費這麼大勁耪地唉？只要你在地頭兒點上三根香，披上你那件袍子，使勁地哆嗦上一會兒，草不就都自個死乾淨了？」

幽默的揶揄，讓附近幹活的人笑個不停。

二姨夫的那本《農家曆》裏還夾著一些從報紙刊物上剪下來的文字，也都是關於生活竅門和農業生產經驗的內容。在北劉口那樣的農村，報紙刊物很難看到，二姨夫積攢這些資料，確實下了一番功夫。其中有一張紙上，介紹的是如何安裝簡易的礦石收音機。二姨夫自己買來了喇叭、耳機和銅線，比照紙上的說明，做了個線圈，又買了些電阻、電容、二極管之類的零件。實驗了許多次，二姨夫真鼓搗成了一個可以稱得上收音機的裝置。雖然只能收聽一個臺，聲音也很小。二姨夫把耳機緊緊地貼在耳朵上，享受著自己的傑作，樂得合不上嘴。

二姨夫鑽研的勁頭，主要還是用在種地上。莊稼和蔬菜長得好，二姨夫要總結經驗；欠產絕收了，要找出失敗的原因。二姨夫很喜歡去趕集，自家出產的東西要賣，他最感興趣的還是集市上好的種子，好使的家什和工具。如果聽說什麼村有哪個人的莊稼蔬菜水果有好品種，二姨夫就會想盡辦法去登門淘換求索。

種地納糧自在王，二姨夫的願望和中國大多數的農民一樣，只想做一個好好種地納糧的莊稼人。現實卻不能滿足他們最簡單的願望。北劉口村多數農民都被迫加入農業合作社的時候，二姨夫仍然不願意加入。他甚至向村裏提出來自己可以比別人多交納一些公糧，也不要讓他入社。這樣的要求，村裏也不允許。說真實一點，村裏的負責人也無權利答應二姨夫。因為強迫農民入社，直至建立人民公社和生產隊的大政方針，從來都是既不徵求農民們的意見，也不管農民們願意不願意的。

農民們加入農村合作社全都是被迫的，二姨夫不想入社的懇求很有代表性。也不願意加入合作社的地主富農們因為自家「四類分子」的身份，不敢表達反對的意見。一些不想入社的中農們，便被各級負責人當作破壞合作化運動的反面典型而受到批判批鬥。

二姨夫家是中農，貫徹上級指令的北劉口村的黨支部書記溫女士決定拔掉二姨夫這支頑固不化拒絕入社的釘子，達到殺一儆百的效果。溫支書之所以選擇二姨夫開刀，還有另一層意義。因為我二姨夫臧郡英是溫支書的親表兄。兩個人的母親是一奶同胞的姐妹。溫支書這樣做，既可顯示共產黨員大義滅親的傳統品質，又可以最大限度地震動警示其他拒絕加入合作社的人。

溫支書派民兵把二姨夫押到了村子中央的空地上，四周站滿了圍觀的鄉親。中間放置了一條板凳，二姨夫被強逼著站在板凳上接受批鬥。二姨夫面對謾罵批鬥和呼喊口號無動於衷，低著頭，一副隨你怎樣我都一言不發的姿態。溫支書指揮民兵們拿來了繩子，她決心讓表兄嚐嚐拉的滋味。

就在民兵按住二姨夫，往他的腳上幫繩子的時候，我的二姨衝了過去。身體殘疾的二姨想保護自己的丈夫。二姨一邊解開二姨夫腳上的繩子，一邊斥責溫表妹溫支書六親不認。溫表妹溫支書因為當眾受到斥責而惱羞成怒，她讓民兵把二姨夫從板凳上拽下來，把我的二姨架了上去。二姨因為從小就患有關節炎，腰椎彎得厲害，站在板凳上搖搖晃晃地要掉下來。民兵們秉承溫支書的旨意，用繩子捆住我二姨的雙腳用力一拽。板凳倒了，二姨咣地一聲摔在了地上。我的堂舅，當時擔任村黨支部副書記的趙自修就站在我二姨的背後，他及時地托了我二姨的腰一下，避免了二姨那駝背的腰部直接硬碰到地上，否則身體佝僂殘疾的二姨當場就會摔死。

民兵們拽著繩子沒跑多遠，二姨的身上已經滿是泥土和鮮血。二姨被拉的時候我不在現場，整個過程和細節都是二姨和在現場的人向我多次敘說的。五十多年後北劉口村的人提起當時的情景還都無不膽戰心寒唏噓感歎。看官讀者你這時可以掩書閉目想一想，一個腰部嚴重殘疾的中年女人，被幾個青年男民兵用繩子捆住雙腳在地面上拖拉著奔跑，是一幅怎樣震撼人類心靈的場景。

二姨被拉之後不久，我去二姨家時還看見二姨兩個胳膊的背面已經結了厚厚的血痂。二姨被溫支書指揮民兵拉的時間大約是一九五五年的春夏之交。二姨穿的衣服很單薄，所以民兵們拉的距離不遠，她的衣服就嚴重破損，腰部和兩隻胳膊背面的傷口面積很大。

社無論如何是得入了，不管是初級社，高級社還是人民公社。入社以後，二姨夫不再關心地裏的莊稼，那些土地已經不屬於他了。每天他都和社員們一起去地裏幹活掙工分，出工不出力，即便出力但絕不會盡力。大家都這樣，誰也不用說誰，誰也不會說誰。二姨夫去生產隊的地裏幹活時常常帶著一只背筐。別人閒坐歇息品嚐地頭煙的時候，二姨夫就去打羊草，去挖豬菜，下工後背回家餵養自家的豬羊，勤快的本性難以改變。

二姨夫失去了屬於自己的莊稼地，失去了想種什麼就種什麼，想怎麼種就怎麼種的自由，但他還有一個菜園子，他把對土地的愛戀，把種地的熱情，把心血，把汗水都傾注在了自家的菜園子上。

二姨夫家住宅的東邊有一條水溝，每年發洪水，都會淤積一層泥土。二姨家的菜園原本是一片什麼都不長的窪地。二姨夫用筐頭一點一點把水溝裏淤積的肥土背上來，把窪地荒坡墊成了肥沃的菜園。背土是二姨夫一年到頭永遠也做不完的工程。陰天下雨不去生產隊幹活，別人都休息，他戴上一頂斗笠，就開始背土，背了一筐又一筐；下地幹活回來，二姨還沒做好飯，二姨夫也會用那一會兒的空閒去背幾筐土；過年過節的日子，別人去串親去玩耍，二姨夫一個人也會背上半天土。背土背累了，停歇片刻，落落汗，喝一瓢涼水而已。

二姨夫的背土工程，一筐又一筐地背了三十多年，從河溝裏背上來的泥土，差不多有幾百立方。以後我閱讀愚公移山的故事，背誦毛澤東的「老三篇」《愚公移山》，都會想到二姨夫背土墊菜園子的身影。

因為二姨夫家有菜園子，我小的時候最願意去二姨夫家。去的次數多了，二姨家有了我的專用小板凳，平時不允許別人使用，我去的時候才拿出來。二姨夫在菜園子周圍種了許多樹，有柳樹，有楊樹，有榆樹，還有椿樹。春天樹上有布穀鳥和啄木鳥；夏天有知了。最吸引我的是每次去，二姨都能在菜園裏找出些我喜歡吃的東西。有一年的麥收之前，二姨和二姨夫決定給我做「撚轉」吃。二姨夫從他的菜園裏採摘了一些灌滿了漿卻還沒有成熟了的麥穗，放到鐵鍋裏抄熟，去掉麥芒和皮屑，然後用一架特殊的石磨，把嫩麥粒磨碎，從石磨的縫隙裏轉動出來的是一根根綠色的麵條。我們劉口村管這樣加工的麵條叫做「撚轉」。「撚轉」從石磨裏擠壓出來，就可以直接食用，用刀切成三兩寸長，拌上鹽和作料，非常好吃。只有在二姨夫家才能吃到這樣天下少有的美味。

除了吃飯睡覺和到生產隊幹活，二姨夫幾乎把所有的時間和精力都花在了他的菜園裏。有時候吃著飯，端著飯碗他也會到菜園裏走一遭。二姨夫在菜園子裏種植了韭菜，芫荽，雲豆，茄子，南瓜，絲瓜，西紅柿，各種各樣的蔬菜瓜果。二姨夫自己在菜園子裏打了一眼井，井上搭著一架轆轤，提水的繩子饒在轆轤上，下面是一隻柳條編成的水筲。水井的旁邊栽了一棵葡萄，是一種叫做玫瑰香品種的葡萄，顆粒不大卻很甜。二姨夫常常在葡萄樹四周埋些死掉的小豬小狗，水肥充足葡萄長得很茂盛。葡萄架夏天遮陰，是乘涼的最好去處；秋天葡萄架下掛滿了一串串果實。二姨家的葡萄從來不去賣錢，還沒完全成熟，就開始招待饞嘴的孩子們。到了真正收獲的時候，所剩不過十之二三。二姨把其分成幾份饋贈鄰舍親友。

一九六七年文化大革命正激烈的時候，一天，我去二姨家。二姨夫戴著花鏡在看一張舊報紙。舊報紙上有一幅照片，二姨夫指著照片上的江青對我說：

「這（發音Zhei）個人，原先不是叫藍蘋嗎？改了個名兒，叫什麼江青。不就是一個演電影兒的戲子嗎？嫁給了毛主席，就成了個人物。嗨！再怎麼著也是個下三濫的戲子。自古以來，西宮干政，絕無好事。毛主席他這麼英明，恐怕就要毀在這個女人的手裏啦。」

這樣的言語當時如果傳出去，差不多是能殺頭的罪。當然了，二姨夫知道深淺，他不會對外人說，我也不會告密傳播。讓我頗感驚訝的是，沒有多少文化的二姨夫作為一個普通的農民，他什麼時候通過什麼渠道知道江青就是藍蘋，藍蘋就是江青的？並且二姨評論時局的規律性和前瞻性都很有見地。

二姨結婚以後，生養過兩三個孩子，都沒有成活。二姨夫婦年近半百，還沒有子女。一九六〇年，母親把我六歲的二弟，送到了二姨家。那年正鬧饑荒，二弟住在二姨家，依仗著二姨夫種菜園子，三個人可以免遭饑餓。二姨夫婦倆都很喜歡我的二弟，想把他永遠留在身邊。

我母親雖然難以割捨母子的感情，但想到二弟如果到了二姨家，將來不僅可以給二姨夫婦養老，還可以就近照顧我那年邁的外祖母，也就沒有明確地反對。我的父親不贊成這樣做；我的祖父也表示了反對的意見。我記得全家議論這件事的時間大約是在一九六一年的春天。母親也徵求過我的意見，十一歲的我也堅決反對。

當年夏天，我和母親回劉口村時，從二姨家把二弟領了回來。母親答應自己的二姐，要幫助他們夫婦領養一個兒子。

第二年秋天，母親兌現了給二姨的承諾。她經過我們居住的縣民政部門介紹，找到了戴灣人民公社水城屯大隊。大隊的婦女主任給我的母親領來了兩個十多歲的男孩子。那兩年，各地餓死的人很多，各村都有許多大大小小的孤兒。水城屯多是鹽鹼地，很貧窮，有人去那裏領養孤兒，村幹部很歡迎。我母親對兩個男孩子都端詳了一遍，選中了其中一個五官比較端正，身體壯實一些的。

那個被我母親選中，做了我二姨養子的男孩叫李來祥，父母都因為饑餓去世，妹妹也送給了人家，他和另外一個孤兒跟村裏的一個光棍漢住在一起。李來祥和我同歲，生日比我小幾個月，二姨夫給他起名叫臧玉林，這就是我的玉林表弟的身世。

母親的選擇，改變了二姨和二姨夫的生活，也改變了玉林表弟的命運。玉林表弟到了我二姨家後，二姨夫讓他上了幾年學。玉林表弟小學畢業後，就開始跟著二姨夫在生產隊裏幹活，幫助二姨夫侍弄菜園子，沒幾年就出落成一個健壯的男子。接下來就是蓋新房，娶妻生子，山東的一個窮困孤兒成了一個健壯的河北農民。玉林表弟對自己的養父養母都很孝敬，還盡力照顧我的外祖母和大姨，這都是後話。

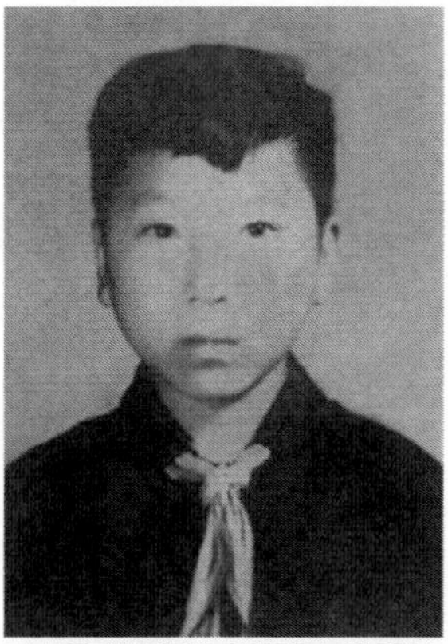
玉林表弟到我二姨家之後開始去學校讀書時的照片。（拍攝於一九六三年春）

中國農村效仿蘇聯，沿著從土改到人民公社的軌跡，上世紀六七十年代達到了登峰造極的地步。文化大革命中，從上到下的瘋狂也蔓延到了北劉口村。二姨夫的菜園子比別人家的大，種得比別人好，村裏的幹部說不符合政策，就強行劃出去了一塊。菜園子中間夾上了一道籬笆，北邊的一半給了另一戶社員。

菜園子割讓出去不久，二姨夫就病倒了。二姨夫勞動了一生，身體一直很好，從來沒有鬧過什麼毛病。有個頭痛感冒，喝碗熱水，幹一陣子活，出身大汗也就痊癒。二姨夫這次病在心裏，沒有藥能夠醫治。二姨夫病得不能幹活了，即使到菜園子裏去看看，也要拄著拐杖。給出去的半個菜園，那戶人家並不好好侍弄，隨意種了點什麼，稀稀拉拉和撂荒差不多，二姨夫看在眼裏，疼在心中。

劉口村一帶有種迷信的說法，說是種在家裏的葡萄棵子如果長到和人的腿一樣粗，就會成精，成了精的葡萄樹會害人。二姨夫家的那棵葡萄因為侍弄得好，樹徑已經有了十幾公分粗細。二姨夫揮動斧頭，砍斷了那棵親手種植，親自澆水施肥培土剪枝精心侍弄了十幾年，給無數人帶來香甜的葡萄樹。

葡萄樹砍了，二姨夫的病也沒有好，他知道自己快不行了，有太陽的日子，他拄著拐杖靠在院子裏的石滾子上一聲聲地歎息。他多次對玉林表弟說：

「什麼時候沒有人管我，地我想怎麼種就怎麼種，想種什麼就種什麼，那該多好啊！我恐怕活不到那時候了。」

一九七六年九月八日，二姨夫含恨去世，終年六十六歲，那正是禁錮中國人民的磐石即將鬆動的前夜。

大約是在一九八〇年的春天，帶著好奇的心態，我陪人去了一次二姨夫那個大義滅親的表妹，當時仍然擔任村共產黨支部書記的溫女士家裏。溫書記家沒有院牆，只有三間可以說有些低矮的破舊北屋，大概也是一九六三年洪水過後翻蓋的舊房，屋裏的家什用具也都簡陋陳舊。五十多歲的溫支部書記，身著一身說不上是黑還是灰顏色的衣服，和劉口村大多數同齡的婦女沒有兩樣。她正和一個好像是她女兒又似兒媳的年輕女子在院子裏編織葦蓆。北劉口村的最高行政長官溫書記家出奇地簡樸，昭示著她的異常廉潔。我為這個在北劉口多年擔任最高領導，說一不二，威風八面，曾經多次當眾指揮民兵拉人的女士，竟然如此地簡樸廉潔而震驚，甚至是肅然起敬。

住在北劉口村的溫姓只有幾戶人家，所居宅院附近被稱為溫家旮旯。溫書記的姥姥，也是我二姨夫的姥姥家在于莊村。溫書記的哥哥溫之臣是北劉口村最早參加共產黨的人，文革後曾經官拜中共河北省委組織部長，是南北劉口村在共產黨內的官階最高者。村支書溫女士有這樣的背景蠻橫一些自有道理；簡樸廉潔則屬難能可貴。

二十二、巴扎表兄

按照劉口村的習慣，我應該稱呼他為表兄。準確地說，他是我二姨家玉林表弟的叔伯哥哥，他的父親是我二姨夫的三弟。巴扎表兄也是臧貴的後代，與我同宗同輩，也算是我的遠房族兄。

他的父親，我二姨夫的三弟小名三東。年長以後村裏的人都稱他為老三東。因為家中貧困，老三東沒有念過書，從小和二姨夫一起幹農活做豆腐。也是因為窮，娶了一個智力殘疾的妻子。智障的妻子為三東生了兩個兒子，長子起名為巴扎；次子起名為孬吞。

巴扎，（漢語中可能沒有這兩個字或我不知道應該是哪兩個字，只能以諧音字代替），劉口一帶方言，做形容詞使用時，是泥濘的意思；若做動詞使用，是踐踏的意思，通俗一些的表達則可以用一個踏字。用標準的劉口方言發音，扎為「Zhiaier」；孬吞也是方言，髒或不乾淨的意思，吞的發音為「Tewuer」。

過去農民養育子女，成活率很低，給孩子起一個低賤的名字，寓意是讓閻王爺派小鬼來人間取人性命時嫌棄生厭，故此迴避罷了。這樣的心計盡顯我們民族的聰明。

孬吞與我同庚，生日小於我，算是我的表弟；巴扎長我三、四歲，當是一九四六或一九四七年生人。我在一九五五年前後，有一年多的時間經常去二姨家玩耍，有時還在那裏住宿數日。巴扎表兄和孬吞表弟就成了我的玩伴。那時玉林表弟還沒有成為我二姨的養子。

一天，我和巴扎表兄、孬吞表弟幾個夥伴在二姨家的院子裏玩彈子球。因為貧困與匱乏，玻璃彈子球那時對我們說來基本上屬於奢侈品。在我們的手裏和地上滾來滾去的，是黏土摻上磚末加鍋底灰捏拿搓滾而成又經曬乾了的圓蛋蛋。

二姨家的院子裏，停放著一個比碾子直徑細小，專門用來滾壓蘆葦的碌碡。我坐在那碌碡上，巴扎表兄讓我把嘴張大。我遵從他的指令張開了嘴。他順手把一顆彈子球扔進了我的嘴裏。驚慌失措的我一閉嘴，就把那顆彈子球給吞咽進肚子裏。我的啼哭和玩伴們的驚慌招來了大人們及一陣混亂。有人在巴扎表兄的腦袋上重重地搧了幾下，他一溜煙跑得無蹤無影。二姨盡力哄我停止哭泣。二姨夫安慰我，說喝點兒香油吃點兒韭菜就能把那大大的顆粒順滑裏挾下來。為此，我當天住宿在二姨家喝香油吃韭菜，一次又一次地大便，眾人無不期待著我排泄的成功。傍晚的時候，巴扎表兄慚慚地溜過來，悄悄地打探我的健康，還親自去我大便的地方查看，可以看出其內心的恐懼以及悔意和歉意。我惶惶不安地度過一夜，第二天上午，我終於把那物件排出了體外，大大的顆粒變成一段黑泥似的軟體。所有知道這悲喜劇的人都大鬆一口氣，巴扎表兄更是如釋重負一般。

打那以後，巴扎表兄多次刻意表現出對我的友好，或幫我做一些我無法做到而他又勝任的事，或送我一些屬於他的東西，例如一隻蜻蜓、蟬、螞蚱或蟋蟀什麼的。盡顯其樸實與善良。那一年，我五歲，他八歲或九歲。

智障的母親無法盡職照看兒子，身體應該發育的時候正是饑荒的歲月，致使成年的巴扎表兄身高只有一米五稍多，體型呈半佝僂狀，又沒有進過一天學堂，不認識文字，結婚自然成為可望而不可及的事。待到孬吞表弟成婚之後，巴扎表兄的婚姻更成為遙遠無邊的奢望。

身體不強也不壯的巴扎表兄幹農活卻是一把好手。在生產隊掙工分的時候，他農活不僅精通而且盡力。生產隊裏最難使喚的牲畜，都能被他順服地驅使，是生產隊長喜愛的骨幹級社員。仔細分析這一細節，巴扎表兄使喚牲畜大概靠的不是蠻力而是體恤，那些高大不會說話的動物們，在善良面前大概也會低頭俯身的。

巴扎表兄沒有文化，也沒有正式的名字，當年生產隊的花名冊和記工本子上，寫的都是巴扎或巴摘或八擇二字。生產隊解散以後，巴扎表兄也就不再需要使用文字來書寫名字了。

分田單幹後，巴扎表兄一個人分到的田地少，孬吞表弟去給人打短工，去保定城裏拾荒，兩家的田地主要靠巴扎表兄耕種打理。我二姨家的玉林表弟，幹農活雖比不上二姨夫，卻也算是一把好手。他告訴我，巴扎表兄身體單薄佝僂，但他的手底下出活。別看孬吞表弟魁偉粗壯，農活卻不如他哥哥，玉林表弟的評價應該是中肯的。

我每次回故鄉劉口村，二姨家都是要去的。幾十年前的那次彈子球事件以後，我和巴扎表兄見面的次數，也許有十次，也許是七八次，與之說過的話最多不超過十句。一個未曾成過家的男人，許多家常是無法聊的。加之城裏人與鄉下人的距離，溝通更是無從談起。

起先他還會問我一句：「回來了（發音Liang）？」，到後來只是微笑一下，算是親戚熟人見面後的問詢。

玉林表弟嘮家常有時談及巴扎表兄，也只是三言兩語，僅知道他的一個大概。在巴扎表兄的幫持下，孬吞給兒子蓋了新房娶妻生子，女兒也出嫁成家。原先的四間北屋，巴扎與孬吞夫婦各住兩間，各自舉炊做飯，飲食並無多少差別，拆洗被褥棉衣，歷來都是孬吞的妻女操持。地裏的農活越來越簡單了事，巴扎與孬吞老弟兄倆給人打打短工，掙些活錢。日子平平淡淡。

二〇一〇年清明，我回劉口村掃墓，玉林表弟見面後隨即告訴我：巴扎表兄走了（發音Lie）。玉林表弟說：前幾年，巴扎表兄患過一次中風，診治以後，手腳活動不便，不能再幹重的農活。他花錢買來幾隻羊羔，連同其他人家的數隻，湊成了一群，巴扎表兄就從一個鋤禾日當午的農民變成了一個漫地放羊的老漢。農村裏，很多男人的晚年皈依都是如此這般的。

巴扎表兄死亡的經過是：春節前臘月的一天，孬呑出村去辦事，孬呑的妻子見天都晌午了，巴扎表兄的屋門還沒有打開，便過去探詢，用力推門，門栓並沒有從裏插上，只是有重物懸掛在門的裏面。孬呑的妻子把玉林表弟叫了去。玉林表弟幫她把門推開，只見是巴扎表兄的屍體懸掛在門上，已經僵硬冰涼。巴扎表兄自殺的時間大約是前半夜，上吊的繩子懸掛在屋門的上端，繩子挽了一個很專業的扣。

巴扎表兄頭一天還去田野裏放羊，傍晚把各家的羊分頭送回到了各自的家中。他的病情也沒有什麼大變化，生活一切都如慣常。是什麼讓他做出以這樣方式了卻此生的決定呢？只有巴扎表兄自己清楚。這樣地結束人生，倒是符合巴扎表兄從來不給他人添麻煩的風格。

巴扎表兄不會寫字，自是沒有遺囑一樣的紙張，用來表達心情感想或安排後事。清點他的遺物，被褥底下還存放著四千多元錢，嶄新的一疊，整齊地包在一張紙裏。還有借給他人的兩千多元，都是這幾年他給人打短工掙的。六千多的現金遺產，剛好夠給他辦理喪事的費用。

巴扎表兄享年六十二或六十三歲。世間有幾人能像巴扎表兄這樣走得如此簡捷清爽？

記述巴扎表兄的這些文字敲打出來得比較晚。所述之事若按照時間順序也許應該後移。放置在這裏是因為念及巴扎表兄家住北劉口村，以及他是我二姨夫的親侄。

第三章　走出劉口村

二十三、父母的婚姻

舊時人們結婚都比較早。我父親第一次訂婚是在一九四五年秋天，日本鬼子剛投降不久。女方姓任，是徐水縣任莊村任清爾的孫女。任莊和我祖母的娘家劉莊相鄰。那任清爾專門在集上的牲口市做「經濟」，也就是買賣牲口的仲介。哪裏有集市去哪裏走動，任清爾經常來往於任莊、劉莊和劉口村，和我祖母娘家那些販賣鮮魚的兄長們是喝酒的朋友，他也認識劉口村的臧傑三、耿懷柱等人。我祖父遠在石家莊，家裏的大事小事都要由我祖母操持。臧傑三、耿懷柱從中說合，我祖母做主，父親就和任清爾的孫女換了貼子。

任清爾到劉口村來的時候，正是秋天種麥子的季節。祖母招待任清爾吃了一頓午飯，還借給了他八端（端，劉口村一帶的容積計量單位，一端等於四升，八端小麥大約有六十公斤）麥種。任清爾酒足飯飽，用牲口馱著麥種高高興興地回任莊而去。

我父親那年才十四歲，根本不理解婚姻是怎麼回事，該去上學就上學，該帶著兒童團出操就出操。有人拿任家的親事和他開玩笑，他一笑置之，好像人家是在說一件和自己毫不相干的事或者無所謂的一件小事。

我祖母有個叔伯姐姐也嫁到了南劉口村，丈夫就是當年與我祖父合夥做生意賠了錢，變賣土地房產還債的劉魁元。劉魁元家距離小胡同不遠，他的兒子劉志宏，女兒劉蘭芸都比我父親大幾歲，兩人經常到我們家玩，對我父親很好。我父親和任清兒的孫女換了貼子幾個月後，大約是一九四六年的農曆正月裏，蘭芸表姑去漕河北邊的方淩村親戚家喝喜酒，在酒宴上遇到了任清爾的那個孫女。表姑姑聽見那個姓任的女孩子高聲高嗓地向別人炫耀說：

「我找了個婆婆家是南劉口喂兒小胡同。我婆婆家著實好喔，一年到頭吃白麵旋餅。」

任小姐此話顯然是在炫耀自己未來的婆家所在地劉口村盛產小麥的金字招牌。同時也表明任小姐對未來的婚姻比較滿意，滿意的原因是婆家的飲食很可能要比自己娘家的好。那女孩長相粗俗說話魯莽，因為大舌頭而咬字不清。蘭芸表姑看在眼裏痛在心中，沒等喜宴結束就急急忙忙往回趕。她回到劉口村就直奔了我們家，見到我祖母後，沒等說話就嗚嗚地哭了起來。

我祖母聽蘭芸表姑詳細敘說後，趕忙去找媒人臧傑三。臧傑三解釋說，他也只是認識任清爾，並不曾見過他的孫女，既然咱們這邊不同意那就把換過的貼子再要回來了事。臧傑三擇日又去了一趟任莊村。任清爾借去的八端麥種也就不了了之了。

幸虧蘭芸表姑那天去了方凌村出席婚宴，否則就會出現很多不堪設想的後果。最荒唐悲慘，最不可思議的是我將不我，我要寫的這本書也肯定也不是這樣的內容了。

我在第二章介紹過，我母親在外祖母活下來的六個女兒中排行五。她出生在一九二八年十月九日，農曆八月二十八。母親從小沒有正式的名字，家裏的大人小孩，親戚朋友鄰居，村裏的男女老少都叫她老夠爾。

母親的四個姐姐都纏過足。雖然只有我大姨的腳纏到了很尖的標準尺寸，其他三個姨姨半途而廢卻也都落下了腳腿扭曲的痕跡。

我母親六歲時，外祖母也給她纏上了裹腳布。幼年嬌嫩的腳被扭曲後緊緊地包裹，既疼痛又不方便走路。六歲女童正是貪玩的年紀，母親到了沒有人的背靜地方，就自己想辦法把纏在腳上的白布鬆開。這樣纏了鬆，鬆了纏，前後折騰了十幾天，最後妥協的還是外祖母。因為自己的反抗，母親的一雙腳，既沒有成為我外祖母和大姨那樣的三寸金蓮，也沒有成為那個時代女子所特有的「解放腳」（雙腳有明顯的纏裹後遺症，腿彎曲，走路呈外八字的姿勢）。

和她的幾個姐姐一樣，我母親也沒有進過一天學堂。外祖母的家教很嚴，母親從小就跟著外祖母和我大姨做家務，學得一手漂亮的針線活，也學到了勤快和愛清潔的習慣。

一九四五年的冬天，十七歲的母親長了針眼，兩隻眼睛又紅又腫，很長時間不能痊癒。南劉口村只有一戶姓鄭的人家，男人叫鄭六合。他的女人會扎針治病，憑借經驗和偏法，不收取報酬，行的是民間善事。病急亂投醫，母親捂著紅腫的眼睛跟在外祖母的後面到南劉口村找鄭六合的女人治療。扎針加熱敷，診治了七八次，母親的眼疾就痊癒了，連一點後遺症也沒有落下。

多次去鄭家治病，外祖母和我母親就都和鄭六合的女人熟悉起來。為了表示感謝，我母親給恩人做了一雙棉鞋。鄭六合家的女人穿上棉鞋後很合腳，很滿意，她高興地對我外祖母說：

「我給你們老夠爾說個婆家吧！」

於是，成就了我父親和母親的姻緣，時間是一九四六年的春天。

所謂的訂婚，依舊是換帖，男女兩家把寫有生辰八字的一張紙互相交換過來，就算確定了各自的歸宿名分和責任。

祖父還在石家莊，替父親做主的依舊是我祖母；代我母親實施決定權的是外祖母。前面幾個女兒都是這樣出嫁的，母親自然也不能例外。父親和母親雖然從小生活在雞犬相聞的南北劉口村，卻都互相不認識。他們訂婚的契約完成前，直到結婚之日，兩個人也都沒有見過面。

六十多年後，我問我的父親母親，當年決定他們婚姻的因素和過程是否太簡單了？年邁的父親母親呵呵地只笑，他們回憶了當時一些有關的場景：

父親那年十五歲，還沒有認識到婚姻的全部含義，覺得結婚遠沒有讀書和當兒童團長重要。再說祖輩一代一代的婚姻都是這樣決定的，自己也只能這樣；

祖母聽鄭六合的女人說我母親的針線活好，幹活利索。這可能是她決定兒子婚姻的主要原因。讓兒子盡早訂婚結婚，家裏可以增加一個做家務的人；

父親訂婚後，曾經去過石家莊。和我祖父說了後，祖父表示贊許，說了一句：

「行嘍，後頭院裏的人們傳授好。」

顯然，我祖父很重視家庭文化教養的傳承；

外祖母的女兒多。外祖母挑選女婿有兩個標準：一是人品正派；二是婆家的日子過得比自家的要差一些。第一條標準的合理性不容質疑，第二條標準之目的是女兒嫁到家境差一些的人家後不受氣。我的幾個姨夫都符合這兩條標準。我的父親在村裏上學的時候，後頭院裏趙鴻志三舅曾經做過我父親的老師，他對我父親讚賞有加。詢問過趙鴻志以後，外祖母可以說是在確定我父母婚姻過程中最有的放矢的一個人。再說我們家的家境的確比外祖父家差了許多，完全符合外祖母選婿的第二條標準。

母親和她的姐姐們都是文盲。我父親和我的幾個姨夫卻都讀過書，在農村屬於有文化的人。這樣的結果是巧合還是我外祖母的另一個標準使然，現在已經無從考證了；

一九四六年秋天，十五歲的父親在保定二師附屬小學讀書時，有一天幫他舅舅家去挑水，在路邊遇到了我們村的劉觀瀑正在和一個五十多歲的老漢說話。父親和劉觀瀑打招呼的同時，也向那個人問候了一聲。父親走遠了回頭看見兩人還在自己的身後指指點點地在說什麼。父親雖然不認識那個老漢，從他的輪廓長相和對自己的關注，父親確定他就是自己未來的岳父。我的外祖父那期間正住在保定，考察他那去城裏開水果鋪子的規劃。

父親在結婚之前遇到我的外祖母也純屬偶然。我有一個姑奶奶嫁到了于莊村，公爹是我外祖母娘家的叔叔。一九四七年春天，國民黨警備隊搶糧食的時候，父親去于莊我姑奶奶家躲避，碰巧外祖母那天也去了于莊。在我姑奶奶的婆家，我父親遇到了自己未來的岳母。外祖母對我父親的第一印象是：長相還不錯。回家後外祖母對我母親說：

「小人長得挺精神。」

「小人」是劉口一帶對未成年男孩子的通稱。

我母親訂婚那年是十八歲，按當時的風俗，談婚論嫁年齡已經不小。姐姐們都是外祖母給找的婆家，自己也只能循序而行。母親卻從內心裏對這一茬婚姻不滿意，她不是反對包辦婚姻的這種形式，她的不滿是因為對父親的反感。按說，母親從沒有見過我父親，不應該無緣無故地抱有成見。母親反感父親的原因是因為她知道了父親的外號。

千奇百怪的小名和外號，是劉口村風民俗的一個亮點。如果把奇特的小名都算在內的話，劉口村幾乎所有的男人和許多的女子都有自己的外號。我將把這些生動活潑，充滿幽默的傑作收集起來並集結在後面，供看官讀者們欣賞。

父親的外號是「呱呱」。始作俑者是父親的伯父，我的那個大爺爺。父親三四歲的時候，口齒就非常伶俐，能夠把一些頗為複雜的事情敘述得十分清楚。大爺爺的兒子臧全清那時還沒有出生。大爺爺很喜歡我的父親，有事沒事地把父親叫到他跟前：

「小子哎！再給我呱呱一段。」

劉口方言，「呱呱」是脆脆生生說話的意思。久而久之，「呱呱」就成了父親的外號。按照劉口村民外號形成的基本規則，配上正式名字最後的一個字，父親外號的全稱是「呱呱祿」。

「呱呱」做為外號，其實並沒有多少貶義，母親之所以反感，是因為母親認識一個外號也叫「呱呱」的人，那人最明顯的缺點就是廢話很多而不著邊際。因為有了這樣一個想當然的概念先入為主，母親未謀其面，先排斥其人，差一點誤了一生的大事。

實際情況完全符合包辦婚姻的結局，無論母親心裏怎樣抵觸不滿和擔心，也沒有什麼違抗的理由和辦法。父親母親和他們的祖祖輩輩一樣按照雙方父母，具體說是按照我祖母和外祖母的意志走進了婚姻的殿堂。

父親和母親是一九四七年九月結婚的，那年年底，劉口一帶的農村就實行了解放區的婚姻法。婚姻法規定，男子結婚的最低年齡是十八歲；結婚前男女雙方要一起到區政府登記才行。

母親說：

「我和你爸爸如果晚結婚三個月，我就不跟他去登記。再說他也不夠結婚的年齡，我們這個婚就結不成。」

這個時間差也是一個關係著我能否來到世間的重要情節。

一個人還沒有出生，就有許許多多的因素決定了他的命運。看來老天爺和上帝的的確確都是存在的，他們的工作有時候還很忙。

二十四、小四合院（下）

母親嫁到我們家的時間是一九四七年九月三日，農曆七月十九。我的父親十六歲；母親十九歲。結婚儀式完全是舊式的，一頂小花轎抬著，吹吹打打的樂器響著，母親就從北劉口到了南劉口的小胡同。

新房就是小四合院的兩間東屋，十八年前曾經做過我祖父祖母結婚的新房。房子的面積很小，裏外兩間總共也就二十平方米。房子的外牆是一層青磚，裏面是土坯。外屋的門已很破舊，關上門，縫隙能鑽進一隻狗。裏屋沒有門，也沒有門框，牆上釘了兩個木撅子，花布門簾就掛在了木撅子上。裏屋的頂棚用紙糊表了一下，除了一隻板櫃，再也沒有其他的傢俱。板櫃上擺著一對瓷撣瓶，是我母親的陪嫁。好像女兒出嫁時陪送撣瓶是劉口村流行的風俗。

那一對撣瓶原本是二姨出嫁時用過了的，母親出嫁前，又匆忙送回外祖母家讓它再次履行職責，大概是外祖母當時無法買到新的撣瓶。

土炕上換了一領新葦蓆，鋪著一床薄薄的褥子。炕角擺放著兩床被子，其中一條新的比較厚，是從別人家暫借來的，用了幾天又還給了人家。

劉口村很多人家屋內的地面要比院子高出許多，從院子到屋子裏去要行走三四登臺階。如此外高內低的設置，是為了鬧洪水時水漲進了院子，屋內仍然可以正常起居。小胡同的地勢是全村最高的去處，我們家的小四合院內從未進過洪水。小四合院所有房子建設之初，屋裏的地面便都沒有加高的設計。

小四合院的房子全都是黃土麥秸泥抹就的屋頂，雨水把屋頂上的泥土沖刷下來，積澱在院子裏。日久天

二〇〇七年八月三十一日，農曆七月十九，父母結婚六十周年紀念日拍攝於自己家中。背景的兩幅畫是母親的作品，畫上的題款是父親手書；花籃是身在遠方的三弟通過禮儀公司轉遞而來；電視機後面的那隻膽瓶，是六十年前母親的陪嫁。巧合的是天氣都和六十年前一樣，淅淅瀝瀝地下著小雨。

長，院子的地面反而比屋裏高出了許多。小四合院的房子，東屋的年代最久，東屋裏的地面也最低。

地面如此外高內低的反向高差，在劉口村並不多見，以至於我母親結婚那天，送親的三姨回去後向外祖母彙報說：

「老夠爾家屋子的地面是倒下臺階。」

從方磚熳地的大北屋，來到了倒下臺階的小東屋。對我母親的確是一個不小的反差。俗話說：家裏有金銀，鄉鄰有等盤。一個村裏的人，誰家過的什麼日子，大家都有個基本準確的估量。雖然母親嫁到我們家來之前，就已經有了比較充足的思想準備，小四合院的生活還是讓她一時難以適應。

許多年後母親回憶當時的情形，令她印象最深的不是飲食的粗糙，也不是住房簡陋，被褥陳舊，而是無法進行最基本的洗滌，包括洗臉、洗腳、洗衣服，洗澡就更是一件無從談起的奢望。全家就一個用來洗臉的盆子，一條擦臉的手巾。每天早晨洗臉的時候，倒上半盆溫水，按照年齡的順序，我年幼的姑姑先洗，最後一個洗的是四曾祖。洗衣服自然也使用全家這個唯一的盆子，至於洗腳和洗澡使用什麼器具，家裏的人好像都不是很清楚。母親說：

「在你姥姥家。我從小跟著你姥姥你大姨是乾淨慣了的。到你們家後著實不方便，沒有辦法我只好自己撕了一塊布，每天早晨偷偷地沾點水擦擦臉。」

母親婚後的第一件事，自然是觀察父親是否廢話很多而不著邊際。觀察了幾天，和母親事先擔心的完全不一樣，與父親的外號也實不副名。父親的話語偏少，說話一是一，二是二，語氣平緩而條理清楚。母親懸空了一年多的心才算落了地。

父親結婚以後就沒有再繼續讀書，盡心盡力地擔任南劉口村共青團支部的書記，經常參加村裏區裏各種各樣的會議和活動。當然了，他還要幫助我的四曾祖種地。

按照農村青年的標準，我父親可以說是從來沒有像模像樣地幹過莊稼活，身體也不像多數農民那麼強壯。我成年以後有意地測試過，父親的兩隻胳膊還是比較粗，肩膀和腰身很硬，是那種只有櫓過鋤杠，榜過大地的人，才可以具備的臂膀。我的判斷是，父親幹過的莊稼活雖然比不上三曾祖和四曾祖年輕的時候，卻遠遠要比祖父幹過的得多。

除了開會和種地，父親還擔任南劉口小學的老師和村夜校的兼職教員，給小學生民兵婦女和掃盲班的人上課。

他還嘗試著做過生意：秋天發了大水，莊稼地裏一片汪洋，父親和幾個要好的夥伴借錢買了幾匹白布，使用一種叫做「紮壂」的方法捉魚。所謂「紮壂」，就是在水裏固定一些木樁，然後把白布纏繞在木樁上，形成類似迷宮的陣勢，把魚圍困在裏面。幾個人水裏泥裏滾了一秋天，賣魚所得的錢剛夠償還買白布時的欠帳。幾家人自是吃了一秋天的魚，終了每家還分了一些破破爛爛的白布。白布在泥水裏浸泡了那麼多天，無論怎麼清洗再也看不清原來的布絲兒了。

冬天的時候，父親還與人合夥收購葦蓆。事先找好了買主，然後把各家編織的蓆子一張張收集起來捲成捆，雇馬車給買主運去。收蓆的時候，父親負責記帳，還負責用一根木尺丈量每一張蓆片的尺寸。到了年底合夥人們算帳，每人分了幾十萬錢。

那時的舊幣，一萬塊相當後來人民幣的一元錢；一千塊相當一角。一九五五年人民幣代替舊幣流通。以後文中涉及貨幣數量，直接換算成人民幣敘述，不再另行說明。

父親把賺到的錢全部都交給祖母，自己一點都不留，也不給我的母親。外祖父家土改被掃地出門後，母親原來的一點兒私房錢都接濟了外祖母。每當回憶起當時的情景母親都會感慨萬分地說：

「你爸爸那功夫兒真傻，都不知道背地裏偷著給我一塊錢。」

母親嫁到我們家之後，劉口村才進行土改的。按說，她在土改中被確定的家庭成分，應當和我們家的一樣是上中農，而不應當受到我外祖父家地主成分的影響。其實這種影響是無法避免的。父親擔任南劉口村共青團支部書記好幾年，村裏好多工作表現都不如他的人都加入了中國共產黨，而他的入黨申請，卻遭到了拒絕。

在這件事上施加影響的是區長兼共產黨區委書記趙寬志。我父親因為發小好朋友蘭庚午的關係，和趙區長也很熟悉。當初父親和母親換帖訂婚時，趙寬志就曾經多次對我父親表示過失望。父親那時不清楚趙書記區長對後頭院裏有著強烈的「階級仇恨」，他只道是因為自己娶了地主家的女兒，才不能被批准入黨的。這件事他一直悶在心裏，從來沒有和他人說過，也沒有告訴過我的母親。

趙寬志區委書記後來提升到保定膠片廠任職。我父親曾經去保定他家裏看望過幾次。五十年代，趙寬志曾送給我父親一張他們的全家福照片。趙寬志夫婦沒有孩子。照片上他們夫婦身後站立著一對青年男女，那是他們的養子與養子的妻子。我仔細端詳過那張照片，照片上趙寬志的頭髮背梳著，趙妻蘭女士挺富態的。我對那養子的印象則是他的頭和眼睛都很小。

出於對趙寬志老首長的尊重，也是因為珍惜自己與發小蘭庚午一家的情誼，我父親很珍惜這張照片，一直把它和我們的家庭照片珍藏在一起。我母親對這張照片頗有些不以為然。我很小的時候，母親就多次暗示我說照片上坐著的那個男人心眼「著實嘎咕」。這句劉口俗語的意思翻譯成普通話則是：心眼非常壞。趙寬志家的全家福後來不知道什麼時候從我們家珍藏照片的小箱子裏消失了。我猜測作案者應該是我母親。母親對前趙書記區長應該也是「階級仇恨」耿耿於懷的，她無論如何也無法原諒賣油郎掌爾對外祖父一家的迫害與欺壓。

扯得稍遠了一點兒。

父親結婚後的幾年，正是國家發生翻天覆地變化的時期。國民黨和它的軍隊節節敗退。共產黨逐漸取得了天下。劉口村有許多青年都離開了農村到城市裏去工作了。我父親這樣的念頭比那些同齡人更強烈，但他沒有條件離開。我的祖父不在家，面對年邁的四曾祖，身單力薄兩耳失聰的祖母，年幼的姑姑和新婚的妻子，整個家庭需要他來支撐。父親只能把外出參加工作的念頭壓在自己的心裏。

我的祖父是一九五〇年春節前回到劉口村的。走的時候，他是一床被子一個包袱幾件衣物；回來時，包袱換成一個舊皮箱，裏面放的也只有幾件衣服和一條狗皮褥子。巧合的是，當年是西院全順伯父撐著船悄悄把祖父弟兄倆送走的；而今又是全順伯父一根扁擔挑著皮箱，把祖父從保定接了回來，據說是全順伯父去保定辦事和祖父在火車站前偶然遇上的。

祖父戰亂時離家孤身一人漂泊在外十幾年，最後能夠平安返回，全家自然都很高興。祖父回家時才三十八歲，正是年富力強的年紀。父親心裏暗暗地思襯道：接替我的人回來了，現在我可以想法子出去工作了。

對於母親說來，既然嫁到了小四合院來，無論怎樣簡陋狹窄擁擠不講衛生，日子都要過下去。侍侯好兩代長輩，洗衣磨麵燒火做飯，剩下的時間就是忙那無窮無盡無休無止的針線活了。今後生活會是什麼樣子，母親考慮的並不多。母親唯一的願望就是想改善一下居住的條件，置備一些使用方便的家什。嫁到我家的第二年，不到二十歲的母親開始憧憬屬於自己的房子。

被西院全田伯父以過繼為名占去了曾祖母名下的磨房碾棚後，擁擠在小四合院裏的三家人再也沒有其他的宅基地了。磨房碾棚的地基上，全田伯父已經蓋上了房子。磨房碾棚的西面還有一片我們家的場院，小四合院裏的人都稱它做西場。西場緊靠著池塘，地勢低窪，夏天做打麥場使用，秋季來了水，打麥場就會被淹沒。洪水泛濫的年景，堆放在西場上的麥秸垛都會被水沖走。

母親去西場幹活去晾曬柴火的時候，暗暗地測算規劃著在那片低窪的土地上建設自己理想中的房子。

光靠種莊稼打糧食無論如何也積攢不夠蓋房子的錢，劉口村唯一能夠來錢的活路是編葦。母親從小跟著外祖母學成了編織葦蓆的能手，按照劉口村婦女們編蓆的水平，使用壓製好的葦篾，一個人每天能編成一片丈二蓆（一丈二尺長，六尺寬）就算是熟練的快手。我母親一天編一片丈二葦蓆，兩頭見太陽，還不耽誤為全家做三頓飯。

為了將來的房子，母親開始張羅著編織葦蓆。買來了蘆葦，父親幫著解葦；姑姑幫著掠葦皮和擺邊（編織蓆邊），全家人忙活了幾個冬春。賣葦蓆的收入全都用於了日常的開銷，既沒有買來一磚一瓦，也沒有在西場那片低窪的地方墊上一筐土。母親去西場上蓋房的願望卻依舊執著。

二十五、我到人間

我從冥冥世界來到人間，開始我人生旅程的日期是一九五〇年三月十六日，農曆正月二十八。

按照過去的說法，一個人的命運好壞是由其出生的年歲、月份、日期、時辰構成的生辰八字所決定的。對於我的生辰八字，小四合院裏的長輩們反覆研究後有了一個十分通俗，而且非常令人滿意的解釋：一九五〇年是庚寅年，所以我屬虎。以萬獸之王為屬性的男孩子雖然不一定都來歷非凡，總比鼠蛇雞狗豬什麼的要強許多；正月二十八是萬物開始復甦，即將春暖花開的季節；關於人出生的日期，劉口村有一種說法是男八女九，就是說男人的生日（當然是農曆），逢八最好。在每個月的初八、十八、二十八三個好生日中，二十八最好，因為它在其餘的兩個八之後。大概那時的卦書上寫有類似「男生二十八，一生必然發」的句子；至於我出生的時辰，則更有一番講究：大凡老虎外出覓食都是夜間出動，天明時吃飽了肚子才返回山中巢穴的。我是上午卯時來到人間的，是一隻吃飽了肚子的回山虎。呵呵，這將決定了我一生之中都不會挨餓。

我的生辰八字贏得了小四合院裏男女老少一致的稱道。稱道我的生日，其實就是稱讚我，我的出生給他們帶來了無限的幸福和由衷的歡樂。

前面我已經說過，小四合院裏我曾祖父弟兄們分家的時候，三家只有兩個男性繼承人，我祖父和他的哥哥每人也只有一個兒子。以至於有人說小四合院的風水不好，人丁不旺。我的出生，不僅令我年輕的父母，令我的祖父祖母欣喜萬分，小四合院裏三位尚存的老人也都猶如枯木逢春一般。他們是：把自己兩個兒子全部都過繼給人的曾祖母；沒有親生兒子的四曾祖父；從小做童養媳，自己沒有生育過兒子的三曾祖母。我不相信什麼風水的說法，我之後，那個面積不到四分地的小四合院裏，二十多年又先後出生了八個男子，成了讓人羨慕不已的寶地旺地。

祖父給我起的名字叫寶興。南劉口村臧姓與我同輩的男子裏，很多人名字都是「金」字打頭。在我之前，進德堂內我的六個堂兄，五個以金字相排。祖父為什麼改「金」為「寶」？或許是因為對進德堂同宗相欺的厭惡，故決定劃清界限，另起一行；或許是對我有什麼殷殷的期待，祖父的用意沒有和他人講明。我之後，小四合院裏的九個同輩弟兄都以寶字為序。說真的，我對祖父所賜，跟隨我終生的名字並不滿意，一直覺得有些低檔俗氣。不過，所謂名字者，一個符號而，想開來也算不得什麼。

二〇一〇年的農曆正月二十八，父親母親給我過六十歲生日。除了幾個下酒的菜，還按劉口村的風俗吃了麵條。父親回憶六十年前我降臨人間的那天上午，他正在村子中央的空地上收購葦蓆。祖父喜氣洋洋地跑去告訴他，要他去學校裏找正在上課的臧章旗。堂兄臧章旗是臧全順伯父的兒子，那時正在讀小學。祖父交給章旗堂兄的任務是要他去北劉口我外祖父家報喜。按當年劉口一帶的風俗，報喜的職責一定要找一個面相端莊的未成年男孩子承擔，還要攜帶一隻羽毛斑斕的大公雞。我們家沒有準備好公雞，公雞是章旗堂兄臨時找人家借的。

祖父之所以要我的父親去找臧章旗而不是自己親自去學校找章旗堂兄交代任務，其實是為了間接給我的父親報喜報平安。做事細緻入微而又潤物無聲是祖父的長項。

父親得知我降臨人間且母子平安，其內心的興奮自是無與倫比，但他把章旗堂兄從學校叫出來後，依舊繼續忙活他那收購葦蓆的業務。感情收斂，狂喜震怒均可不行於聲色則是父親的風格，雖然他當上父親時才剛過十八歲半的年紀。

南劉口村小胡同長不足百米，寬不夠八尺，十餘戶村民全部姓臧。我們家的小四合院就在胡同北口的西側。

我出生於斯的那兩間東屋早已經拆除。現在能看到的這堵紅色磚牆，就建在了它的遺址上。（攝於一九九七年春天）

二十六、鄉親們的乳汁

應當感謝我的父母，他們給了我生命，給了我骨血；應當感謝我的先祖，他們給了我姓氏，遺傳了我的基因，也造就了接迎我到人間的土地房屋；我還應該感謝時代和科學的進步，雖然和前輩一樣我落生在自家的土炕上，因為政府推行使用了新式的接生方法，我的臍帶經過簡單的消毒，我就沒有感染什麼「四六風」。我一直響亮地啼哭著。

我聲嘶力竭地啼哭，除了宣告自己光臨這個大千世界之外，更重要的原因是我沒有奶吃。饑餓讓我極力想把自己的感受告訴周圍的人，以取得他們的幫助。而啼哭是我那時掌握的唯一交流工具。

許多年後，我戲謔地問我母親：我既然是一隻吃飽了肚子的回山虎，投生的時候怎麼會沒有帶來自己的口糧，以至於餓得嗷嗷啼哭呢？母親告訴我，我出生時其實是帶了口糧來的。她的乳房因為湧奶漲疼得很厲害，但就是流不出奶水來。一邊是兩個飽滿漲疼的乳房，一邊是嗷嗷待哺的嬰兒，祖母交給了我姑姑一項艱巨異常的任務：替我把奶水從我母親的乳房裏裏出來。那年，我姑姑十二歲，小侄子的到來，讓她高興得跑來跑去。為了完成祖母交給她的任務，我姑姑害羞地趴在嫂子的懷裏裏了三天，腮幫子都裹腫了，救命的奶水也沒有暢通。

我父親不知道從哪裏打聽來一個偏法，說是把窗戶紙用手指戳個小窟窿，從外面往裏面吹氣，就能把奶水吹下來。窗戶紙被父親戳成了馬蜂窩，奶水的渠道依舊不暢順，只好重新再把窗戶糊好。

那時農村沒有牛奶，也買不到奶粉之類餵養嬰兒的食物。祖父步行去保定城裏買回來一盒煉乳和幾袋叫做代乳粉的東西。大人們想辦法餵我進食，我也就困難重重地開始了在人世間的行程。

我出生的時候，暖水瓶還是非常稀罕的物件，劉口村有沒有我不知道，反正我們家沒有。需要挑拌煉乳或代乳粉的時候，母親只能點一把柴火，用盛飯的勺子燒一點開水。不幾天，飯量很大的我就把寶貴的煉乳和代乳粉吃光了。母親想出一個自製代乳粉的辦法：把乾麵粉用大火蒸熟，吃的時候加水挑拌成麵糊。白天我吃幾次白麵糊糊，晚間睡覺前母親要把柴火和勺子都準備好。我餓得啼哭時，母親從被窩伸出身子，就近在炕沿下用柴火點著一把火，燒一勺子開水，為我沖麵糊。

有時候，燒開水拌麵糊來不及，為了止住我啼哭，母親用嘴把烙餅嚼成糊狀，嘴對嘴地餵給我。以至於後來我只要看到大人們的嘴吧嗒吧嗒地動，就張開自己的小嘴準備接，很像《動物世界》裏的小雛鳥。

麵糊和餅糊難以解決我的饑餓。漆黑的夜裏，全村的人都在熟睡，我因為饑餓而發出的響亮啼哭驚動了周圍的鄰居。西院全永伯父家兩歲大的米爾姐姐還沒有斷奶，全永伯母一雙小腳，登著梯子翻牆頭來到我家，用本屬於堂姐的乳汁讓我飽餐一頓。

我祖母娘家堂姐的一個女兒，嫁到了我們村。她稱呼我祖母為姨；我父親稱呼她為表姐；我則要稱呼她為表姑姑。劉口一帶的表親們都互相這樣地稱呼，無論表親的關係「表」了多少層，一個「表」字都可以囊括，只是「表」後面的稱謂是絕對不可錯了的。

表姑姑家距離我們的小四合院不很遠，也不很近。表姑姑的女兒老多爾比我大幾個月，表姑姑經常到我們家來給我餵奶。在我最餓餓難耐的時候，表姑姑甚至帶著老多爾到我母親的炕上住宿了一段時間。

我到底吃過多少人的奶水？母親說最少也有三十幾個。有時候是我母親或我祖母抱著我到這些義務奶媽的家裏去：

「納們這（Zhei）個又餓了（Lie）！」

「奶媽」二話不說。放下手裏的活或懷裏的孩子，把乳頭塞進我的小嘴裏。

有時候是「奶媽」主動走到我們家，或路過我們的門口而順便援助一下：

「又啼哭（發音為TiuHu）了（Lie）吧？快讓我給他抹（劉口方言，餵或吃的意思，白字，僅借其音）一口。」

我幾個月大的時候，姑姑就開始抱著我滿村子跑，專往哺乳期女人的跟前湊。姑姑用她那細小的聲音對人家說：

「讓納們這（Zhei）個小人裏裏吧！」

我母親帶我回娘家或去我的二姨家的時候，吃蹭奶的需求就帶到了北劉口村。後頭院裏趙自修三舅和我外祖父家住在一個院子裏，他的妹妹嫁到了南劉口，是我們小四合院的隔家鄰居。北劉口的三舅媽和南劉口的堂姨，她們姑嫂兩人的奶水都給我吃過，趙自修三舅家我的幾個表兄表弟，可能也都沒有享受過這樣的待遇。

鄉親們用無私的乳汁養護了我幼小的生命，此情此景已經融入了我的心靈。鄉親們的恩情，是我終生也難以報答的。

五十多年後的二〇〇一年的春節，我帶著兒子和侄子們陪同我父母回劉口村過年。當著子侄們的面，先後有五六個老太太樂呵呵地回憶當年給我吃奶的情形。三個小夥子在一旁用驚訝的眼光望著我傻笑。這樣的景遇和情意，下一代的年輕人能夠理解多少呢？

二十七、張超經理的信

祖父回到劉口村不久，祖父就和父親發生了衝突。衝突一直持續到父親離開家鄉後很久。若干年後父親總結他和祖父的矛盾說出來兩條原因：

其一是父親打小與祖父一起相處的時間太少。一九三八年我祖父離家出走時，父親年方七歲。祖父從石家莊回到劉口村後，父親已經是一個為人夫為人父的青年。不相處，何相知？我的姑姑則表現更甚，祖父走時我姑姑剛出生，十二歲之前她就見過自己的父親一次面。以至於祖父回家後好幾年，我姑姑都不敢當面直接稱呼祖父爹。

其二是祖父的思想很傳統守舊。他認為戰爭結束了，天下太平了，莊戶人就應當安心過自己的農家小日子。他甚至有君子不黨的思想，不贊成父親擔任村裏的共青團支部書記，不滿意父親經常耽誤著自家的工夫去開會。

父親和祖父的衝突從祖父回家後不久就開始了，且一直持續並激烈著。我們這樣的傳統農家，兒子在父親面前沒有多少講話的權利。屈從讓我父親的心情非常鬱悶，有時候背地裏獨自落淚。

我出生後的那年秋天，府河又發了水。灰暗的心境加上潮濕，父親患了一場大病：手和腳的關節腫大，不能幹活，走路都需要借助拐杖。父親內心的苦楚很少和我母親交流。母親知道父親的心事也不便多問，默默地服侍父親。直至來年的春節前父親的身體方才痊癒。父親躺在炕上養病期間，外出工作的信念漸漸明晰起來。他依舊把這樣的信念壓在自己的心裏，沒有和家裏的任何人說起，包括我的母親。

一九五一年農曆正月初五，清苑縣政府召開三級幹部大會，會期六天。縣裏所謂的三級大會就是開到村幹部一級。每個村一般要參加六個人：村黨支部書記、村長、農會主席、婦女主任、民兵隊長和共青團支部書記。清苑縣二百多個村莊，去開會的要一千多人，場面煞是壯觀。那時南劉口村的村長是李榮貴。開會期間，李村長對我父親說，現在各行各業都在招用人員，父親如果也想出去，他可以讓縣武裝部的陳部長幫忙。

過了兩天，陳部長參加小會討論時來到劉口村幹部們住宿的地方。陳部長叫陳少亭，是劉口鄰近的于莊村人。他當著大夥兒的面說我的父親：

「國家現在這麼需要人，像你這樣的小學畢業生還偎在家裏，實在是太可惜了。」

縣三級幹部大會結束前，陳部長給了我父親一封介紹信，上面蓋著清苑縣武裝部的方形大印，要我的父親去保定找《河北日報》社的人事科長于仁。前些天，于仁科長找陳部長要人來著。這個偶然間在我父親人生中給予過幫助的陳少亭後來官職幾次升遷，文革期間曾經擔任保定軍分區的司令員。

散會後，父親沒有回家，就直接去了保定。《河北日報》社的人事科長于仁，家也是于莊村，他給我父親分配的工作是揀字工人，先要試工三天。那時印刷都還使用鉛字，揀字工人的工作就是把排版所需的鉛字從密麻麻的字庫裏一個個挑揀出來。父親在《河北日報》社的車間裏幹了三天，車間裏的帶班長對人事科長于仁彙報的試工意見是：活幹得不錯，只是年紀太大了，熟練的排字工要從十五、六歲開始培養才行。實情是否如此，父親無法驗證。

于仁科長安慰父親說：

「這裏安排不了不要緊，過幾天酒業專賣公司要大量地招人，那時你再來報考。」

《河北日報》社後來隨省府機關搬遷到了石家莊。一九八二年我去石家莊出差，曾經在那家報社盤桓了片刻。望著報社的大樓，我想：如果三十多年前，父親被這個單位錄用了，我也許就生活在了這個城市，心中一陣世事難料的感慨。

父親在《河北日報》社試工期間，一塊兒去縣裏開會的幾個村幹已經把父親要出去工作的消息傳遍了全村。父親一進家，就受到了祖父的訓斥。祖父一來因為父親事先沒有和他商量而惱火，二來父親不在家期間，家裏差一點兒出了大的禍事：正月十一那天，我的小叔叔出生了。因為祖母身體不好，小叔叔出生的過程很不順利。全家人擔驚受怕了一整天，祖母才轉危為安。祖母生死之際，還給她增添擔憂和掛念，父親心裏也很內疚，只有喏喏地接受訓斥。父親白忙活一場，沒有被錄用；祖母安全地度過了危難；又得了一個兒子，祖父也就轉怒為喜了。

母親這時也鬆了一口氣，她認為父親無功而返後也就死了出去工作的心，從此就安心在家守著她和孩子過日子了。我的小叔叔出生後不久也患了病，我母親懷揣著小叔子去看醫生。四曾祖還開玩笑地問母親：

「你不怕這（Zhei）個小人將來分你們的地？」

母親回答說：

「好賴都是納們的幫手。」

父親一邊勤快地忙裏忙外盡力表現自己，一邊密切關注于仁所說河北酒業專賣公司招聘的消息，每天傍晚都去村部辦公的地方瀏覽報紙。

因為頭一年秋天發過大水，冬春兩季的柴火十分短缺，春節後不久，我們家裏就無柴為繼了。兩個幼小的孩子，寒冷的屋子裏不生火不行，解決燃煤成了當務之急。祖父決定要父親陪他一起去保定城裏買煤。家裏接連增添人口，又剛過了年，祖父的手裏沒有錢。去保定那天，祖父趕著牛車直接去了劉爺廟煤場，讓父親去保定東關，找舅舅劉康借錢。

在這前一天，父親在報紙上看到了自己盼望的消息，找舅舅借錢的機會，他偷偷地去位於梁家胡同的酒業專賣公司報了名，還順便去照相館照了相。

過了幾日，酒業專賣公司招聘考試的頭一天，父親向祖父妄稱又要去縣裏開會，下午匆匆往保定趕去，把照片交到酒業專賣公司後，住宿在自己的舅舅家裏。

第二天是考試的日子，考場就設在保定師範附小。參加考試的大約五六百人，有男有女；有穿著時髦的城裏學生，更多的是頭包白毛巾，身穿粗布棉袍的鄉下人。年齡也參差不齊，大者四十多歲；小者十有五六。父親考試的屋子正是他當年的教室，也算是偶然的巧合。

走進考場，看到其他考生從衣服裏掏出了鋼筆，父親才意識到自己還沒有寫字的工具。很快就要發卷開考了，父親忙亂之中想到了劉口村的本家臧志忠。那臧志忠外號叫茶子順，所謂茶子，乃劉口一帶的方言，意思是體態發蔫，舉止滿吞吞的樣子。順，則是臧志忠的小名。茶子順臧志忠那時在保定市公安局工作，辦公的地點就在保定師範附小對面。父親急忙跑到臧志忠的辦公室，只見大辦公室裏搭著地鋪，茶子順和他那一幫同事還都在囫圇著衣服睡覺。那一陣正是全國鎮壓反革命的時期，公安局的人員日夜加班。頭天茶子順一夥忙了一夜，所以時近上午都還在睡夢中。父親說明了來意，茶子順朦朧中從口袋裏掏出了鋼筆，躺倒地鋪上繼續他的睡眠。父親趕回考場參加考試。

那時河北的省會還在保定。設在梁家胡同的酒業專賣公司全稱是：中國酒業專賣事業公司河北省分公司。這個公司對應聘人員的文化要求是相當於初中。所謂相當於初中就是不一定非得初中畢業，或者是讀過初中。建國初期，中學生還屬於鳳毛麟角，十分稀少，父親以小學還沒有畢業的學歷報考，絲毫沒有濫竽充數的嫌疑。

考試的科目是語文、算術、政治和常識四門，一天的時間全部考完。父親對語文、算術的考題，做起來基本得心應手；政治題因為經常閱讀報紙，覺得也算順利；只有考常識的時候，筆頭有些生澀。

考試結束當晚，父親依舊住在劉康舅爺家裏，第三天一早悄悄地回家。全家相安無事。

又過了幾天，一九五一年三月十一日，農曆二月初四，酒業專賣公司招聘人員放榜的日子。早晨，父親和祖父一起去地裏播種豌豆。頭一年秋天洪水退卻的晚，田裏沒有來得及播種小麥。那些年，豌豆是劉口村除了小麥高粱之外產量最大的作物。播種豌豆不怕地溫低，通常是耕地還沒有完全化凍，帶著冰茬踩著泥漿作業。父親幹了一上午活，回家吃過早飯，匆忙洗了一把臉，換下了沾滿泥漬的衣服鞋子，徒步朝保定城走去。

到了保定梁家胡同酒業專賣公司門口，錄用人員的榜示已經貼了出來。父親的排名在二十多位，如果是按照成績的好壞為序，結果還算不錯。接著，被錄用的二百多名新人在一個禮堂裏集合起來，由河北省稅務局長兼酒業專賣事業公司經理張超給大家講話。張超經理個子不高，戴一頂鴨舌帽，講話聲音洪亮且簡明扼要，有三個內容給父親留下了深刻的印象，一是張超經理說：

「從今天起，你們就算參加革命工作了」；

二是：

「所謂酒業專賣，就是只許我賣，不許別人賣。」「酒業專賣公司的工作，說到底就是酒保，我們要當好革命的酒保」；

三是：

「酒業專賣事業非常重要，全國酒業專賣一年收的稅如果用來修鐵路的話，可以從北京到廣州修兩個來回」。

張超經理講完了話以後，立即對新錄用的人員進行分配，發放派遣的路費和行政關係介紹信。那時河北省的行政區劃和現在有很大的區別：張家口和承德，那時還分別是察哈爾省和熱河省的省會；北京和天津除了市區，周圍的縣還都隸屬於河北省；河北和山東兩省的邊界也不是現在這個走向。就在公佈分配名單的時候，父親第一次聽到臨清這個地名，第一次知道世界上有一個叫做臨清的小城市。

一起被分配到酒業專賣公司臨清營業部的共七個人。除了父親外，還有丁若一、劉佩森、王樹林、李鎮龍、劉西堯和時夢松。當時父親就記住了時夢松這個人，因為他高雅的名字，還因為他說話的聲音格外地渾厚洪亮。在這個過程中，父親注意到酒業專賣公司工作人員都戴著有帽簷的棉帽，穿著四個兜的棉制服，比縣政府、市公安局等機關的人，衣著都要整潔，可能是文化人多的緣故；父親還注意到，所有派遣到保定以外的人員，就數去臨清和秦皇島者發放的路費多，想必臨清距離保定比較遠；再一個給父親留下了印象的是錄用人員公示榜上名列第一的人名叫魏辛亥，他被留在了省公司，如果他真如他的名字所示是辛亥年生人的，應當是一個四十歲的男子了。

父親懷揣著酒業專賣公司的介紹信和十元五角派遣費，高高興興地往家返。到家後，父親不敢直接和祖父說，想來想去找到姨表兄劉志宏，讓他先去探探祖父的態度。父親的表兄劉志宏找到我祖父，委委婉婉地還沒有把話說完，祖父就已經勃然大怒，其震怒的程度超出了父親和劉志宏的預料。接下來自然是鋪天蓋地的指責訓斥。最為嚴厲的話語是祖父揚言要去保定城裏登報聲明，從此和父親脫離父子關係。這樣的揚言，劉口村的人聽了都頗為新鮮，算是祖父旅居城市十幾年學到的時髦玩意兒。

接連兩天的狂轟亂炸，父親只好繳械投降，決定放棄努力和理想，乖乖地把酒業專賣公司的介紹信和派遣費交給了祖父。祖父釜底抽薪的辦法是當即親自去保定梁家胡同，把兩個信封交還給了酒業公司，稱自己的兒子身體有病，不能赴任等等。

祖父劈頭蓋臉訓斥父親的時候，母親在一旁沒有說話的權利。她怕祖父動手打父親，就悄悄地去北屋把雙目失明的曾祖母攙扶過來，當著曾祖母的面，祖父的氣焰肯定會收斂許多。

偃旗息鼓了幾天，心有不甘的父親挖空心思地想挽回敗局。村裏的錢糧委員臧庭玉（小名灶爾）與父親私交不錯，父親和他密謀後，兩人想出了一個不是辦法的辦法：南劉口村小學有個老師，名字也叫張超，和酒業專賣公司經理的姓名完全相同。

臧庭玉拿了一張信紙，和父親一起去學校找到張老師，由張老師起草了一封酒業專賣公司口氣的公函，內容大意是：你被我公司錄用後，名額已經分配下去，不可再行變更，希望你病好以後，抓緊來公司報到等等。張超老師的字寫得很好，最後蓋了一個紅顏色的「張超」私章。雖然此張超非彼張超，父親還是決定用這封信唬一唬祖父。

父親有點兒心虛地把「張經理的信」交給了祖父，祖父端詳了片刻，一句話也沒有說。第二天，祖父才對父親發話：

「既然你已鐵了心，那就走吧！」

父親如大赦般趕到了保定梁家胡同，酒業專賣公司人事科的工作人員從抽屜裏找出了那兩個信封，對父親說：

「快去報到吧，別人早都開始工作了。」

父親讓那位工作人員找來一張河北省的地圖，在上面找到臨清，才知道那是河北和山東邊界上的一座縣城，因為工商業發達，所以省酒業專賣公司在那裏設了一個營業部，雖然和唐山、石家莊、邯鄲等地的機構是一個級別，派遣的人員卻比那些地方的少，只有七個人。因為距離遠，城市小，去的人不踴躍，名額才保留到了父親回頭去找的時候。

一張四寸大的紙條，十元零五角的派遣費，決定了父親一生的去向，也決定了我們全家人在這個世界上生活的軌跡，當然也包括我。

父親拐到保定東關舅舅家借了一輛自行車，興高采烈地騎回了劉口村。他只有兩天的時間和家裏的人告別。

父親去保定取派遣信走了後，祖父舉著父親假造的「張超經理的信」，對母親說：

「小兔羔子他撅什麼尾巴拉什麼糞，還瞞得了我？」

年輕的父親那時無論智慧還是經驗遠遠還不是祖父的對手。祖父如果和父親較真，父親是不可能離開劉口村的。

二十八、去外面過咱們的小日子

父親整理行裝的時候，祖父拿出了那條從石家莊帶回家的狗皮褥子，卻不通情理地沒有給父親一分錢。父親囊中空空的情況他是非常清楚的。移交狗皮褥子，算是對父親外出工作發放的通行證；不給路途花費，一是祖父那時手裏也真的沒有錢，二者大概也是心中不滿的一種耿耿表示。

最難告別的是我的祖母。父親對祖母說：

「現在我爹在家裏，社會也安定，我去的地方不算太遠，我常回來看你。」

祖母問：

「那兒離家多遠哎？」

父親說：

「一天的路程。」

祖母沒有出過遠門，一天的路程，在她看來也就不過是從劉口村去保定打個來回。妄言或啞謎有時可以起到安慰的作用。

曾祖母還在想試圖勸阻父親：

「祿哎！你現在有了個大胖小子，多好的日子！非出去幹什麼呀？」

母親連夜為父親拆洗被褥，準備換洗的衣服，眼睛裏淚汪汪的。父親對母親說：

「你帶著孩子在家裏好好過，我自己先出去，站住了腳，我就回來接你們，一起去外面過咱們的小日子。」

母親牢牢記住了父親說的這句話。這是一句可以決定她全部命運的承諾。

母親精心整理著被褥衣物，把情意和思念都寄託在父親簡單的行囊中。母親還想給父親添一點兒路費。前幾天，母親還有一元七角的紙幣，是我過年時收到的壓歲錢。不巧的是，正月裏大爺爺家我那個十三歲的全清叔叔玩玻璃球輸了錢。大奶奶出面從我母親的手裏把我的壓歲錢都借去還了賭債。除此之外，母親一無所有，無法給父親再增加一點兒盤纏。

在家盤桓了兩日，父親用從他舅舅家借的自行車馱著行李捲上路了。行李捲裏是一床被子；一張狗皮褥子；一雙布鞋；兩件換洗的內衣；一個包著食物的布包，裏面是三張烙餅，十多個雞蛋。父親頭上裹著一條白毛巾，身上穿的是一件棉袍子，棉袍已經有些破舊。父親就是帶著這樣簡單的行裝，離開了劉口村，離開了家人，離開我們祖祖輩輩居住了四百多年的土地和村莊。

父親騎著自行車，先去縣政府所在的南大冉轉換了共青團關係的介紹信，後去保定東關我劉康舅爺家送還自行車。從舅爺家出來，剛走到了胡同口，舅爺就又跟了出來，把父親喊住：

「祿，我忘了問你，你的盤纏夠了不？」

說著，從兜裏掏出兩張一元的紙幣遞給了父親。父親雙手接過，熱淚已經盈眶。父親知道舅爺家的日子也不寬餘，把紙幣又退還給舅爺一張。

父親肩抗行李捲，直奔火車站，登上了南去的火車。父親去臨清報導途中順利與否；到了臨清之後又發生了哪些故事，下一章我再接著介紹。

父親走後沒幾天，母親回北劉口娘家看望外祖父外祖母。正是外祖父即將要帶著我大姨和老剩姨姨去西安，還沒有動身的時候。外祖父一家已經知道了我父親外出工作的事。外祖父和外祖母都沒有說什麼，只有我大姨激動地搖晃著母親的雙肩，一遍又一遍地大聲追問母親：

「老夠兒，你怎麼能放他走哎？你個傻子哎，你怎麼把他放走了哎？」

大姨擔心她自己年輕時生死離別的悲劇，再次在母親的身上重演。

父親走後，母親帶著我在小四合院跟著祖父祖母一起過日子。差不多比我小一歲的叔叔，祖父給他起名臧全恆。我已經能夠手扶著窗臺或牆角行走，會喊媽，喊爺（祖父），喊奶奶和姑姑，而我的小叔叔卻只會哭。小叔叔哭的時候，我還會模仿著他哭出的音調，喵—，喵—地學貓叫。大人們逗我問：

「咱們家的小貓兒呢（Nai）？」

我就用手指指躺在炕頭上的小叔叔。久而久之，家裏的人就都稱呼小叔叔為小貓兒。貓爾就成了我小叔叔的小名和外號。從那時起，這個大侄子給小叔叔起的外號就一直跟隨著他。長輩們稱呼他貓子，做熟了飯，我奶奶就站在胡同口拉著長音高聲喊道：

「貓子—哎—，吃飯來—哎—吆！」；

晚輩們稱呼他貓子叔叔（Shou Shou）或貓爾爺，以至於他臧全恆的大號村裏很少有人知道。

再後來讓我施展表演才能的是模仿四曾祖走路。姿勢是一隻手拄著根小棍，彎著腰，一邊挪動著邁步，一邊咳嗽，另一隻手還不停槌自己的後背。我的模仿逗得全家人笑個不停。被模仿的四曾祖看著我，也張著沒有牙齒的嘴嘿嘿地樂著。

我漸漸地長大，吃的食物由麵糊而麵片麵條，進而可以和大人一樣吃烙餅了。我尤其愛吃小麥和豌豆混合麵粉做的烙餅，它顏色淺黃有豌豆的香味。義務奶媽們的哺育，加上豌豆麵烙餅的營養，兩三歲的我身體發育得很好，白白胖胖招人喜愛。

比我小一歲的叔叔，不僅沒有我長得高，也沒有我胖，皮膚也沒有我白。祖母領我們倆到街上去玩，就會有村民故意惡作劇地問祖母：

「這（Zhei）倆小人，哪（Nai）個是哥哥，哪個是弟弟哎？」

引來周圍的人一陣哄笑。

祖母為我們倆煮兩個雞蛋，個大一點的要讓我先挑。祖父還會在一旁發布命令：

「大的吃大個的；小的吃小個的！」

大爺爺家住在北屋，大奶奶做什麼好吃的也總先想到我。我三個曾祖母各有兩個女兒。我這六個姑奶奶來看望自己的母親父親時都是我大飽口福的時光。

大爺爺故伎重演，也給我起了一個與父親相似的外號：輒輒（大約應該是這兩個字）。劉口方言，輒輒者，喋喋不休也。大概我兩三歲的時候也很喜歡發表演說，口齒卻不如我父親當年清晰伶俐。

大人們疼愛我的原因，不僅因為我白白胖胖形象可愛，也不僅因為我會模仿小叔叔哭，模仿四曾祖走路。更主要的是我很懂事。據說我的懂事表現是從來沒有打碎過飯碗，也不隨意抓破窗戶紙。

我雖然有好幾個姨姨，我那時卻是外祖父外祖母唯一的外甥。不論他們的生活多麼艱難，社會歧視讓他們的心境多麼地苦悶，只要看到了我，兩位老人的臉上就會露出笑容。外祖父外祖母對我的疼愛超過了對任何人。外祖父也高度評價我的懂事：

「這（Zhei）個小人，他跟別人不一樣哎！」

只可惜這一生我和外祖父在一起的時間太少，沒能用我的天真幼稚，給他以更多的慰籍。

父親走後，來信只能寫給祖父。母親一個字也不認識，沒有讀和寫的能力。除了平安的消息，母親和父親沒有其他的交流。

一九五〇年《婚姻法》公佈以後，在城市工作的人，尤其是政府官員機關幹部們和在農村的原配妻子離婚，成了那年代我國大陸社會生活一道悲歡離合的既淒慘又靚麗的風景線。成千上萬的丈夫，不需要理由，只要申明自己的婚姻是父母包辦的，寫一個申請履行一個簡單的批准手續，就可以解除原來的婚姻。母親雖然不瞭解外面時世的變化，有我大姨的前車之鑒，對父親能否真地兌現「去外面過咱們的小日子」的承諾，並沒有十分的信心。父親一走就是兩年多，中間一九五二年春天，我四曾祖去世時回家奔喪，來去匆匆只在家住了五天。

一九五三年麥收的時節，父親真地回劉口村接我和母親來了。麥收是劉口村一年最忙的季節，父親在家住了十多天，幫助祖父忙完了打麥場上的活兒。他把接我和母親去臨清的打算，先告訴了祖母。祖母問：

「你養住了唄？若養不住的話，還不如在家裏。」

父親說：

「差不多！」

然後父親對祖父說：

「我準備把寶興他們娘兒倆接出去，這樣家裏也可以減少些嚼口（花費）。」

祖父說：

「行嘍，先去吧，待不住再回來！」

父親最後才告訴母親：

「我已經和爹媽說了，準備帶你們娘兒倆出去。」

母親問：

「真的嗎？」

父親說：

「真的。」

父親和母親都笑了。母親的笑在心裏。

按照當時離婚潮流行的做法，父親有充分的條件和理由重新選擇自己的婚姻。和那些被單方解除了婚約的妻子們比，母親幾乎符合所有應該被拋棄的標準：

父親和母親的結合是典型的包辦婚姻；

母親在農村，父親在城市，並且相距很遠；

母親比父親大三歲；

母親沒有文化，不識字；

母親家庭出身是地主，政治上會影響父親的進步。

五十多年後的一天，我陪父親母親聊天，說到了父親母親當年為什麼沒有分手的話題。我說：

「讓我總結一下怎麼樣？那時你們沒有離婚，主要是因為我爸爸是一個心地善良的好人；其次是因為那時已經有了我。」

古稀年齡的母親同意我的總結，父親也點頭予以首肯。

我的父親是一個善良的好人，他沒有拋棄母親，沒有拋棄我，他帶領母親和我走出了劉口村。時間是一九五三年的六月，我們從劉口村去保定坐的是李寬水家的膠輪馬車，他是父親的好朋友。

面目全非的府河，中國大陸山河土地污染的一個縮影（拍攝於二〇一〇年）。左岸為南劉口村；右岸為北劉口村。每當看到這幅照片，我都想痛哭一場。

三歲多的我對這之前人生旅途所看到的風景，沒有留下什麼記憶，以上的記述全部來自父親母親和其他親友鄉朋的敘說。

父親母親是兩個記憶力非常好的老人，幾十年前，甚至他們童年的事情，還能夠回憶起細節。他們除了對往事的回憶，還有對人生的總結，讓我受益非淺。頤養天年的父母，很喜歡有我陪他們一起回憶往事。他們從小都生活在同一個村莊，對劉口村的同一個人，同一個事，他們可以進行交叉回憶，甚至爭論不休，既提高了回憶的準確度，也增加了回顧往事的樂趣。

二十九、劉口村人小名與外號拾趣

劉口村的人都有小名；劉口村的人幾乎都有外號。劉口村人的小名千奇百怪。劉口村人的外號維妙維肖。我收集了一部分，算是一種具有地方特色的通俗文化。

具有劉口的方言特徵的後綴「爾」或「子」，原汁原味地予以保留；生僻怪誕或諧音諧意的，用後面括弧裏的文字予以提示或解釋。

來源於出生時的年份節令時辰氣候者：

牛爾；丑爾；虎爾；鼠爾；丙寅；戊寅；庚寅；馬爾；庚午；羊爾；小未；大龍；辰冬；小龍爾（屬蛇）；老甲；小戊；卯爾；亥子；珠（豬）爾；酉爾；立冬；冬至；年；春來；開河；大雪；連雪；三九；七九；重九；伏爾；大雨；霜爾；凌（冰凌）爾；冰爾；秋田；秋忙；麥收。

來源於時事變遷者：

清臣；民國；大亂；反；兵爾；搶爾；洞（地道）爾；改地；分田；平分；占地；建社（合作社）；成隊（生產隊）。

來源於自然環境、生產工具和生活器物者：

山；海；水；河；槐；柳；榆；柏；船；桅；車；騾爾；斗爾；升爾；殼爾（也是一種容器）；藕爾；耕；耪；耩；鋤；夯爾；場爾；棚爾；套爾；栓爾；綁爾；囤爾；倉爾；庫爾；瓢爾；老碗；勺子。

故意以賤名企求平安和富貴者：

寒磣(難看）；坷磣；膈應（討厭）；嘎咕（壞蛋）；膩味（髒，音Wang）；刺巴（粗糙不光滑，巴音Bai，並兒化韻）糟爾；孬吞（不乾淨）；巴扎（泥濘或踏的意思，紥音Zhai，並兒化韻）；臭糞；臭蛆；茅子（廁所）；大糞堆；狗屎林子；臭球；屎蛋；尿泥；屎殼郎；尾巴搖搖；花子（乞丐）；蠅爾；蜢爾；蛾爾；蚊子；蠶爾；驢爾；狗爾；鴟鴟喵子（貓頭鷹）；夜麻虎（蝙蝠）。

為祈求男孩而給自家女孩取的小名：

招弟；引弟；換弟；多子；多爾；缺爾；改；變；換；足；煩爾；夠爾；剩女；丟爾；扔爾。

來源於身材容貌特徵：

身材小者：矬子義兒；大漢子；乾巴年；疙瘩頭；釘爾；化倭瓜（沒有發育生長萎縮成一個乾癟小疙瘩的南瓜）；蔫巴葫蘆；蔫皮蝨子；磨臍爾（兩扇石磨間突出的圓形榫狀物，體積很小）；軲轆雞；小雞腿；猴兒登山。

身材高大者：

大洋馬；大青秫秸；大鎬柄。

麻臉者：

麻B爾；花箱子；花麗牛；大花枝爾。

殘疾醜陋者：

小鬼模子；潘仁美；賽貂禪；小魏虎；老泥鰍；黑塔；拐亂子；悠爾（有腿疾）；麵糊眼；十八塊；禿鵲。

缺少鬍鬚者：

老公；光板；姑子；大娘們；大白臉。

五官奇特者：

歪頭梆子；大眼田；白眼凌爾；望天猴爾；小白眼；半拉臉；大鯰魚（鼻子上翹）；歪巴；紅眼蜂；絲瓜臉；小兜齒；大傻母子；大蛤蟆（嘴大）；大豁子。

性格慢反映遲鈍者：

茶狼；茶子順；二郎當；大腳後跟；大尾巴蛆；熊中懶；老咕湧（蠕動）子；大尾巴草雞。

品行差為人刻薄者：

鬼吹燈；炮慌子；草刺蝟；老嘎嘎（背部長有毒刺的魚）；斷腸散；黃鼬；小野狸；魚鷹；猴爾七；小諸葛亮爾；悠千鬍子（戲曲中醜角懸吊的鬍子一般都搖晃）；黃眼珠子；大划拉；黃花菜（謊話才）；小神仙；嘣嘣嘣爾（一種玻璃吹製的玩具，極薄，易碎，形容該人處事很懸乎）；斗子六爾；嘎爾屁；嘎子娃娃；一百能；假鋼蛋子；黃毛爾跳蚤。

舉止輕佻兩性苟且者：

小白鵝爾；兩頭兒俊；大Bi姑爾；潘金蓮；黃愛玉（戲劇角色）；花魁；王八老爽；小白鞋爾；透靈杯；

藍野雀；十里香；大花枝爾；小花燕。

把小名與外號用「爾」「老」和「大」字連到一起，是劉口村的特色：

胖爾老官；豬爾老拱；喜爾老保；套爾老田；雞爾老刨；強爾老高；鷹爾老叼；文大成；福大和；喜大得；大名氣。

有的外號兄弟相排祖孫世襲：

有一家人，哥哥叫大山藥；弟弟叫二山藥；兒子叫山藥星爾；孫子叫山藥鬚爾。

另一家，哥哥叫唱爾；弟弟叫戲爾。

某人叫大炮；其子叫炮彈；其孫子叫炮子爾（子彈）。

某人叫王八老根；其長子叫王八牛爾；次子叫王八虎爾；孫子叫王八有爾；曾孫叫王八池爾。

許多外號來自某一段故事：

有一男，善奔跑，外號兔子榜爾，他們夫妻關係密切。劉口村民喜食兔子肉燉白菜，遂為其妻起外號叫白菜心。

府河決口，一男子落水失蹤。眾人輾轉尋救不果。回村給其家人報信。那男子已坐在家裏吃飯，遂得外號：鴨子。

一男子，在家蠻横，對外怯懦，外號車溝王。

有一年鬧水災，一女人漂在笸籮裏臨盆，嬰兒落入水中三次仍成活，取名三猛爾（劉口稱潛水為紮猛子）。
一家違反計劃生育政策超生，被罰款三千塊錢，兒子隨起名叫三千。
有一人，其母親結婚七個月後出生，隨得外號棗爾（借用棗子農曆七月裏成熟之意）。
擇生動逼真，朗朗上口且熟知者錄之，難免掛一漏百。

第四章　童年歲月（上）

三十、兩省邊界的小城

臨清市地處山東省西北部，與河北省隔衛運河相望，是山東西進、晉冀東出的重要門戶，也是我國南北交通大動脈京九鐵路自北向南進入山東省的第一站。全市版圖面積九百六十平方公里，總人口七十萬，城市建成區面積十八平方公里，城區常住人口二十萬。現轄九鎮三鄉四個街道辦事處，六百多個行政村。

臨清歷史悠久，西漢初年即設縣制。

明清時期，漕運興盛，臨清依傍運河而發展至鼎盛時期，成為當時聞名全國的商業都會，素有「繁華壓兩京」、「富庶甲齊郡」之說。臨清運河文化底蘊豐厚，境內擁有原貌保留最好的元代古運河，現存的文物古蹟鼇頭幾、清真寺、舍利塔、鈔關遺址均為全國重點文物保護單位，唐代音樂家呂才、明代大詩人謝榛、抗日民族英雄張自忠、當代學界泰斗季羡林等都是臨清的傑出人物。

改革開放以來，臨清這顆運河明珠重放異彩。二〇〇〇年，全市國內生產總值、財政收入、城鄉居民儲蓄餘額分別比上年增長百分之十九點四、百分之二十和百分之九點三。文化、教育、醫療、衛生等各項社會事業協調發展。全市現有大學一所，中專三所，中小學四百零七所；各類科研機構十一處，工業企業中有省級技術開發中心兩處。臨清是「全國體育先進縣」、「全國老年體育先進縣」、「全國科技工作先進縣」、「全國平原綠化先進縣」、「中國醬菜之鄉」、「山東省歷史文化名城」和有名的京劇之鄉、書畫之鄉、武術之鄉。

以上的文字，是二〇〇五年七月互聯網《臨清政務》網頁上介紹臨清文章的概況部分。雖然多是套話，卻也可以從中瞭解臨清的地理位置，人口區劃和歷史底蘊。

臨清位於京杭大運河北段的中部，衛運河與京杭大運河在這裏交匯。它的鼎盛時期大約在明朝中葉至清朝乾隆年間。那時的臨清不僅是中國北方最重要的交通樞紐，也是一個人口密集，商業發達的繁華城市。

清朝後期，京杭運河北段淤塞阻斷，臨清失去了交通樞紐的地位。一八五四年，太平天國北伐軍攻佔臨清，城池建築毀於戰火，輝煌的過去漸漸成為歷史。「百足之蟲，死而不僵」，上個世紀五十年代，臨清依舊保留著以往的餘溫。運河的航運那時還部分暢通，西南能夠去河南，東北可以行天津；臨清城裏三十多條街道仍然是店鋪繁多鱗次櫛比的景象；城裏有發電廠，有鐵工廠，有麵粉廠，有釀造廠，有酒廠和煙廠；有公園，有自來水，有下水道；有三家戲院，兩家電影院，四個澡堂；還有三座教堂，一座教會醫院，五座清真寺，以及幾十座已被移做他用的殿堂寺廟道觀。

五十年代臨清商業發達市井繁榮的程度，不僅普通的縣城無法望其項背，鄰近的幾個行政中心城市如邢臺、德州、衡水和聊城也都與其相差甚遠。臨清那時唯一欠缺的是不通火車。

臨清和周邊那些小城市的區別，還在於它擁有相當數量完全城市化了的市民。市民和鄉民有著明顯的差別，以至於周圍幾個縣域的人，都稱臨清人為猴。

猴者，高級靈長類動物，頭腦聰明，肢體靈活，動作迅速敏捷，鬧起來也非同凡響，定將地覆天翻也。把臨清人說成猴，是褒揚也含貶低之意。

有一個故事說一司機駕車路過臨清，朝路邊賣炒花生的女孩子問：

「喂！多少錢一斤？」

「一塊錢一斤。」

「來二斤！可要給夠秤哦！」司機並不下車，端坐在駕駛樓裏朝女孩子吆喝。

賣花生的女孩把秤桿往上一撅，喊了一聲：

「二斤，高高的。」

司機接過了花生，立即發動了汽車。汽車開動後，從窗口扔出來一塊錢。

女孩揀起，看是一斤的錢，忙喊道：

「哎，哎！那是二斤！」

司機已把車開出去很遠，回頭說：

「你自個清楚，沒少給你錢！」

女孩無奈地望著汽車的後影，狠狠說道：

「娘了個B，也沒有便宜了你個舅子！」

這個故事說的是臨清人商賈氣重，缺斤短兩習以為常。光亮的包裝裏往往攙雜些虛假。

還有一個故事，發生在臨清有四五千個職工的棉紡織廠。中午開飯的時候，黨委書記和工人一起排隊買飯。輪到書記的時候，炊事員的勺子自然要偏一偏，碗裏的肉會多一些，起碼一起排隊的工人們是這樣認為。排在書記後面的那個工人，伸手把書記碗裏的菜倒在了自己的飯盒裏，對炊事員說道：

「你再給張書記另打一份。」

這個故事也許只能發生在臨清。臨清人不懼官勢權威，具有追求平等追求公平的平民意識。

因為城市化，臨清人不欺生，不排外。你只要尊重臨清的傳統和規則，不管你來自哪裏，你都可以很快地融入市民的群體，而不會受到地域觀念的排斥。

因為城市化，臨清人對人熱情。賣菜的老頭，可以稱買菜的小姑娘為「大姑」。早晨，你走在街上，會有許多並不十分熟悉的人，和藹而真摯地向你問候。你可以很容易地在這個城市結交親密的朋友，並且隨時能夠得到這個朋友的幫助。不過你也要提高警惕，臨清的朋友，隨時都可能反目為仇。臨清的朋友如果要報復你，一定會撓你個遍體鱗傷。

古運河水陸碼頭，早年繁華的城鎮，官宦走卒，商賈遊客，天南海北的人口雜居交流，致使臨清的方言與周圍地域的口語有了很大的差別：

臨清人稱母親為「娘」，平聲；

稱父親為「大大」，兩字都是平聲；

稱伯父為「大爺」；

稱兒子為「小」；女兒為「妮」，必須兒化韻；

「夥計」的稱呼很通用，相當於革命陣營內的「同志」，其他地域的「哥們、兄弟」；

說壞或不好是「孬」；進而引申說壞蛋或調皮搗蛋的人是「孬小」；若在家行二且調皮，家長或鄰居從小便會給他起一個外號叫「二孬」。因此，臨清有許許多多的「二孬」。

說舒服是「滋」；非常舒服是「剛滋了」。大概來源於「滋潤」一詞；

說滿足是「得」（音：Dei，平聲），大概來源於「得意」一詞；非常滿足是「剛得了」；

「剛」（Gang，去聲）做非常、很、太的意思，經常使用，除「剛滋了」「剛得了」還有「剛好了」，「剛壞了」，「剛笨了」，「剛嚇人了」等；

和「剛」相近，做「非常、很、太」使用的副詞是「忒」，（發音為Tei，平聲），使用率也很高，如「你忒不拿自己當外人啦！」；

說很多是「老些」；

說顯擺自己，華而不實是「窮腚」；

說撒謊是「扒瞎」；

說笨蛋是「瞎包」；

說嬌慣不擔事或辦事很懸是「老血」（發音Xie，平聲，還要非常兒化韻）；

說猶豫不決是「二乎」；

說從前是「先可」或「起先」；

說差勁或失誤是「疵毛」；

說笨、窩囊或沒本事是「膗」，音(Chuai)；

說害臊、丟人、不好意思是「剛磣了」，可能來源於「寒磣」一詞；

說擺架子擺譜為「拿糖」，「糖」字或應該為「堂」；

說無理辨三分是「嬲絞」，音（Niao Jiao）；

說裝傻扮嫩為「癲憨」；

說嬌貴嗲巧為「張咪」，具體到人則是「張咪花」：

說死腦筋不開竅是「悶禁」；

說軟弱的人是「孫頭」；

說沒有品位，流裏流氣是「下三」。大概來源於「下三濫」；

說被鄙視、斥責、辱罵的人是「舅子」，類似於普通話裏使用小子、傢伙等稱謂；

說莽撞或愣頭青是「拼」；

說「是什麼？」為「麼個？」；「做什麼？」是「做（音Zou）麼？」

說「那東西，那玩意兒」是「那黃子」；

說某件東西或某個人不怎麼樣是「那熊黃子」；

說突然是「冒不丁的」；

不贊成對方的意見時說：「那才離來！」；

表示厭惡時說「煩病」；

說教唆、戳弄為「戳壞」；

一般的壞人可以稱之為「皇協」，大概來源自日本鬼子時期的「皇協軍」；

壞人的另一個稱謂是「老辦（不一定是這個字，同音，去聲）」；來源或許是妓院的老鴇，或許不是。

說土匪強盜是「老鈌」；來源無考；

稱喜歡惹事生非的人為「罪爺」，幾乎每個比較大的工廠裏，都有一個或幾個青年工人的外號叫「罪爺」；

稱外行或沒有見識的人為「老趕」。城裏的人譏笑農村的人為「鄉下老趕」，「趕」或為「桿」；

稱小偷、扒手為「笑律」；諧音，來源無考；

罵人或起誓：說「王八的孫子」，與河南人說的「龜孫」，四川人說的「龜兒子」相同，但沒有中原人簡潔，比巴蜀人通俗且有深度；

說事情辦砸了是「瓦鼓」了；

說喜歡、欣賞是「待見」；

說正好是「嚴準」或「嚴巧」；

說邋遢為「來呆」，說邋邋遢遢是「來裏來呆」；「不來呆」或「來裏個呆」則是不簡單的意思。

說外行是「二五眼」；

說生養繁殖為「將」；詞典中對此字有這樣的解釋；

稱兩性人為「二尾（音Yi）子；詞典：尾字發yi音時，特指馬尾巴上的毛或昆蟲尾部的針狀物。看來通俗的「二尾子」稱謂，還頗有文化淵源和歷史淵源。

稱屁股為「腚」。肛門為「腚眼」。臨清某一露天廁所的牆上有大字警示語：「拉到外邊爛腚眼」；

稱巴結拍馬屁的行為是「舔腚」，比拍馬屁更形象，更敬業。更通俗的說法是「舔腚眼子」，這一句簡直可以被當作臨清俗語的代表作；

稱童養媳為「團圓媳婦」；

稱南方人為「蠻子」；

稱外地口音的人為「侉子」。我到臨清的最初幾年，經常被人稱為「小侉子」。我父母在臨清幾十年，口音一直是「侉」的；

稱女婿是岳父家的「貴客（音Qie）」；

稱冰雹為「冷子」；

稱花生為「落（音Lao）生」；

稱油條為「麻糖」；

稱水果糖、塊糖為「梨膏」。好像老北京城的人也這樣稱謂；

稱糖葫蘆為「糖墩」。天津人也是這樣稱謂；

醋的別稱為「忌諱」；

稱用鞭子抽著在地上旋轉的陀螺為「打不改」；

稱氣球為「洋茄子」；

稱楊樹的花為「楊八狗」；

稱豬為「嘮嘮」；

稱麻雀為「家雀兒（音Qiao），帶兒化韻）」。也稱為「老趙」，來源無考；

稱蜻蜓為「老號」；

稱蟋蟀為「蘇震」，疑為由「促織」而來；

稱蟬為「唧牛」，蟬蛹為「唧牛爬」，疑為由「知了」而來；

稱蟈蟈為「乖子」；

稱蝙蝠為「夜馬虎」；

稱青蛙為「外子」。諧音，一般字庫裏無法找到更合適的字；

稱鵝卵石為「老鴰枕頭」；

說異性間的性行為為「調棒」，一般指狗在光天化日下的生理活動，有時也引申到人或其他動物。「調棒」二字係諧音，聲調準確，用「吊膀」可能更容易理解其出處，但音調不符；

現在還生活在臨清或曾經生活在臨清的人對這些鄉音俚語可能會有一種親切的感覺。臨清的一些口語以及城內的地名在古代文學名著《金瓶梅》中多次被使用，因此有專家考證說是《金瓶梅》的作者曾經旅居臨清，並以臨清的市井生活為背景而寫作成書。先不說這樣的考證是否可靠，就《金瓶梅》書中描寫的內容而言，不知道臨清人是應該為此而自豪，還是因之而羞愧。

正因為臨清商業的繁華，河北省酒業專賣公司在這個縣級城市設立了一個只有中等城市才有的營業部，我的父親才得以被分配到臨清。那時候，臨清對於我父親——一個來自保定鄉下不滿二十歲的年輕人，是一個既遙遠而又陌生的地方。

臨清瀕臨的衛運河，其上游就是發源於山西東南部的漳河。五百多年前，我們臧姓的祖先曾經生活的沁州，就在漳河的上游。在我們家族的遷徙史上，這也許是一個巧合。

臨清一九五二年十二月之前，隸屬河北省邯鄲專署；之後劃歸山東，先後隸屬於德州專署和聊城專屬；一九五四年設市，縣市兩機構同時存在；一九五八年縣市合並為臨清市；一九六三年撤市復縣，直至八十年代縣又改為了市。下文中敘述的事涉及臨清的稱謂或縣或市，涉及臨清領導機構或縣委或市委，或縣政府或市政府，因時間不同而稱謂不同，其實所指卻是一相同的實體，文章中與時俱進，不再另行說明。

三十一、徒步到臨清

上一章說到，我父親在一九五一年三月中旬的某天，身背行囊離開劉口村，在保定坐上南行的火車。下午，火車到達石家莊，住店打尖不必細表。第二天，父親買了去德州的票，登上了東去的火車。上車不久，坐在父親對面的一個男子與父親攀談起來。那男子有三十多歲，是一個經常坐火車走南闖北的商人。他知道了父親要到德州換乘汽車去臨清，就告訴父親說這樣走是錯誤的。說著還在紙上畫了一幅簡單的地圖：喏，前面不遠是衡水，臨清在衡水的正南，德州在衡水的東邊，從德州去臨清明顯饒了路，不如從衡水直接去近便。再說德州隸屬山東，你繞路去那裏都出河北省了。父親覺得那商人說的有理。火車停靠衡水站時，父親扛著行李就提前下了車。這一下車可就走了許多彎路，遇到許多周折，也費了許多氣力。

父親到衡水汽車站一問，並沒有去臨清的汽車，距臨清最近的去處是威縣。從衡水去威縣，途徑冀縣和南宮，汽車還是燒木炭的那種，公路是低窪不平塵土飛揚的土路，一路走走停停，天黑以後才到威縣。

第二天早晨，父親到了威縣汽車站，清點自己的盤纏，從酒業專賣公司領取的十元五角派遣費，連同路過保定時劉康舅爺給他的一元錢，花得只剩下了幾張零幣，已經不夠去臨清的汽車票錢。父親問清楚威縣到臨清的路程是九十華里，買了幾個燒餅，扛著行李捲就上了路。

雖然都處在華北平原，都是一馬平川的田野，從威縣到臨清的土地卻沒有保定附近的肥沃，田邊路埂泛出一層白色鹽鹼。氣候也比保定溫暖，身帔棉袍快步行走的父親，直熱得汗流浹背。春日裏白天長，父親徒步走到臨清，走過衛運河上的木橋時，太陽還沒有落下。

從運河大堤上俯瞰臨清城區，瓦頂的房屋和曲曲彎彎的街道連成一片，城區的面積比父親預先想像的要大。河堤下來便是繁華的街道，街道的兩側是各種各樣的商店。商店的門面都是一排排活動的木板，白天可以分解拆卸，晚上再逐個安裝的那種。城市中心的青碗市口，四周街道上空都覆蓋著頂棚，附近繁華的程度甚至超過了保定市中心的城隍廟一帶。這時，父親的口袋裏，還剩下四角錢，就傾囊買了一條新毛巾。

酒業專賣公司營業部就在青碗市口東邊的考棚街，朝南的大門，一起從保定分配來的丁若一時夢松諸人早已報到上班。父親幾經拖延輾轉，自然是最遲到達的一個。營業部人員的著裝幾乎都是制服布帽，父親身穿棉袍，禿頭包著毛巾，全副農民的穿戴，讓那些即將成為同事的人不由得陣陣私語。

父親的第一個份工作是出納，前三個月見習，管飯，每月三元零花錢；從第四個月起，每月一百六十五斤小米，每斤折價大約一角二分錢，具體精準價格，以《河北日報》每月月中公佈的數據為準，就如今下的外匯行情一般。

天氣漸漸暖和，身上的棉袍已無法再穿下去。上班後不久，父親就借錢買布做了一套制服，包在頭上的毛巾也自動下崗。從此，父親開始了在城市裏的工作和生活。

父親到臨清後，給祖父的前兩封信，祖父都沒有回。祖父對父親離家外出工作的事依舊耿耿於懷。麥收時節，父親借貸給祖父寄了十元錢；中秋、春節接二連三填寫匯款單，自然都來自父親的節儉。

一九五二年十一月，行政區劃調整，臨清從河北劃歸山東省。酒業專賣事業公司改名為煙酒專賣公司，既經營酒類，也經營煙草。

一九五三年春天，父親加入了中國共產黨。填寫入黨志願書時，父親如實地填寫了有關自己和家庭的一切。上中農的家庭出身和我外祖父家的地主成分，都沒有給他造成很大的阻力和麻煩。大概那時階級鬥爭的弦還沒有繃得像後來那樣緊。

父親以後幾十年的經歷，沒有多少驚濤駭浪，也有一些風風雨雨。如果由父親自述經歷與感受，肯定也可以寫出許多文字。但那不是這本書的內容，我要回憶記述的是積存在我腦海裏的沉澱，是我看到的風景和我欣賞風景的心情。好在父親離開劉口村到臨清工作後我也不停地成長發育，漸漸能夠觀察世界，評判世界，形成自己的記憶能力了。

三十二、下堡寺

父親回劉口村接我和母親的時間在一九五三年夏天的麥收之後。第一次走出家門，第一次坐火車，第一次坐汽車的感受不管我後來如何使勁地想，怎麼也回憶不起來了。我母親也是第一次離開劉口村，甚至是第一次進保定城，一路上自然也充滿了新奇。父親帶著我們沒有再錯誤地從衡水下火車重走他當年的錯路彎路。從德州到臨清的公路雖然也是黃土路面，卻也平坦通暢。初夏的田野上是一片碧綠的景色，我們一家三口人的心情也都充滿興奮和舒暢。

汽車快到臨清縣城的時候，父親好像突然想起來什麼。他問母親說：

「你連個名字也沒有，我怎麼向同志們介紹你呀？我總不能告訴大家，說你叫老夠爾吧？」

這可真是個重要的問題。母親想了一會兒說：

「你就向別人介紹說我叫趙俊蘭吧。」

俊，是我大姨的小名。母親在俊字之後加了一個蘭字。二十五歲的母親，從此有了自己正式的名字：趙俊蘭。

臨清並沒有以應有的熱情歡迎我和母親。到達臨清的當天，父親就知道了自己要被調離的消息。

我可不計較也不擔憂這些，到了一個陌生的地方，好奇的我只知道跑來跑去地玩耍。專賣公司的院子原是一座寺廟，大殿改做的倉庫裏排滿了比人還高的大缸，缸裏盛滿了白酒，到處都彌漫著濃烈的燒酒氣味。倉庫裏還有許多香煙，一箱一箱摞到房樑那麼高。最讓我感到新奇的是後院有一座兩層的房子，可以沿著用磚壘成的梯子一步一步爬到上面的一層。上面的那層地面是木板鋪成的。大人們告訴我，這樣的兩層房子叫樓。

一九五三年冬天，我與父親母親。

父親既然已經奉命調動，母親就取消了安家做飯過日子的計劃，匆匆地在一位慈伯伯家吃了幾天飯，我們就隨父親赴任離開了臨清城。

下堡寺是臨清最西邊的一個鄉鎮，距離臨清三十多公里。煙酒專賣公司在下堡寺設有一個分理部。分理部原來的主任和副主任在「三反五反」運動中都被抓了「老虎」，關進了監獄。父親調動到下堡寺，擔任副主任兼會計。也算是被提拔重用。

下堡寺的「堡」當地人的發音是「Po」，與坡字同。周圍的農民多種棉花，商業比其他的鄉鎮要發達，貫穿下堡寺村的南北街道，有許多木板門的商鋪。

我們一家三口去下堡寺，除了幾件衣服兩床被褥之外，可以說是無家可搬。到下堡寺後，我們住在了大山家。

大山是一個十七歲的小夥子。他的父親腿有些殘疾，經常趕著牛車去地裏幹活；他的母親個子不高，做飯的時候彎腰低頭用力吹灶堂裏的火，炊煙熏得她眼睛直流淚。大山家的院子很大，我們就住在他家的西屋裏，屋裏有一盤火炕，牆上掛著各種農具。

父親決定讓母親去上學。學校離大山家不遠，一排平房，朝南的大門。母親過去沒有讀過一天書，上學後卻直接插班到三年級。一開始母親學習很吃力，不久就成了班裏功課最好的學生。下堡寺雖是一個大鄉鎮，小學卻不十分正規，學生也不很多，三年級和四年級竟在一個教室裏學習。幾個月後，母親一邊學習三年級的課程，一邊借閱四年級同學的課本，自己的作業做完了，還能幫助四年級的同學做作業。母親的同學年齡參差不齊，有的不到十歲；有的接近二十，我母親的年齡大最大，更沒有像我母親這樣帶著孩子上學的，所以我母親學習好也是應該的。母親上課的時候，我就一個人在教室的周圍玩。

學校的房子不多，院子卻不小。學校的門外是一個池塘，池塘裏長著蘆葦，常有三五隻鴨子在水面上晃來晃去，我經常坐在池塘邊看鴨子晃水。其他的玩耍不外乎觀螞蟻上樹，看螞蚱跳躍之類的內容。

母親坐在教室裏上課，還要時刻關注著屋子外面的我，一有緊急情況馬上跑出來救應。記憶最深刻的情節是母親正在上課，我一個人大便時突然發生了問題。這樣的生理行為我原本已經學會了自己處理，只因我在觀看自己的排泄物時發現了一根還在蠕動的蛔蟲。九魂出殼的我哇地一聲哭號著從糞坑邊竄到教室門口。母親聽到了我的哭聲急忙跑了出來。和她一起跑出來的還有她的男同學和女同學們。大家鬧請了原委後，圍著半裸體的我拍著巴掌哈哈大笑，笑得我很是無地自容。

到了冬季，天冷日短，母親去上學，我一個人偎在被窩裏睡懶覺。大山娘燒火做飯時，在灶坑裏埋上一塊山芋，我睡醒後不出被窩就可以享受到熱氣騰騰的美味。

後來，我們搬到了一戶開茶館的人家。那家姓王，有一個男孩子叫寶玉，比大山家要乾淨整潔一些。下堡寺有一個戲院，在村子的西面，是半露天的那種，凳子是手掌寬的木板，照明用的是汽燈。父母帶我去看戲，我喜歡看咣咣地敲鑼鼓的武打，待到咿咿呀呀清唱時，我八成會睡倒在母親懷裏，等到鑼鼓又響起來，我就再醒來看一會。有時一直睡到散場，父親把我抱回家。第二天早晨，父親咣咣地模仿敲打鑼鼓的聲音，我就會馬上醒過來抬頭尋找戲臺。

還經常有走江湖的馬戲班子到下堡寺演出。一個遠道來的馬戲班，不僅有老虎和狗熊，還有一個侏儒。那侏儒身高不到二尺，長著白白的鬍子，說是五十歲或七十歲了，會翻跟頭，會敲梆子，還會發出嗷嗷的聲音，好似說話，又像是嚎叫。表演完了，侏儒就拿著個笸子向觀眾要錢，如果不給，他就舉手行禮或鞠躬，直到觀眾給錢。侏儒坐在地上時，膝蓋像猴子一樣貼近腹部，雙臂縮在胸前，整個形狀像一隻罈子。所以有人解釋說，那侏儒小的時候被人販子從人家偷來賣到馬戲班子裏。馬戲班子的人把孩子放到了罈子裏養活，不讓他成長發育，很多年後，再把罈子敲碎，就成了現在的樣子。還有人逼真地想像說，那罈子的下方要留一個洞，侏儒才能夠排泄。

我覺得那侏儒實在地可憐，便問母親：

「他沒有爸爸和媽媽嗎？」

母親沒有正面回答，而是嚇唬我說：

「你不聽話，也把你放到罈子裏！」

嚇得我不寒而慄。那些天，我盡力地唯唯諾諾做聽話狀，看見王寶玉家的罈子罐子，也會恐懼地躲開。

對於下堡寺的印象，我的記憶裏就留下了這麼多，觀察世界的許多基本概念，比如：東西南北的方位，男女性別的區分，冬夏春秋的變化，甚至貓、狗、鴨子、牛、老虎等動物的形象，好像都是在下堡寺居住時開始清晰的。

我和母親在下堡寺住了不到一年。母親上學的時間是一個多學期。母親不再是睜眼的瞎子，認識了常用的漢字，可以書寫閱讀簡單的信件，可以進行加減乘除四則運算。母親開始學習文化時的年齡大，又是速成，所以她寫字時常缺少筆劃，也多用白字。以後，母親的履歷表上填寫的文化程度是小學。

教過我母親的有一個叫黨耕祥的老師，年齡比我母親還小幾歲。多年以後，黨老師一直是我們家的朋友，我母親遇到他，總是稱呼其為黨老師。

三十三、又回劉口村

一九五四年五月，小麥灌漿豌豆吐鬚的季節，我和母親又回到了劉口村。從保定下了火車，步行到劉爺廟碼頭，就有下行去白洋淀方向的貨船。和行船的師傅說一聲，不用買票就可搭載。船行駛在府河的河道，船夫用槁輕輕點著河岸，不時地和岸邊扳罾的人呼喊著問候。我坐在船的甲板上，碧綠的柳枝迎面拂來。魚兒在水裏游動，劃出一個個水漩。曬太陽的老鱉骨碌碌滾進水裏。

府河的河道彎彎曲曲，水流也不湍急，船走了半日才到劉口村村南。我們下船的岸邊支著一個窩鋪，那是常年駐守河邊擺渡過往行人艄公的營盤。艄公也姓臧，我們只知道他的兒子叫虎爾。虎爾他爹熱情地和母親打招呼，讓我們有一種到家了的感覺。

沿田埂朝村裏走了不遠，正好遇到了我的大爺爺在地裏幹活。大爺爺為我摘了許多嫩豌豆莢，用他的草帽盛著。我們三個一起往家走，凡是遇到的人，都笑呵呵地和母親和大爺爺說話，到家了的感覺更加濃重。

我夏天隨母親回劉口老家一直住到來年的初冬。一年多裏我記憶比較深刻的有四件事，分頭記述之：

第一件事是壓轎。一九五四年秋天，大爺爺家十六歲的全清叔叔結婚，讓我擔任了壓轎的角色。劉口村的風俗，迎親的花轎往新娘家去抬新娘時不能空著，裏面要坐一個長相端莊的男童。我無疑是最合適的人選。全清叔迎親那天，天氣晴朗，花轎從我們的小四合院起身，按照大人們的吩咐，我換上新衣服坐進了花轎。吹打的樂器引領著花轎沿小胡同南行，然後往東拐進大胡同裏。花轎走到小胡同南頭時，看熱鬧的人聲鼎沸。花轎的前面有門簾遮擋，小窗戶也掩著紅色的布簾。我用手掀布簾，想看看外面的景象，就有人高聲喊道：

「壓轎的小人往外瞧哩！」

我趕緊放下了小窗簾。

神氣得意的我還沒有過足癮，花轎已經到達迎接新娘的地方。全清叔娶的新媳婦，家是漕河北面的崔家迪城村。頭一天就把我的新嬸子從迪城接到了劉口村，臨時歇腳於大胡同路東的一戶人家。迎親這天，就省去了轎夫們的許多氣力，也縮短了我在花轎裏面美滋滋的享受。

大胡同那家雖是臨時扮演我新嬸子的娘家，卻也假戲真做，儀式的程序一絲不苟。迎我進屋後，有人把我抱到火炕的中間。再有人獻上茶水和點心，我吃一口點心喝一口茶水。一些女子在炕沿邊圍著我說笑，我繼續嚴肅地演繹著我的角色。我原本認為完成自己的職責後，還會美滋滋地坐著花轎回我們的小四合院。沒想到就在我喝茶水吃點心的時候，花轎已經抬著我的新嬸子走了。我被人領著抄近路走蘭家胡同回的家，我為自己沒有繼續享受主角的待遇而有些失望。

第二件事是我當上了哥哥。一九五四年冬至那天晚上，我打瞌睡要睡覺的時候，大奶奶非要帶我去她家的北屋睡，我堅持要與往常一樣睡在母親的炕上，談判的結果是祖母給了我一大塊紅糖。我全然不顧及保護牙齒，不僅美美地吃了紅糖，還喝了一碗紅糖水，然後甜蜜蜜地睡著了。第二天早晨我醒來後，就聽見母親住的東屋裏有嬰兒啼哭的聲音。我有了一個弟弟。迎接我弟弟到人間的是一個外號叫「大腳鳳」的鄉村女醫生。

二弟出生後，祖父為他起名叫寶昌。在知道二弟的名字之前，我二姨夫臧郡英為二弟設想的名字也是這兩個字。他和我祖父不謀而合的原因是什麼呢？大概因為「興」「昌」是近意字；也許哪裏有一個叫「興昌」的商號，共同為他們倆熟悉。我對此一直有疑問，卻從來沒有當面問過他們。

第三件事是和我一塊兒玩的小夥伴溺水身亡了。我們小四合院裏的人稱西鄰臧瑞祥家為「西院裏的」；稱小胡同南頭臧瑞來家的後代為「南院裏的」；小四合院北面隔著路和一眼水井的鄰居是臧春瑞家。臧春瑞家是和「進德堂」血緣關係最近的另一個家族，他的祖父臧貫義和我的高祖臧貫和應當是同胞弟兄，最遠也是叔伯弟兄。小四合院裏的人稱臧春瑞家族為「北院裏的」既是方位概念，也有血緣親疏的含意。

臧春瑞的長子臧克忠，小名登科。登科堂伯父夫妻倆早先生育了五個兒子，都沒有成活，直到四十多歲時才養活成一個，名井爾。取名的創意或許是來自家門口的水井。小井爾比我大一歲或半歲，個子比我高，也比我聰明，很招人喜愛，登科堂伯父夫妻倆自是視其為掌上明珠。

登科堂伯父家的北面和西面都是池塘。池塘和村裏最大被叫做「遙汪坑」的池塘以及蘆葦淀都相通。登科堂伯父家沒有院牆，院子的一側就是水，水裏有魚，有菱角。水是院子的一部分，院子既是港灣，也是養魚池，船就泊在院子裏，捕到的魚就放養在固定於水中的簍子中。划船去打魚，運送莊稼蘆葦之類的重物都很方便。白洋淀周圍的人家多是這樣進進出出的，劉口村也有許多家這樣的臨水宅院。

那年夏天，小井爾是我的玩伴。論輩份，小井爾算是我的族兄。一塊兒玩的其他小朋友，至今還記得的是一個與我同歲，小名叫寒磣的。寒磣的父親聲爾與我同輩，寒磣應該算是我的族侄。族侄寒磣粗壯，臉長，皮膚比較黑，愛笑，笑時露出很白的牙齒；族兄小井爾俊俏，後腦勺上留了一個小辮子。我們仨一塊兒玩耍，小井爾的表現明顯比我和寒磣敏捷機靈。

一天，我們三個小朋友一起玩到中午，我奶奶把我領回家吃飯。小井爾也回家了，他的姐姐還在忙著擀麵條，準備午飯。小井爾自己到院子裏玩，拿了一隻鐵絲耙子，上到泊在池塘岸邊的小船上，想用耙子撈水裏的菱角，接著悲劇就發生了。等小井爾的姐姐下好了麵條到院子裏找小井爾去吃飯的時候，小井爾已經漂在水面上了。

整個下午，北院裏傳來一陣陣嚎啕哭聲。大人們把我關在家裏不讓我出去。很多天後也不讓我到北院裏去玩，大人們說，小井爾的媽如果看見我，心裏會很難受。

第四件事是我去外祖父的瓜園。北劉口村北的漕河兩岸是沙地，種小麥地力不足，卻適宜種瓜。漕河北岸靠近河床，有一塊土改後分給外祖父的薄地。我和母親回劉口的第二年，外祖父在那塊地裏種上了瓜，有甜瓜，有菜瓜，還有香瓜。香瓜是那種氣味好聞不好吃的那種，放到屋子裏很多天都可以聞到香香的氣味。外祖父在瓜地裏搭了一架窩棚，晚上住在瓜地裏看瓜。

外祖父和外祖母很疼愛我，我成了經常住姥姥家的「切」（劉口的方言：客人的意思，發音為：Qie，三聲。白字）。再說我已經當上了哥哥，離開母親的時間自然應當多起來。

那年夏天，我經常去外祖父的瓜園。每次去，外祖父都給我摘幾個最好的瓜。看著我吃瓜，外祖父呵呵地笑著。外祖父六十歲牙就掉光了，笑起來眼睛眯成一條線，癟癟的嘴唇合不攏。我提出來晚上和外祖父一起在窩棚裏睡，外祖父用粗糙的手摸著我光滑的脊背說：

「你的肉這麼嫩，蚊子還不把你給吃嘍。」

瓜田時光是我對外祖父唯一的記憶。那年離開劉口村後，我就再沒有見過外祖父。一九五九年一月，他因為饑餓造成的營養不良而離世。

三十四、紙馬巷

劉口村到保定是二十公里；保定到臨清大約四百公里，路途不遠，卻要輾轉騰挪頗費周折。劉口村有我們割不斷的情懷，我們家的人註定要沿著這個路線往返奔波。年邁孤獨的外祖母牽掛著母親的心，跑的最勤的是我母親。母親究竟奔波了多少次？沒有確切詳盡的記錄，少說也有五十個往返。我和弟弟都說她是積極地為國家的鐵路建設做貢獻。

為了節省路費，母親和我們乘火車多數坐慢車。慢車常常要在石家莊轉車換乘；為了省錢，不管夏炎冬寒風雨霜雪，母親沒有住宿過一次旅館，幾乎都是在車站候車室的椅子上過夜。路途吃的食物也多是自帶。

我記憶中的第一次奔波是一九五五年初冬。母親帶著我和不滿一歲的弟弟寶昌從劉口村回臨清。祖父正擔任村裏的會計，他讓大爺爺專程護送我們。到了保定火車站，母親對大爺爺說：

「您來回跑兩趟，又耽誤功夫又花錢。你送納們上了車，我個人帶著他們倆也行嘍。」

大爺爺聽從了母親的意見，送我們上了火車，他就回劉口村了。

火車到邢臺時，天已經黑了。母親把行李背在身上，一隻手抱著弟弟，一隻手領著我，一邊走一邊問路，拖拖拉拉到了邢臺汽車站。那時邢臺的汽車站只是幾間平房，房頂的瓦片缺三少四，從屋裏可以看到天空的星星。汽車站早已下班，沒有一個旅客，也沒有一個值班的人，只有一盞昏暗的電燈和幾條木板搭成的凳子。

母親一個年輕的女子帶了兩個幼小的男童，孤單單地待在這樣一個僻靜陌生的地方，危險得讓人膽怯。母親領我們走到附近一家飯館，買了一碗帶湯的麵條，吃著自帶的烙餅，盡量拖延著吃飯的時間。

吃完了飯回到汽車站，簡陋的候車室裏有了一個旅客，是一個五十多歲的大娘。大娘看見我們和遇到了親人一樣，原來她也是早就來到了汽車站，一個人不敢停留，已經出來進去了好幾趟。這樣我們大小四個人，雖然都是弱小的個體，湊到一起也有人多勢眾的感覺，起碼不再那麼孤單。

我與二弟。（攝於一九五六年春天）

大娘身體胖胖的，面容很慈祥，頭上包著一條白毛巾。她的行李是兩個包袱，一個包袱裏是被子，她拿出來給我們禦寒。初冬的夜晚，簡陋的候車室裏寒氣襲人。大娘還從另一個包袱裏拿出來好多炒熟的南瓜子。母親和大娘吃著瓜子說話聊天。我和弟弟偎在大娘的被子裏睡覺。許多年後，母親還時常念念不忘地提起在邢臺汽車站萍水相逢的那個大娘。

母親帶著我和二弟回到臨清的時候，父親已經從下堡寺調回了臨清。我們在距離煙酒專賣公司不遠的紙馬巷租了一間房。

紙馬巷位於臨清城的中心部位，行政名號是福德街，是與考棚街垂直的一條南北巷子，以兩端各有一個城樓式的亭橋而著稱於臨清城。臨清人管那亭橋叫做「皋」，還說「皋」是明朝遺留下來的建築，是過去縣衙的一部分，雖然看不出「皋」具有什麼縣衙的功能。在臨清城裏只要說在「皋」裏頭住，就都知道你是紙馬巷的居民了。

紙馬巷的中間還連著兩條更小的東西向胡同：往西通鍋市街的胡同叫耳朵眼，兩頭狹窄中間寬闊並且曲裏拐彎的形狀；往東的胡同叫許家串廳，比耳朵眼長，拐的彎一點也不比耳朵眼少，一直走下去可以到達雞市口。

從紙馬巷拐進許家串廳，路北有一個小院。院子裏有南屋一間，北屋、東屋和西屋各三間，除了西屋是全磚帶抱廈的瓦屋，其他都是半磚半坯的平頂房。北屋的住戶姓花，房子只有窗戶沒有門。其實它是北院的南屋，只在這邊採光，不在這邊出入；西屋的主人是濟美醬園一個姓龔的職員，租給了煙酒專賣公司的老楊，楊家的人不常住。

我們家租住的是那間南屋，背陰，漏雨，沒有窗子，黃泥牆，靠近廁所。幾乎住房所有的缺陷它都具備，唯一的優點是房租便宜。這間房子就是我們的第一個家。把父親在單位的單人床抬來，旁邊再幫上一塊木板就成了我們一家四口睡覺的臥榻。其他的傢俱就是兩個包裝箱：一個包香煙的紙箱做衣櫃，一隻裝酒罈子的木條箱做飯桌。全部家當還包括用磚壘的煤火爐子，一隻鐵鍋，和幾副碗筷。

東屋的人家姓秦，是老住戶，所以街坊都稱這個院落叫秦家院，整個院裏常住的其實就秦家和我們兩戶人家。秦家夫婦有四個孩子，一個男孩叫連群，比我大兩歲。連群的姐姐叫桂英；連群的妹妹叫小鳳，小鳳比我小一歲。小鳳後來因為誤食野生的曼陀羅而夭亡。秦家的男人身體也不好，大概沒有什麼正式的工作，有了錢，就買點豬下貨，喝點小酒，沒有錢全家只能挨餓。有時中午一家人沒有飯吃，直等到傍晚外出幹活的男人帶錢回來，趕緊派孩子去買幾斤麵子（苞米麵）回來蒸窩頭吃。秦家的日子過得很市民，絕對城市貧民的生活。

連群的奶奶有六十多歲，我們都稱呼她為秦奶奶。秦奶奶是一個很了不起的女人，她二十八歲守寡，連群的父親是秦奶奶的養子，秦奶奶一個人把連群的父親養育成人，才有了他們這一大家子人。秦家的人對秦奶奶很好，只是因為貧困，就很難滿足老人的一些基本需求了。秦奶奶患有嚴重的呼吸道疾病。天氣一冷就哮喘，氣管呼嚕呼嚕地，不停地吐痰。

一年後，父親的楊同事家搬走了，我們換到了西屋去住。傳說那屋裏曾經死過人，對晦氣的說法父母不大在乎。三間屋子，裏間做房東的倉庫，放置了一些木材家什。我們住外面的兩間。一九五七年十二月，我的三弟寶華就出生在這兩間屋子裏。寶華的名字是父親給起的，比我和二弟的名字有時代感，也多了一些氣概。

臨清的風俗，嬰兒多睡在沙土布袋裏面：把乾燥的細沙土加熱到體溫，裝入一個有三個口的布袋，嬰兒靜臥其中，腦袋從大口露出，兩個小口露出雙手，大小便盡在沙土之中。考證這風俗流行的原因：

一、臨清地處黃河故道，精細的沙土唾手可得；

二、沙土布袋代替尿布，成本低廉，替換清理簡單方便；

三、嬰兒的身體在沙土裏腿腳蹬動自如；

四、有沉重的沙土束縛，大人儘管放心離開去忙自己事情，嬰兒怎樣掙扎啼哭，也不會掉下床來。

既然有這許多好處，父母決定讓三弟試一試。我陪父親去北大窪用地排車拉回家一車細沙土，在同院秦奶奶的指導下，用籮篩去雜物，放沙土於鐵器裏加熱到手溫。小弟弟裸體躺進沙土裏，盡情地蹬腿扭動。為了保持沙土的溫度，母親在布袋的周圍放置了燙壺和熱玻璃瓶，全部的設施用棉被蒙上，小弟如同安置在一個堡壘中，只露著一個小腦袋。

隨後的日子，逐漸發現了這種育兒方法的弊端：小弟弟固定於沙土布袋中，只能一個姿勢仰臥著。最初尚且可以，幾個月後，小弟弟逐漸長大，一天到晚仰臥不動簡直就是受刑。拉到家裏的沙土沒有用完，母親就決定放棄這古老的育嬰方法。

後來我繼續考證：沙土布袋的使用，不僅局限在臨清周圍，魯西冀南豫北黃河故道的廣大區域，都流行這種古老而節儉的風俗。我後來認識一些男子，頭顱背面的後腦勺不是碩圓的形狀，而是平平地若一隻木鏟，那都是嬰兒期長時間睡沙土布袋的後遺症。腦殼都睡變了形，身體的其他部位所受的傷害可想而知。相比之下，我的三弟算是幸運。

我們家租住的西屋，房東姓龔。龔先生五十歲左右，家在農村，從小一個人在臨清城裏學買賣，大半生的努力小有積蓄，成了濟美醬園的股東，還在城裏有了兩處房產。公私合營以後，龔先生失去了股東身份，在濟美醬園的一個門市站櫃臺作售貨員。兩處房產自己不住出租給別人，多少有些收入。我們家住他的兩間西屋，每月的租金是三元錢，聊勝於無而已。後來政府不允許私房出租，還要把他出租的房子沒收充公，龔先生大半生的心血遺失殆盡，還落了一個小業主的壞成分，就悲憤地投河自盡了。母親聽到了這個消息以後，也流出了眼淚。這個悲劇發生的時間大約是一九五七年底或一九五八年初。

我們家騰出的南屋，搬進一戶姓朱的人家。朱家有三四個孩子，傢俱也比我們家多，擠在一間小屋裏，很擁擠。朱先生五十多歲，謝頂，瘦，頭和臉卻光亮，衣著整潔，眼睛有神。喝了酒之後，臉和眼睛都紅紅的，一副呆呆的表情沮喪得很。大概他過去曾經在街面上做事，有些風光，現在落魄了。

朱家的長子叫朱洪恩，二十歲左右，每天挑一付擔子去街上叫賣，出售瓜子、酥棗之類的零嘴，收入有限。一天，我發現朱洪恩挑子裏的酥棗下面支撐著一個紙殼子，這樣筐裏的酥棗看上去比實際要多。我為自己發現了這個祕密而興奮，並且決定從此再也不完全相信大人們了。以後凡是有人說到奸商的時候，我就會想到朱洪恩賣酥棗的筐。

三十五、先當技師後做學徒

父親開始為母親找工作。母親的文化低，帶著兩個孩子，找工作的難度很大。過了春節，一個偶然的機會降臨，父親打聽到市民政局新成立了一個編葦廠，需要傳授編葦技術的師傅，母親完全勝任這個工作。

編葦廠在車營街路東的一個大院子裏。過去陸地運輸主要使用馬車牛車。車營街，又叫車園，因為有許多大車店而得名。車營街應該是一個馬車牛車的中轉站和集散地，有許多曾經是馬車店的大院子，編葦廠是其中的一個。民政局辦編葦廠，主要是為了安置殘疾人和社會閒散人員，委任的負責人叫王增志。

編葦廠剛成立，不僅沒有會編葦的人，連編葦使用的工具都沒有。經市民政局同意後，父親給河北省安新縣民政局寫信，讓那裏的人幫助購買了一批專用的工具：穿子和翹葦刀（一頭是扁平刀刃，一頭呈槽狀的梭型）。編葦廠委任母親為技師，教所有的工人學習編葦，工人們都稱呼母親為趙技師。劉口村的女子幾乎都會編葦，到外面的編葦廠當技師的，母親可能是第一人。之前，母親也沒想到自己會有當技師的經歷。

車營街那時是臨清城區的邊緣，距離紙馬巷有兩公里的路程。每天早晨，母親抱著二弟領著我步行到車營街上班。母親幹活兒時我和二弟就在編葦廠的院子裏玩耍。我記憶中的二弟小的時侯安靜聽話膽子很小。二弟剛剛學會獨自走路時只敢用小手扶著牆壁橫著挪動。有一天他自己竟然沿著牆根挪動到了編葦廠大門的外面去了。車營街街面上來來往往的馬車牛車和牲畜很多，可把母親嚇壞了。

後來我上了幼兒園和小學，三弟寶華出生了，跟隨母親上班的換成了我的兩個弟弟。母親把三弟送到一個孤寡老人沈奶奶家照看；二弟仍然陪伴著母親在編葦廠的院子裏獨自玩耍。

母親對於得到的第一份工作十分珍惜，盡心盡力地教授徒弟。母親的徒弟有男有女；有的比母親年紀還大；有的只有十四五歲；還有一些身體殘疾者；有的學習得很快；有的則愚笨得很。母親的工作一點兒都不輕鬆。

廠裏的工人是計件工資，教授技術完全是無償的勞動。母親除了履行師傅的職責，自己完成的成品數額也總是最多。除了技術熟練，手裏的活緊是主要原因。用母親的話說是去廁所的空都不想耽誤。母親正在編織自己的葦片時，有徒弟編亂了葦花，收不住葦邊，就來找技師求教。母親放下自己的活馬上過去指導。全廠的工人都很尊重母親，自然對我們小弟兄們也很好。

編織葦蓆雖然不是強體力勞動，因為大部分時間都要彎著腰蹲在地上，所以很累人。雙手整天搬弄葦篾子和刀具，經常被扎刺割傷劃傷。冬季為了安全防火，車間裏不能生爐子取暖；編葦需要十個手指靈活地擺弄蘆葦篾子，所以也不能戴手套，母親的手背每到冬天都會凍成發麵饅頭一般，手指也裂開了很多口子，一年到頭都黏裹著膠布。為了多完成計件的數額增加收入，母親經常加班。母親加班的時候，我和二弟就在旁邊等候，瞌睡了就睡在母親編織的半成品葦蓆上。

編葦廠的廠長王增志，那時四十多歲，中等身材，五官端正，頭髮背梳，鑲著金牙，喜歡吸煙喝酒。他喝了酒後臉和眼睛都變成紅色，很嚇人。王雖然是廠長，工資並不高，有的月份他的收入還沒有母親的計件工資多。吸煙喝酒是很費錢的高消費，解決收支矛盾的唯一辦法就是貪污。全廠他一個人說了算，會計出納保管都是他安排的人，做手腳是容易的。

王廠長的另一個嗜好是搞女人，廠內的青年女工被他利誘欺騙了好些個。這樣的事情，工人們自然會有各樣的議論，甚至詳盡到生殖器官的細節，她們也不迴避我這樣歲數的小孩，但我知道他們說的是什麼事。遇到王廠長和那些被議論的青年女工，我想從他們的臉上看出一些不一樣的東西，觀察了幾次也沒有看出什麼異常。

我們的國家從來不缺少腐敗的土壤，像編蓆廠這樣小的單位，出現王廠長這樣隨心所欲為非作歹的人，也屬於正常現象。王廠長這樣搞，廠裏就亂了套。

母親珍惜自己得來不易的工作，廠子建立起來很不容易，一百多號工人幾乎都是母親手把手教出來的，母親很熱愛這個廠子，後來卻選擇辭職，離開了編蓆廠。

母親離開編蓆廠的過程多少有一些戲劇性：一九五九年秋天，全國都反右傾。編蓆廠的工人也給王增志貼了大字報，王廠長應對了兩日，想出一個轉移目標的對策。廠裏沒有其他的領導人，我母親做為技師，在廠裏的威望地位都比較高。王增志便指使人給母親寫了大字報。我那時已經認字，揭發母親的大字報就貼在車間的門口，粉紫色的大紙，說母親思想保守什麼什麼的。雖然一些內容和概念我不理解，但因為我們學校也有老師的類似大字報，所以我知道大字報的內容是在指責批評母親。

揭發批判母親的大字報貼出的第二天下午，編蓆廠召開工人大會。事前，王增志把母親從車間裏叫出來，說有一個親戚來找過母親，年紀四十多歲，現在可能已經去我們家門口等候。王廠長並且同意母親可以不參加會先回家去。那時我們家已經搬到車營街靠近京杭大運河的一個院子裏。母親匆匆趕回家，根本沒有什麼來訪的親戚或其他什麼人。

王廠長把母親騙離會場後，以趙技師自己不會寫字為由，讓一個叫小運的人代替母親念了一份事先寫好的檢查，內容是檢討思想自私保守，教工人們編蓆技術時留了一手。小運念完母親的檢查後，又有兩個人發言，說母親因為留了一手，所以全廠所有的工人都沒有母親完成的數額多，都沒有母親掙的錢多。

那個小運，二十歲左右，我不知道他是姓惲或鄆，還是名字叫運或蘊，個子不高，黑黑瘦瘦，一隻手有殘疾，穿制服，留分頭，上衣兜裏經常夾一支鋼筆，做有文化狀，完成王廠長交給這樣的任務也算勝任。

編葦所需的所謂技術，其實非常簡單，比編筐打草苫子複雜不了多少，根本不可能留一手。掙的錢比別人多的確讓人眼紅，王廠長的計謀無疑起到轉移視線的效果。母親對王增志的卑鄙行為很氣憤，最終選擇了辭職。一九五九年末，母親離開了編葦廠。

兩年後，編葦廠在王增志的管理下，因為虧損跨掉了。國家又投錢在原來的基礎上建了一個羊毛衫廠，依舊讓王增志擔任廠長。文化大革命開始後，工人們對王進行批鬥，讓他戴著高帽子，掛著「大流氓」的牌子和一隻破鞋遊街，也不排除背地裏進行毒打。王增志逐個交代搞女人的細節成了批鬥會的亮麗風景。權利不再，名聲掃地，王增志被強迫做廠裏的搬運工。我在大街上曾經遇到他拉著一輛平板車運送大個的棉包，衣服不整，頭髮蓬鬆，一條髒兮兮的毛巾搭在肩上，滯呆的眼神裏充滿了絕望。不久，王患了腦血栓，癱瘓了一年後去世，終年五十歲稍多。

母親聽說王的結局後很高興，說：

「惡人終歸有惡報！」

母親沒有直接接觸過多少很懷的人，以後，她就把王增志當作了壞人的標準，凡是電影電視報紙上提到貪污腐敗的人，她都會和王增志比較。

編葦廠是一個沒有多少資金，完全靠手工勞動的一個福利性工廠。老鼠尾巴上生瘡——沒有多少膿水，王增志貪污的數額其實也沒有多少，多說每年也超不過去兩千塊錢。王增志搞女人，也基本上是願打願挨的勾當。王增志的行為和伎倆，充其量只能被看做是當今千百萬個腐敗故事的前期袖珍版。

母親失去了工作，家裏的生活馬上就非常困難。父親每月收入只有四十多元錢，每年接濟祖父和外祖母就要一百多，我在上小學，三弟才兩歲多，家裏的開支捉襟見肘無能為繼，簡直到了要斷炊的地步。

一年多等候工作的時間，母親曾經打豬草賣，最累的是要把豬草背到飼養場去。我多次陪母親一起去打豬草，母親背四十斤；我背十幾斤，每斤能賣到二分錢，倆人一天去賣兩次，得到的錢還不夠買兩個燒餅。全國性的糧食短缺造成了畸形的通貨膨脹，一九六〇年春天，飯店裏即便是使用糧票，也買不到饅頭燒餅一類的食物了。臨清城裏的私市上，一個燒餅可以賣到一元錢，比一九五七年統購統銷之前上漲了二十多倍。與之相反，那幾年傢俱卻非常便宜，我母親花了十五元錢在集市上就買到一個櫥櫃加一個箱子組成的成套傢俱，賣家還白送了一個三腿圓凳。人們都知道活命要緊，糧貴物賤是饑荒歲月的特徵。

母親找到的第二個工作是被服廠，是在被服廠下屬的一個門市部當學徒，學習做縫紉女工。一個門市部有四五個職工，一般是負責人管裁剪，然後把活輪流分給登縫紉機的工人，按完成的數量計酬。

國家的經濟極度困難時期，每個人每年才供應幾尺布，沒有多少人到被服門市部做衣服。熟練的工人還沒有多少活幹，做學徒的母親收入就更少了。

一九六〇年火柴都憑購物本或購物票供應，火柴廠也沒有木材用來生產火柴盒，就改用小紙袋包裝。母親他們沒有衣服可縫紉，就給火柴廠縫小紙袋，猛登一天縫紉機，可以有一元多的工資，還可以學習扎直線的技術。

縫紉的技術最難的是剪裁，那是師傅看家的本事，都不願意傳授給人。師傅飛舞尺子剪刀時，母親在旁邊觀看，盡量記住一些剪裁的竅門，這時師傅往往就停下活計或者找理由把母親支走。母親曾經多次把分給自己縫紉的衣片，偷偷地拿回家，用廢報紙比著葫蘆畫瓢地研究。母親很快就掌握了裁剪衣服的技術，可以獨立地裁剪縫製各式各樣的衣服了。母親攢錢購置了一臺縫紉機，開始利用早晨晚上或不上班的時間在家裏給別人縫製衣服，有時是幫鄰居朋友的忙，有時可以賺取一些收入。只是這樣的活計非年非節時候也很難找到，還是那句話：買布做衣服的人太少了。

被服門市部沒有活的時候，曾經讓所有的工人都去化工廠熬製肥皂。那是一間四面透風的大屋子，支著兩口大鍋，把牛羊油摻上火鹼熬成黑黑的稠糊，冷卻後分割成塊，在木模裏壓上幾個字，就成了肥皂。煙熏火燎氣味嗆鼻不說，火鹼把工人的雙手都腐蝕成淺紅顏色，很多人皮膚開裂，指甲脫落。即便生產的肥皂又黑又臭，那時候也不愁銷路。

母親還給一家鞋廠納過鞋底：一雙布鞋鞋底用細麻線密密麻麻納成，要扎一千二百多個針眼，針腳要密，麻線勒得要緊，納一雙鞋底的工錢是四角錢。納鞋底的好處是可以把活拿到家裏幹。三十多年前，我曾寫過一篇題目是《燈影》的作文，回憶當年母親在煤油燈下納鞋底的情節：鞋底固定在夾板裏，母親坐在馬扎上，雙腿護著夾板，用錐子在鞋底上扎一個眼，穿過麻線，再用力勒緊。幾道工序無窮無盡地重複，母親被麻線勒破了的拇指食指上纏裹著破布。我和兩個弟弟睡在床上，母親的影子在牆上晃動。半夜我從夢中醒來，屋子裏依舊是麻線哧哧穿過針孔的聲音，望著牆壁上母親的身影，我眼睛浸著淚花又睡著了。天亮後，母親喚醒我去上學，桌子上擺著新納好的兩雙鞋底，母親又幹了一個通宵。

母親在被服廠工作的幾年，正是全國饑荒最嚴重的時候。臨清城裏也不例外。因為糧食極度缺乏，很多人都患了浮腫病。母親的雙腿用手指一按就一個深深的坑，塌陷良久回起不來。母親常常忍著饑餓上班，餓著肚子熬夜，一天要登十幾個小時的縫紉機或納一夜的鞋底。通常都說母子的感情最深厚最真切，我和母親一起度過了最艱難的歲月，我最瞭解母親的辛勞，也最能理解母親對我們弟兄的疼愛。

母親最後的工作在一個只有幾百臺織機的織布廠，先後幹過織布工，整理工，門衛，直到退休。普通的工作，普通的工人，普通的母親。母親勤奮認真正直堅強的品格，對我們弟兄仨的影響很大。

母親從參加工作起，就隱瞞了自己地主家庭成分的真相，理由是她在我們家參加的土改，填寫我們家上中農的成分，也馬馬虎虎說得過去。母親假如如實填寫，文化大革命期間她必定有很大的麻煩。好在母親只是一個普通的工人，工廠裏沒有多少人關注她。

三十六、從三完小到三元閣

臨清過去沒有幼兒園。一九五六年春天，臨清城裏開辦了第一個幼兒班，地點就在考棚街小學內。

當時臨清城裏有八所小學：三個完全小學；四個中心小學；一個師範附屬小學，不論是老師校舍還是教學質量，完全小學要比中心小學好。考棚街小學是第三完全小學，簡稱三完小。考棚街小學的校舍是過去科舉考試的考場，歷來是臨清的文化中心，考棚街因此而得名。

臨清第一個幼兒班的教室就在三完小校園最東北位置的三間平房裏，教室的門前有一棵大槐樹。幼兒班只有一名女老師，姓孫，高高的個子。她的女兒也和我們在一個班。她女兒的個子也很高，差不多比我高半頭。孫老師和她的女兒另一相像的地方是母女倆的皮膚都比較黑。

幼兒班學習的內容只是唱歌玩遊戲，因為我不善於也不喜歡唱歌，所以不記得那時唱的什麼歌，只記得玩過老鷹抓小雞和丟手絹之類的遊戲。教室旁邊還有一個滑梯。幼兒班的小朋友現在大部分都不記得了，只記得幾個後來成為我小學同學的人。

其中讓我永遠記住了的是一名姓黃的女同學。她好像比我大一歲或兩歲，個子也比我高，臉上有點雀斑，頭髮很黃。她的頭髮顏色發黃也許和姓氏有關聯，也許沒有一點兒關係，只是我六歲那年曾經有過這樣的錯覺。

一天，我和黃頭髮的黃同學發生了衝突。按身高和體能，我根本不是她的對手，當著很多同學的面，我的腦袋上被她搧了幾巴掌，還被她推倒在地上。雖然沒有多少疼痛感，衣服上的灰塵土屑很容易就被清除乾淨了，但被一個女孩子欺負使我顏面上的損失很大，心靈的創傷非常嚴重。

黃同學家住在紙馬巷路西的一個大院子裏。她的父親是一個比較有名氣的醫生。她家的院子距離我們家不遠，最多不超過一百米。我放學回家路過那個院子門口時，想像著自己有一支衝鋒槍或機關槍，可以朝那個院子猛勁地掃射一番；最好有一顆強力炸彈，乾脆把整個院子炸沒有了影。

沒有機關槍也沒有炸彈的我回到自己家裏，我哭鬧著要求母親去黃同學家裏討一個公道，替我報仇雪恨。要母親把黃同學的罪惡告訴她的父母，讓她的父母對她施以懲罰。母親回絕了我的要求，不僅不同情理解支援我，還不無諷刺地說我被一個女孩子打敗了還有臉哭？

我義憤填膺，我抗議母親的不通情理。我抗議的方式是揚言要自殺。我自殺的方式是鑽到床底下不出來。我趴在床底下哭了半個小時或一個小時或更多。母親邊做家務邊與我溝通：

「你鑽到了床下邊去怎麼自殺呀？」

「一會兒出來一根大長蟲（蛇）把我吃嘍！」

我狠狠地回答母親說。

我的構思顯然是來自某個民間故事。僵局是怎樣打破的，現在已經完全忘記了。事件的結果並沒有懸念。我自殺未遂，自己從床下爬了出來。

十年後，那黃同學在臨清一中初中三年級（不知道什麼原因她後來讀書比我矮了一級）和我一起參加文化大革命的時候依舊十分了得：身穿綠軍裝，腰紮寬皮帶，頭梳倆短辮，臂配紅袖章，颯爽英姿的一個女紅衛兵。黃同學因為很活躍，文藝演出街頭辯論都靚麗強悍，是臨清一中女紅衛兵中著名的「五大瘋」之一，戰鬥力依舊勝我十倍。

我至今依稀記得，一九六六年和一九六七年黃同學革命造反的時候，她的頭髮還是比其他女同學的黃。

我在幼兒班盤桓了幾個月，就到了升小學的季節，因為多數小朋友都報了名，我也就隨大溜升入來小學，我的年齡是六週歲零四個月，還不夠入小學讀書需要滿七週歲的標準年齡。

報名是我自己拿家裏的戶口去學校找的老師。因為已經在三完小的校園裏混過了幾個月，三完小有一個後門就在紙馬巷，一年級二班的教室緊靠著學校西北角的後門，簡直就是我們家的近鄰。所以一個六歲半的小孩子自己拿著戶口本報名入學，就算不得是一件多麼勇敢多麼值得炫耀的事了。

開學後，我們班主任是一個姓邵的女老師，個子不高，鑲著一顆金牙，有點奇怪的是她經常戴著一頂帽子。可能是因為我年齡小，也可能是我從小對人姓氏的概念就比較模糊，（這種模糊一直保持至今，常常能記住一個人的名字，對這個人的姓氏卻往往似是而非）開學頭兩天，我兩次問過老師的姓氏都忘記了，第三次問老師時，受到邵老師的訓斥：

「你這個學生怎麼啦？這麼好忘事！」

邵老師是我的啟蒙老師，雖然只教了我一年多，我最初認識的漢字，還有模樣近似日文的舊式漢語拼音，都是她教授給我們的。

父親母親去上班，中午都不回家，我的午飯成了問題。母親教會了我煮麵條。煮麵條用一個很小的沙鍋，其工藝的難點有兩個：一是需要把爐火打開，煮好了麵條後還要用煤塊把爐火封死，以備做晚飯時再用。二是確定什麼時候把麵條下到鍋中的水裏，按照母親告訴我的經驗，應當是在水開花的時候。其實，最危險的動作，是麵條煮好後站在凳子上把滾燙的沙鍋從高高的火爐上端下來，好在我一次也沒有發生過意外。

我的午餐除了麵條，母親每天還給我五分錢，讓我買一個燒餅吃。後來有幾天我多下一些麵條，不買燒餅，用節省下來的錢買了蠟筆小刀之類的東西，並用蠟筆在課本作業本上塗抹了許多我自認為是動物植物人物的圖案。沒成想挪用款項的行為暴露，結果是我的屁股挨了父親兩笤帚疙瘩。父親母親絕不允許我和弟弟們有撒謊的行為，一點點苗頭都嚴懲不貸。

大約是一九五七年麥收以後，全國對糧食實行統購統銷，糧食開始定量供應，去商店飯店購買饅頭燒餅糕點開始使用糧票。饅頭店燒餅鋪紛紛關門，月底許多人家的口糧接濟不上。城市裏的饑餓就是這時候開始的，並且愈演愈甚，幾年後達到最嚴重。沒有什麼天災，完全是國家的經濟政策失誤造成的。如果說土改和合作社是糧食生產領域仿照蘇聯實施的人禍；統購統銷則是糧食流通領域的錯上加錯。

同院秦家人口多孩子多，供應的糧食不夠吃。月底秦奶奶就去濟美醬園買豆腐渣，摻到玉米麵裏蒸窩頭。受母親的派遣，那年冬天我跟秦奶奶去買過幾次豆腐渣。濟美醬園那時在臨清老城區的石巷，離我們家差不多有一華里遠。豆腐渣是醬園生產豆腐乳、臭豆腐、豆腐乾的下腳料。

凌晨四五點鐘，秦奶奶家一有動靜，母親也把我叫醒，穿戴上最厚的棉衣棉帽，拿了個籃子跟著秦奶奶就上了路。天上還滿是星星，街上沒有行人，也沒有聲音，路面上頭一天賣水車子漏的水都結了冰，不注意就會滑倒。到了石巷，濟美醬園還沒有開門，已經有幾十個挎著籃子的人在等候，幾乎都是女人和孩子，我的年齡和個子都是最小。其他的細節現在都不記得了，只記得天氣實在是冷，怎麼跺腳，腳還是貓咬一樣地疼。

一九五八年，我父親被調到中共臨清市委宣傳部工作，這之前，他從煙酒專賣公司調動到飲食服務公司擔任人事股長，還擔任過半年多飲食一店的經理。三次調動全是領導和組織上的安排，沒有一次是父親本人的要求。那時候決不允許個人來選擇自己的工作。

飲食一店管轄著四五個飯館，職工多是回民，飯館經營的也都是清真食品。實行糧食統購統銷的政策以後，市民到飯館買饅頭不僅付錢，而且還要收取糧票。如果有顧客要買一份炒菜，他必須要同時使用糧票買兩個饅頭才行，否則就不賣給你炒菜。三弟出生時，食品匱乏，月子裏的母親提出讓當經理的父親在他管轄的飯館裏給買一份雜燴菜，雜燴菜的內容也就是一大碗白菜豆腐粉條子加幾個牛肉或羊肉丸子而已，父親根據他們店裏的以上規定竟然予以拒絕。父親堅持原則的行為讓母親很氣憤，母親認為父親做得太過分，太不通情理了。

一九五七年冬天，我上小學二年級。

和母親一樣，父親也是一個普通人，能夠調到市委宣傳部工作，無疑是父親人生的一個轉折點。出現這樣的轉折有必然也有偶然。

必然應當是父親自身的努力：父親剛工作後，意識到自己的字寫得很差，便立志刻苦練習，幾年後就可以寫得一手漂亮的鋼筆字；父親最初的本職工作是財會，業餘時間他參加了市裏的馬列主義的理論學習。父親參加政治學習完全出於他當年的信仰，馬列的原著和從蘇聯的政治教科書上抄來的一些理論讓他十分著迷。他曾經把一本自己閱讀了許多遍的艾思奇（中共最著名的政治課程理論家教育家）的書推薦給我，上小學二年級的我，翻閱了兩天也沒有看出個名堂。假如父親沒有參加市裏的理論學習，擔任小小飲食店經理的父親無論如何也不會被調到市委宣傳部工作。

偶然則是反右鬥爭中原來市委宣傳部的幾個幹事幾乎全軍覆沒，理論幹事被打成了右派，也符合近水樓臺先得月的基本規律。父親被調往那裏，是填補那幾個右派騰出來的空缺。

這年的春天，我們家搬到了距離母親工作的編蓆廠不遠，車營街二閘口橋南邊，靠近京杭大運河的一個院子裏。兩間矮矮的北屋，房東姓郭，是第二中心小學的一個老師。我只好轉學到離家最近的一個學校。這個規模很小的學校也挨著京杭大運河，只有兩個班，一個是一年級，一個是二年級，屬於第二中心小學的一個分校。我對中心小學的理解是它有許多小規模的分校，分散在居民集中的區域，可以方便年齡小的學生就近上學。

教我們二年級的老師姓傅，他的名字當時就沒有鬧清楚。他二十歲左右的年紀，個子不高，穿一雙白顏色的回力鞋，皮膚黑黑的，臉上長了許多美麗豆。傅老師的拿手好戲是講故事。他和同學們約定，如果整天大家都聽話，不違反紀律，下午放學前他就給同學們講一個故事。傅老師的這個辦法很有成效，違反紀律成了激起眾怒的行為，調皮搗蛋的學生也都收斂了許多。傅老師講的故事多是歷史演義，讓我印象最深的是劉邦斬莽起義那一段，幾十年後，傅老師的聲音依然朗朗在耳：

「那劉邦揮起寶劍，將大莽斬為兩截。只聽得憑空一聲巨雷，雲中露出一個龍頭。龍王對劉邦喝道：『劉邦匹夫，殺我小兒，你拿什麼償命？』劉邦用手中的寶劍指著大地說：『我憑地償命！』二百年後，那條大莽化做了一個名叫王莽的人，果然奪了劉邦後代——劉平帝（憑地）的江山。」

傅老師講過這段故事後，我找他接連問了幾個問題：為什麼天上的龍不直接殺死劉邦報仇？莽怎麼能變成人？「匹夫」是什麼意思，等等，傅老師耐心地給予了解答。傅老師開啟了我對歷史故事的興趣，我一直認為我對歷史課程和歷史書籍愛好終生，無不與傅老師的啟蒙有著直接的關係。

傅老師教我們的時間很短，他只是一個臨時的代課老師，不久他就離開了學校。傅老師大概是一個剛剛初中或高中畢業或肄業的學生，喜好讀書且讀過一些古書，卻因為這樣那樣的原因而無法繼續學業。幾年後我在街上遇到過他，見他拉著一輛裝滿了貨物的地排車，可能是做臨時的搬運工。我喊他傅老師，他好像認識我，又好像不認識我似的點了點頭。傅老師到了成家的年齡還依然幹那樣的工作，半生的經歷肯定是坎坷艱難的。

升入三年級後，我就到第二中心小學的本部上課了。本部在三元閣街，校舍就是那處叫三元閣的建築。從三元閣的名稱看，它應該是一座道觀。校園的房舍也是道觀的佈局，房間很小，尤其是東西廂房更小，不適宜做教室使用。三元閣緊靠衛運河，沒做校舍之前的民國時期，它曾經是水上員警的駐所。

三年級一班的班主任也是一位姓邵的女老師，她叫邵芝蘭，三十歲左右，一雙解放腳，能力強，口才好，什麼樣的學生組合，她都能帶成最優秀的班級。讓我受益終生的是我們三年級一班因為邵芝蘭老師的爭取，成了全市推廣新漢語拼音的試點班，在我學習語音能力最強的年紀，打下了好的基礎，以至於我六十多歲之後還可以熟練地使用漢語拼音輸入法敲擊出想要的文字，而不必從頭學習五筆字型。還有一件體現邵老師協調能力管理能力的事，是一九五九年十月一日，臨清市慶祝建國十周年的大會上，我們年級的學生用人排成了「慶祝國慶」四個大字，行進到主席臺前面時，獲得了最熱烈的掌聲歡呼聲。我的位置是第二個「慶」字的那個點，白色的襯衣蘭色的褲子鮮豔的紅領巾，著實讓我和同學們自豪了一陣子。

三元閣小學的學生所在的居民區如車營街、東西夾道街、惠通街、三元閣街是城市貧民集中的地方。學生的家長多是手工業者、搬運工人、澡堂或飯館的跑堂、馬車店的夥計，三教九流各種各樣的職業。有些同學還是農業戶口，他們的父母和哥哥姐姐們還都在城邊少量田地裏耕作。學生們的家庭不僅生活貧困，文化環境也不好。同學特別是男同學之間，經常打架鬥毆。打起來架用力兇狠。兩個同學格鬥，會有一群同學圍觀，打破了腦袋，摔傷了胳膊腿，既不告訴老師，也不告訴家長，自己私了解決。罵人也毫無顧忌，什麼粗魯什麼醜陋的語言都可以使用。

有一個男同學罵另一個同學說：

「拉拔拉拔腿，又來麵子又來米。」

我不懂其含意，問一起的旁觀者，引起旁觀者們的哄笑。被罵者更加不滿，反倒揮起拳頭要懲罰我。後來我鬧清了那句很臨清很方言的罵語，如果翻譯成近似普通話後的意思則是：「把兩條腿叉開，就能換來玉米麵和小米」。寓意是說被罵者的媽媽或姐姐經常為他人提供有償的性服務。這樣的人文環境，對我這樣八九歲男孩子的成長，不知是有益還是有害。

我三元閣小學的同學，現在還記得起名字的有張振聲，邵元龍，叢高傑，趙書林，辛明華，古桂蘭，劉敬文，栗惠民，夏文嶺，孫振魯等。張振聲是少先隊的大隊長，辛明華是我們班的班長，兩個人的學習都很好。辛明華不僅是我們班，也是全校最漂亮的女同學。她衣服穿戴得整潔，性格活潑開朗。她的父親大概是原來的國民黨軍政人員，所以沒有正式的工作。辛父逆境中不能自強，變得脾氣暴躁，喝酒後經常打罵妻女。美麗聰明的女同學眼睛裏的風景這麼不美麗，也算是人間的憾事。

三十七、反右印象

政治運動在我童稚的腦海裏留下的第一印象是一本小冊子上的一幅漫畫。漫畫上有一個基本上沒有穿衣服的禿頭。禿頭的手裏握著一把滴血的尖刀。我指著漫畫上的禿頭問父親那個如此凶惡的人是誰。父親說是胡風。那本小冊子在我們家保存了好多年。到我可以認字閱讀的時候，我知道了小冊子的名稱叫《時事手冊》；後來我還知道了胡風並不姓胡，他姓張，是一個寫書的文人，與尖刀特別是帶血的尖刀並無多大干係。

我對反右鬥爭的記憶則是一塊黑板報：紙馬巷往許家穿廳的拐彎處的東牆上有一塊黑板。黑板上有一篇保留了很長時間的文章，題目是《右派分子李書堂倡狂向黨進攻》。我那時正讀小學二年級，算是剛認識了一些字，路過黑板報前，從認字的目的出發，我多次閱讀那篇口號式的文章。雖然沒有多少生字，內容我卻理解不了，留下的印象是右派分子肯定是壞人，因為他們向黨進攻。從那以後，我產生了一個模模糊糊的概念：歧視擯棄所有右邊的東西，我甚至羡慕那些用左手使筷子，用左手寫字的人，認為用左手寫字肯定比用右手寫字功課好。我私下裏曾經嘗試著練習用左手寫字，結果以失敗告終。

黑板報上那個右派分子的名字，我記得非常清楚：李書堂。因為一年後我認識了一個叫李書堂的人，他是我父親在市委宣傳部的同事。李書堂和我父親的關係很好，他們的友誼一直保持到五十多年後的今天。我認識李書堂叔叔後，就對他懼而遠之，認為他就是曾經向黨進攻過的右派分子。這樣的懼怕和警惕持續了好幾年，直到父親發現了我對李叔叔的疏遠後才鬧清了原委。父親告訴我，此李書堂非彼李書堂，那個被打成了右派的李書堂，工作單位在新華書店，同名同姓。我方釋然。

臨清縣的檔案資料記載：一九五八年春天，在「反右」運動中，臨清縣（當時是臨清市）被劃為「右派分子」的人共二百二十四位。因為右派言論受到處分的三十二人。這些人在一九七九年後，全部平反。

我同班有一個同學叫王炳清，比我大一歲或兩歲，長得虎頭虎腦，個頭比我高，學習比我好，玩的本事也比我大。雖然有時他欺負我，我還是很佩服他羨慕他。王炳清的父親王書章也在煙酒專賣公司工作，放學後我們倆經常在一起玩。王炳清的母親是一個性格溫和的女人，和我母親很能談得來。我母親也很喜歡王炳清，認為他是我們熟人範圍內，長相天分和能力唯一能夠超過我的男孩子。

王書章是陝西華縣人，原是傅作義部隊的營長，跟隨傅作義將軍起義後安排工作到了臨清。王書章行伍出身，不適應煙酒專賣公司裏的人際關係。對於國民黨的起義人員，內部原本就有「限制使用。如有新罪，新帳舊帳一起算」的規定。王書章不明事理，為工作安排和工資待遇的事，帶頭和黨支部陳書記理論。這一理論不要緊，正碰到了反右鬥爭的槍口上。反右鬥爭中，據說上級有規定：對原國民黨的起義人員一般不劃為右派分子。即便有這樣的規定，那陳書記也有辦法，硬是用反右的辦法在反右鬥爭中把王書章打成了反革命壞分子。名分不同，實質一樣，王書章和右派分子們一起被強迫到衛河西岸的水泥廠去背石頭。

王書章原本在陝西華縣老家已有妻室。王炳清的母親是王書章從軍後在外面又娶的妻子。王書章被押解著去背石頭後不久，他不甘受辱，偷偷地從水泥廠跑回臨清城裏，帶著王炳清就回了華縣老家。王炳清的母親帶著兩個小女兒滯留在臨清無法生活，不久也去了陝西華縣。在華縣農村，王書章戴著原國民黨軍官和反革命壞分子兩頂大帽子，領著兩窩老婆孩子度日，後來的苦難日子可想而知。

在處理王書章之前，臨清煙酒專賣公司還處理過另一位國民黨的起義軍官楊奇武。楊奇武，湖北宜昌人，家裏以開鐘錶眼鏡鋪為生，父親被日本人炸死後，本人參加了國民黨的青年軍，和日本人打過仗。解放軍攻佔上海時楊奇武隨部起義，任解放軍某部的排級文化教員，還加入了共產主義青年團。後參加抗美援朝，回國後轉業到臨清煙酒專賣公司工作。

楊奇武在一次回宜昌省親時與幾個既是老鄉又是青年軍夥伴，還是志願軍戰友的人在一起敘舊。沒成想其中一個是當地專政機關的重點監控對象。一封信寄到了臨清，楊奇武也就成了重點監控對象。處理楊奇武時，煙酒專賣公司的領導曾派我父親去南京等地楊曾經服役過的部隊進行調查。部隊的一個團長證實，楊在部隊的時候，已經交代過有關參加青年軍的歷史問題。

最後，臨清煙酒專賣公司對楊奇武的處理意見是：對在臨清期間隱瞞歷史問題承擔責任，取消共產主義青年團的團籍，送回宜昌工作。文革後期，宜昌那邊又派人到臨清調查楊奇武，說他在文革中打過人，需要對他的歷史現行問題一起審查。

這些國民黨的起義人員，可真是非我族類呀。

二十多年後，大約是一九七九年底或一九八〇年初的一天，王炳清和他的母親回臨清去為他父親落實政策，曾經到我們家去看望我的父母。王炳清完全是西部農民的衣著，個子沒有發育起來，身高超不過一米六十，全然沒有童年時的風采。他母親還能和我母親談些家常，我試圖和王炳清說說當年三完小的事情，敘敘童年玩伴的情誼。嘗試了幾句，王炳清唯唯諾諾，談話無果而終。他的表現讓我想到魯迅筆下的閏土。王炳清那受了冤屈的父親傅作義將軍的部下王書章營長早已去世，隨大溜落實政策當沒有什麼問題。而王炳清和他母親，還有他妹妹們的遭遇能「落實」些什麼呢？

三十八、大躍進二三事

我升入小學三年級，正是一九五八年的秋天，全國都是熱火朝天的光景。報紙和牆上有許多讓人振奮的口號，其中最誘人的口號是三年後實現共產主義。並且說實現了共產主義後，人們想吃什麼就吃什麼，每人每天供應一瓶牛奶，一斤肉，三個雞蛋，三個蘋果……。我去問班主任邵老師。邵老師無容質疑的回答，讓我非常地興奮。我掐指一算，三年後是一九六一年。到一九六一我才十一歲，我吃不了那麼多好東西可怎麼辦呢？這樣的困惑擔憂糾纏了我了許多時日。

三元閣小學也辦起了大食堂。可在學校大食堂裏吃飯沒有我的份兒，那些同學都是農業戶口。學校的規定不知道依據哪一級的指示，我對這樣的限制十分不滿，很羨慕上學時挎著一隻大碗的那些同學們。

大煉鋼鐵的運動也是如火如荼。三元閣小學老師和學生們的任務是去龍山附近的益華鐵工廠砸碎鐵砸石子。砸碎鐵是把收繳來的鐵鍋煤球爐子一類的生鐵器件砸成碎塊；熟鐵的器件則砸彎砸癟，使之體積變小，長度變短，易於丟進小型煉鋼鐵的爐口。砸石子是把大塊的石灰石砸成核桃大小，做冶煉生鐵的敷料。臨清距離山區很遠，找來的大石塊多是石碑門墩和房基下的條石，石碑上都刻有文字；門墩上有圖案和獅子形狀的雕塑，其中的一些很可能屬於歷史文物。先由男老師用大錘把條型的塊石敲開，我們這些小學生再用榔頭把較大塊的石頭砸成棗子大小的碎石子。

各個班級砸碎的鐵片和石子都各自堆成規整的臺型，丈量出數據進行評比。成績最好的班級可以贏得一面大幅綢子做成的紅旗。紅旗的中央有一個很大的「帥」字。那時很流行什麼鋼鐵元帥升帳，棉花元帥升帳之類的口號。我們三年級一班在邵老師的鼓動帶領下，一連三天都奪得了全校的第一。我抓榔頭的右手都磨起了血泡；左手的一個指甲也被砸成了紫黑。我幾次站在那面帥字紅旗下面向上仰望，心裏十分地自豪。

幾年以後，我曾去益華鐵工廠的大院裏回訪過我們當年的業績：煉成的兩個近似圓柱型的大鐵坨子，因為無法切割也無法搬運，孤零零地躺在地上；砸碎了的石子，也沒有全部派上用場，剩餘的部分堆積在那裏，上面長滿了雜草。這樣的作品全國各地都有許多，面朝太陽與上蒼，昭示著我們民族的狂熱和愚蠢。

龍山腳下益華鐵工廠裏的戰鬥還沒有結束，我們三元閣小學又接受了一項更艱巨更光榮的任務。市裏在臨清城北新建了一座冶煉廠，是臨清大煉鋼鐵運動中的最大工程。要三元閣小學的老師和學生們從衛河西岸五里窯磚廠往冶煉廠運磚。那天上午，我們三年級一班的學生接受了這麼重要的任務後很振奮。邵老師讓我們兩個同學一組自由結伴，回家拿乾糧，還有扁擔和繩子。與我結伴的是劉敬文。他家就在三元閣附近的火神廟一帶。我們倆先到了劉敬文家。他家裏有扁擔也有繩子，乾糧也帶了兩份，就沒有讓我再回家空跑一趟。

去五里窯磚廠先要渡過衛運河。那年衛運河上的木橋已經拆除，在蘇聯專家的指導下正在建設一座新的鋼筋混凝土大橋，往來過河要在臨時鋪設的浮橋上行走。我們興高采烈亦跑亦顛地就到了五里窯磚廠。

我和劉敬文把五塊磚用繩子捆紮好，把繩子栓在扁擔上，抬起來就上了路。五里窯說是距離臨清城五華里，若從三元閣算起，五公里也要多。八九歲的小學生空手走到五里窯就已經筋疲力盡。每塊紅磚重兩公斤多，五塊磚就是十幾公斤。

我和劉敬文抬著五塊磚走了沒多遠，倆人就都累得走不動了。歇息了兩次後，我倆經過一番商量討論，認為唯一的辦法是丟棄一塊磚。於是，一塊磚被我們丟到了路邊的莊稼地裏。莊稼地裏早已有許多塊磚，那是前面的同學所為。在沒有走到衛運河的浮橋之前，我和劉敬文的討論會召開了三次，一次比一次容易達成一致。第三次討論過後，我們倆的懷裏各自剩下一塊磚。劉敬文把扁擔抗在肩上；我的身上纏著那根麻繩。我們一拐一瘸到達目的地時，看到我們的同學幾乎都和我倆一樣的裝備和形態。以後每逢有人使用「勞民傷財」這個詞語時，我首先想到的就是我們為大煉鋼鐵搬運紅磚那件事。

學校裏除了組織學生參加大煉鋼鐵，就是無休無止的勤工儉學：拾廢品，採樹葉；早晨到樹上尋找蟬蛻；晚上拿著手電筒去破舊房子的磚縫裏捉土元。蟬蛻土元可以入藥，藥材站長年收購；樹葉直接賣給養兔場，賣得的錢全部繳給老師；廢品繳到學校裏，由老師集中起來去賣。全校每個班級勤工儉學的收入，登記在一張大紙上予以公佈，我們三年級一班的業績經常是最好，也就是七八十塊錢。為了這麼點收入讓幾百個學生荒廢學業究竟值得否？據說這樣做是為了培養我們從小熱愛勞動的習慣和勤儉節約的共產主義品德。

大躍進期間最流行的一句口號是敢想敢幹。農民為了提高糧食的產量創造出許多異想天開的辦法：深翻土地，有的翻一米多深，結果把不適合植物生長的陰土翻了上來，撒上種子連芽都不出；還有的把煮熟的黃豆埋到麥子地裏做底肥，增產的小麥抵不上埋到土裏的黃豆多；再一個發明是煮狗肉湯做肥料。專門組織了打狗隊，不管是誰家養的狗，也不管是什麼品種，統統當眾打死，不用開腸破肚剝掉毛皮，整個扔進大鍋裏煮，當然不能放鹽。狗肉湯撒到田地裏，結成一層硬痂，莊稼並沒有因為喝了狗肉湯而增產。

那年夏天和秋天，學校和老師們讓我們從事的另一項壯舉是除四害。首當其衝的是麻雀。我們覺得舉著彩旗敲著鑼鼓，沒有鑼鼓就敲銅的或鐵的洗臉盆，到河堤田野裏去呼喊吆喝很好玩。晚上則登著梯子在房簷下的空隙尋找麻雀窩。

為了掀起除四害的更大高潮，鼓舞除四害的幹勁，學校讓我們把各自消滅的麻雀剪下爪子，老鼠剪下尾巴，各班收集起來，全校進行展覽和評比，比賽哪個學生，哪個班級消滅四害的數量多。打死的蒼蠅屍體也都要收集起來。沒有蒼蠅可打了就去挖蒼蠅的蛹。臨清的廁所多是土坑露天的農村式便池，挖蒼蠅的蛹遠比打蒼蠅來得容易。小學生們的雙手抓了蒼蠅和蠅蛹，刨過廁所的髒土後又擦臉擦汗，或拿其他的東西，沒有人想過衛生安全傳染疾病的問題。

老師校長們要我們這些十歲左右的孩子們剪麻雀的爪子，割老鼠的尾巴。親手培育出的殘忍，八年以後的文化大革命中，應驗到了育人者自己的身上。那些被批鬥被毒打被迫自殺的校長和老師們，在受盡弟子們的折磨之時，在因為折磨屈辱毒打行將告別人世的時候，想過此時此景和當年要求自己的學生們屠殺動物，剪掉麻雀爪子老鼠尾巴，無意有意地培養出來的殘忍有什麼因果關係嗎？

為了適應即將到來的共產主義，臨清市委大院裏嘗試著辦了一個無人商店。商店裏沒有售貨員，也沒有人看管，誰想買什麼貨物，隨意拿取，自己按照標明的價格，把錢留在一個專門放錢的箱子裏。剛開業，大家很新鮮，去買或者說是拿一些牙膏肥皂類的東西並照價付錢。不久就有人光拿東西不留錢；再後來竟然有人連錢箱子裏的錢都拿出來裝到自己的腰包裏。無人商店開張沒有一星期就關門了，關於共產主義的實驗與實習以失敗而告終。

在那全國人都高度發熱的時期，有一天，母親和父親發生了爭論。爭論的起因是報紙上登載某省某縣某人民公社的莊稼每畝地的產量達到了八萬多斤。當時的報紙每天都有這樣的報導，父親對這樣的數字深信不疑。

一九五八年夏天的全家福。

母親做為一個農民的女兒，認為那是不可能的事。母親說：

「一畝大的場院上曬八萬斤麥子，也得鋪半尺厚。」

母親說的很有道理，有一點農業生產常識的人和能夠進行最簡單加減乘除計算的人，都能夠完成這樣簡單的四則運算題。父親說不過母親，但他絲毫容不得對報紙的懷疑和褻瀆。他先是說母親思想保守，最後竟然認為母親之所以有這樣落後的認識，和自己是地主的家庭出身有關聯。

父親這樣講對母親傷害很大，母親主動放棄了爭論。兩人孰對孰錯，不久後就有了公論。父親對荒誕的盲從，在母親手裏也落下了話把，時至今日，倆人一有爭論，母親就會揭父親的短：你當年連畝產八萬斤糧食都相信過！今天你說的同樣荒謬。

三十九、饑餓（上）

我一直認為，沒有經歷過饑餓的人生不算是完整的人生。

前面已經說過，一九五七年冬天，國家對糧食實行統購統銷後，我們家就因為缺糧派我起早去買過豆腐渣。但那還不能算是真正的餓肚子，真正的挨餓。真挨餓是從一九五九年開始的。

車營街的南邊，有一條和京杭運河平行南北走向的土崗，長不足千米，寬百米有餘，高十米稍多。土崗被幾條溝壑分割成八九個山包。傳說它本是一條為非作歹的惡龍，被關雲長關老爺用青龍偃月刀斬成了數截，因此得名為龍山。其實它只是當年開挖大運河時堆積的土方。整個華北大平原的地勢幾乎都是一馬平川，基本沒有起伏，稍微隆起的地方就被人們命名為山。

龍山四周沒有居民，只有稀稀拉拉低矮的樹木。龍山的幾個山包全都光禿禿的，中間最高的那個上面有數間土屋，曾經住過一批勞改犯人。我看見過他們被押解著勞動，很可能是右派和反革命分子一類的政治犯。假如是刑事犯人，那樣簡陋的去處，很難進行管束。

龍山地形蜿蜒起伏，到處是土塊，「彈藥」充足，是男孩子們打土仗的好戰場。我和我的同學，和車營街鄰家的夥伴多次去那兒痛痛快快地實戰演習。除了玩耍，我去龍山更多的是去採集樹葉和野菜。

搞過了大躍進，吃過了大食堂，從一九五九年開始，糧店供應的糧食越來越少，糧食的品種越來越差。春天，樹葉開始發芽，母親帶領我去龍山擼榆樹葉。

北方的各種闊葉樹，榆樹的葉子是最好吃的。榆樹渾身都是窮人家的寶貝：它的果莢叫榆錢，比它的樹葉更好吃；榆樹皮去掉外面粗糙的部分，曬乾了可以磨成榆麵。榆麵性黏，可以和糧食摻在一起蒸窩頭吃。

龍山上的地勢高，因為乾旱，榆樹都長不大。龍山上的榆樹數量也不是很多，去擼樹葉的人多了，樹上的榆葉越來越少，有的只剩下樹尖的枝杈上還有幾片綠色。我年幼個子小，可以爬到樹杈上去採摘榆樹的葉子。小一點的樹棵，我就爬到樹上去，靠身體的重量慢慢把樹壓彎，讓母親抓住樹梢，把僅有的幾片綠色全都掃蕩乾淨。從春到秋，龍山上的榆樹不知道要遭遇多少次這樣的屠掠，始終都是光禿禿地面對蒼天。好在榆樹的生命力很強，來年春天，它們仍舊還能吐出一點新綠。

母親沒有時間去龍山，就我一個人單獨去。榆樹上實在沒有葉子了，就採摘野菜。龍山上有一種豬毛菜，尖尖的葉子像豬鬃，因此而得名。回家把豬毛菜用開水燙一下，包在玉米麵裏做成「菜薺榴」（臨清方言，中間是菜，外邊包上玉米麵，麵少菜多的一種乾糧。多為窮人食用。薺榴二字，係本人杜撰，僅取其音）很好吃。

龍山上的豬毛菜也不是很多，有一次我因為採摘幾棵長在背人地方的豬毛菜，從高處滾下來摔傷了胳膊。母親不放心我一個人去龍山，就讓還不到五歲的二弟寶昌跟著我就伴。二弟實在是太小了，小手連把榆葉從枝杈上擼下來的力氣都沒有。不過他也不是完全沒有用處，我把小樹壓彎了，他能夠幫我拽住樹梢，我就可以騰出手來擼樹葉了。

有一次我和寶昌弟弟背著一小包野菜榆葉回家，龍山邊緣的路很高，路邊一戶人家的院子比路面差不多要低了兩米。我發現那個荒蕪的院子裏有一棵野莧菜，肥厚的葉子很誘人。我不願意放棄它，不管三七二十一就溜到了那個院子裏。我把野莧菜拔到了手，卻怎麼也爬不到路上來了。看到我一次又一次滑下去，寶昌弟弟嚇得都哭了。最後，我費了九牛二虎之力，繞道從別的地方才爬了上高崗，衣服上蹭得全是泥土。許多年後，我和寶昌弟弟回憶起此事，他笑我貪心；我笑他膽小。

我們家住的院子西南角有一塊空地，母親幫助我把它翻起來。我在龍山附近看見過別人種白菜，我比著葫蘆畫瓢，也栽種了白菜。白菜的秧苗是我一個人去差不多兩公里外的一個菜園子買來的。一隻竹籃子裏裝了幾十棵根部帶著土的秧苗，死沉死沉，我一路休息了十幾次，費盡了力氣才把竹籃子挪到家。

頭伏蘿蔔二伏菜。種白菜的時候，天氣還很熱，幾乎天天都要澆水。我們家住的院子就在京杭運河的大堤上，河堤有五六米高。我用臉盆從運河裏端水澆白菜，河堤的坡很陡，一盆水端到菜地，搖搖晃晃就剩下一盆底。河水灑到堤坡上，堤坡變得又濕又滑，走上去很容易摔跤。我光著雙腳，脫掉外衣，只穿一條褲衩。一下子摔個仰八叉，水盆扣到我身上，弄得渾身都是泥水。有一次母親幫我端水澆白菜，也滑倒摔了一身泥。

栽種的白菜苗都成活了，綠油油的很招人喜愛，我放學後第一件事就是先去看白菜。綠色的白菜苗招來了淺黃色的蝴蝶，再後來白菜苗上開始有了蟲眼，綠色的小蟲吃了我的白菜還拉出深綠色的顆粒糞便。我除了澆水之外又增添了捉蟲子的任務，給白菜捉蟲子是九歲兒童很有興趣的活兒。忙了一秋天，收獲了一二十棵帶蟲眼的白菜。因為肥和水都不充足，白菜沒有捲成結實的心。

我第一次種植的經歷，讓母親很自豪，她不止一次向別人炫耀說：

「納們寶興九歲時，自個就會種白菜。」

準確地說，我獨自完成種植山東大白菜全過程時的年齡應該是九歲半。

父親到市委宣傳部工作以後就住到了機關裏去了，吃飯也在機關的食堂裏，只有星期六傍晚才回家來。因為糧食短缺，每當吃飯，母親就把有限的饅頭窩頭給我們弟兄三個分一分，即便是摻雜了榆樹葉子或野菜的窩頭，也要實行分配製。養成了這樣的習慣，飯端到桌子上，母親不分份，我們仨就不動碗筷。

一九五九年冬天，祖父到臨清看望我們，吃飯的時候，他見我們弟兄三個都板板正正座在矮登上不伸手拿乾糧，便催促我們說：

「都吃吧，一會就涼了（Lie）。」

弟弟說：

「我媽還沒有分份呢。」

祖父當時就掉下了眼淚。

即便這樣，祖父回劉口之前還是對父親說：

「你們從家裏出來，對（Dei）付了（Lie）。」

「對（Dei）付」，劉口方言：做對了的意思。祖父這句話，算是為自己八年前阻撓父親外出工作的行為，向父親承認了錯誤。我們在臨清忍饑挨餓，祖父還說「對付了」，可見那一時期我國的農村，包括歷來盛產小麥的劉口村一帶，是一幅什麼樣的淒慘景象。

饑餓最嚴重的是一九六〇年，成年人每個月供應的糧食指標降到了二十三市斤。按照規定，供應的糧食指標中，百分之二十的小麥粉；百分之二十的地瓜乾或地瓜乾粉；百分之六十的粗糧。粗糧一般指小米、玉米粉、高粱麵等。實際能夠買到家的，大多數根本就不是糧食。麩皮、穀糠、棉籽餅，玉米芯，都長時間被計算在糧食指標內在糧店裏出售。

一九六〇年春天，榆樹葉和野菜也都採尋不到了，我們家吃過槐樹花、柳樹葉和楊樹葉。

一九六〇年麥收的時候，母親帶著兩個弟弟回劉口村去拾麥子。那些年，每逢麥收秋收都有許多城裏的人去鄉下拾莊稼。農村的社員同志們收割完莊稼，一般都先讓本村的老人孩子們揀拾一遍，然後才輪到城裏去的淘金人。母親回劉口村老家拾麥子，能夠享受村民的待遇，一個麥收時節差不多可以收獲二三十斤小麥。當時自由市場每斤小麥可以賣到三四塊錢，去掉往返八百多公里的路費，還是划得來。母親返回臨清時，把二弟留在了二姨家。二弟不在臨清，四個人的糧食指標三個人吃，緩解了我們家的饑餓程度。

我早晨去上學，一般都不吃早飯。母親頭天晚上，在壓住了火的火爐上放置兩塊窩頭。第二天，焦黃的窩頭乾就是我最可口的早餐。如果火爐上灼乾的是饅頭片，那將是一個非常美好的早晨。

烤窩頭乾做早餐的日子遠遠多於烤饅頭片，能美美地吃幾片烤饅頭，對我說來簡直成了一種奢望，以至於到我五六十歲的時候，仍然喜愛吃這一口。外出旅行背囊裏儲備的食品，依舊要有烤饅頭乾。

父親在市委的食堂裏就餐。市委機關人員的糧食也是定量供應，每人每月三十市斤，只是供應的品種要比普通市民們好一些，最差的是地瓜乾，沒有棉籽餅玉米芯之類的代食品。父親量入為出，控制每頓吃乾糧的數量，從月初到月末每天還有飯吃；如果偶爾放開肚皮一兩次，月底就要斷炊。市委機關食堂的炊事員翟雲普，開飯時經常模仿市委書記講話的口氣詼諧地喊道：

「同志們！原則上吃饅頭。一系列地喝燙。」

市委的主要領導另有一個小伙房，也只是每人多供應幾斤麵粉半斤植物油，並無多大的特殊。市委第一書記叫張鏡湖，他讓炊事員給他熬了一碗豬大油放在辦公室的抽屜裏，吃飯的時候用羹匙往饅頭上抹一點，給自己補充點油脂。幾年後的四清運動中，張鏡湖作為「四不清」受到批判，上述行為也被當作特殊化被揭露出來。

市委市政府機關也有人因營養不良患上了浮腫。市委常委開會通過了一項決議：說是「為了保存革命的骨幹」，把機關小伙房就餐人員的範圍擴大一些。中層領導——指市委組織部長，宣傳部長，辦公室主任，團委書記們和與之職位相當的部門負責人，憑市醫院出具的「肝炎」病歷證明，也可以到小伙房就餐。

父親是一名普通的工作人員，享受不到和中層領導一樣的待遇，即便是真地患上了肝炎、水腫一類病症，也只能在大伙房裏「原則上吃饅頭，一系列地喝燙」。父親半夜加班寫材料，餓得實在厲害，就到辦公室前面的菜地裏——那時縣委機關大院裏的空閒地也都栽種了蔬菜和莊稼，偷偷地找些茄子黃瓜類的東西充饑。

全市最高機關最高領導尚且這樣，普通的職工市民們的景遇比他們還要艱苦很多。

為度過最難熬的一九六〇年冬季，父親託蔬菜公司的熟人買了一些胡蘿蔔。是我和父親一起去位於城東林園蔬菜基地用地排車裝運的。地排車前後都有檔板，滿滿地裝了一車，有一千多斤。拉回家後，像寶貝一樣，用沙土封蓋好，堆在了床和桌子的下面。每到肚子餓得厲害，母親就用沙鍋煮幾根胡蘿蔔。越是饑餓吃東西的願望越強烈，肚皮的容量越大。我和母親兩個人一晚上能夠吃下滿滿一沙鍋煮胡蘿蔔。煮胡蘿蔔的水甜絲絲的，含有一些糖分，母親總是讓給我喝。冬春兩季，四個月的時間，一千多斤胡蘿蔔都被母親和我們小弟兄倆消滅了個乾淨。

胡蘿蔔做為蔬菜，被人們推崇為很有營養的食品，如果做主食，就會覺得它除了水分外沒有多少充饑的價值。食物有限，餐桌上稍微有些營養的東西，母親都盡給我們吃，她自己挨餓更甚。她的雙腿那年冬天浮腫得厲害，步行去服裝門市部上班，兩公里多的路程，中途都需要找地方坐著歇息幾次。

那幾年，我和弟弟都停止了發育，全家人只能說是沒有餓死，勉強活了下來。很多年後，提及饑餓最嚴重的歲月，母親就說是「咱們吃胡蘿蔔的那年」。

那一時期，全國究竟餓死了多少人？一千多萬？三千多萬？始終都沒有一個接近真實讓經歷過那一年代的人們信服的數字。劉口村我的曾祖母；我外祖父的二弟；我們小四合院的鄰居趙石頭；烈屬蘭至兒的母親，都是一九六〇年去世的，饑餓造成許多人營養不良而死亡。

饑餓，是我童年記憶中印象最深刻的事情。時至今日，我依然能夠把當年那些曾經被用來填充肚皮的東西按照口感習性進行一番精準的排列：

一、**野菜及其它採摘自田野荒坡之物：**

莧菜，不耐旱，採摘不易，只有土壤肥沃的菜園子裏才有；

灰菜，分布極廣，生長力極強，水分極大，只有嫩葉可食用；

豬毛菜，耐旱，臨清一帶，好像只有龍山附近有；

以上三種，是野菜中的上品，口感都不錯，據說富含維生素，饑餓的年代哪裏還講究什麼維生素，只知道它們所含的碳水化合物十分地少。

馬齒菜，水分大，易生長，容易採摘。

苦菜，開小黃花，葉片斷裂處，會流出白色的漿水。味很苦，煮熟後用涼水浸泡方可食用。

老鴰筋，味略苦，口感粗糙；

禿榴酸，生長在潮濕低窪處，有纖毛，嫩葉生吃味酸，口感粗糙；

刺兒菜，味道口感都極差，刺扎嘴；生長力極強，鋤地之後，只要留下少許根鬚，幾日內就能再生出嫩芽；

地瓜葉子，粗糙，幾乎全是纖維，曬乾後可長時間存放。

茄棵皮，茄子棵枝杈的皮，厚而筋道，曬乾之後，除了味道不同，儲存食用方法與地瓜葉子相同；

白菜疙瘩，白菜根去掉外面的硬皮，裏面那塊拇指肚大小的柔軟部分可食用，蒸熟口感面而無味；可鹽漬為鹹菜；

胡蘿蔔櫻子，曬乾後食用，極難吃；

二、從樹上掠食採摘的：

榆錢，味甜，可生吃，蒸熟後綿軟，可謂最上乘的代食品。可惜太少，且只有每年的五月間有三五天的收獲期。

榆樹葉，味道一般，富纖維，如同大路蔬菜的老葉子，只能熟食。

槐樹花，味道微甜，但有毒，食用後人的臉和眼皮都會腫起來。

槐樹葉，味苦，毒性比槐樹花低；

柳樹葉，味苦粗糙，煮熟後在水裏浸泡一天，還是很苦澀。

楊樹葉，粗糙，嫩葉上有一種黃顏色的膠，黏嘴，反覆清洗浸泡也不清除。

三、**從糧店用糧食指標購買到的代食品：**

麩皮，味道最好，營養最高（據說富含維生素B1），是最接近食物的代食品；

穀糠，小米的外殼，口感粗糙；

玉米芯，粉碎的顆粒再小，口感還是極為粗糙。用現代的技術氨化發酵後可用來餵牛；對人的腸胃來說，它幾乎就沒有一點可供吸收的營養。

棉籽餅，棉籽榨油後的渣子，褐黃色，極粗糙，通常只用做肥料。它有毒，含有高濃度的棉酚。棉酚是一種十分有效的男用避孕藥。可以肯定地說，食用棉籽餅對推行計劃生育非常有利。

上述四種從糧店購得的代食品，進入人的腹腔，都容易造成結腸疲勞，結腸疲勞的結果是極度便祕，便祕到需要使用冰糕棒之類的工具協助才行。

四十、一九六〇年暑假——「旅遊」的樂趣

生活貧困，腹中饑餓，童年歲月仍然有歡樂。一九六〇年的夏天，因為從四年級到五年級是從初小升高小，暑假沒有作業。我決定痛痛快快地玩耍，玩耍的內容是旅遊。一個十歲男孩所設想的旅遊其實就是逛街，

我決心逛遍臨清的大街小巷，包括所有的胡同，大胡同和小胡同，還包括走不通的死胡同。

最初幾天，還有兩個同學陪伴我。後來他們對疲勞而枯燥的旅行失去了興趣。臨清的主要街道有商店，有機關單位，行人也多，還有些看頭；偏僻的胡同大同小異，每個院落的房子和大門也幾乎沒有多少差別，實在讓人乏味。沒有同伴相隨，我一個人照樣一條街道一條街道地走下去，連衛運河的西岸我也跨過先鋒大橋前去遊逛了一番。

我在進行如此枯燥的旅遊時，口袋裏沒有一分錢。口渴難耐，便去自來水供給站蹭一點涼水喝。臨清城內的自來水那時都沒有入戶，大街小巷隔不遠處就有一個出售自來水的水站，價格是一分錢兩桶。

有一天，我在大義街的一個胡同裏發現了兩個寫在牆上的標語：一個是「勤儉持家」；另一個是「勤剪指甲」。兩個標語離得很近，一樣顏色，同樣工整的美術大字。不知道是什麼人或巧合或故意創造了這樣一個幽默。我回家把兩個標語的內容告訴了經常一塊玩的同學，他們還不相信，要和我打賭，說一定是我認錯了字。第二天，兩位同學還專門跟隨我去了一趟大義街，實地考察驗證了「勤儉持家」和「勤剪指甲」。

我的旅遊計劃，沒有告訴我的父母。三弟的年齡太小，不能和我就伴。他即便身體能夠跟上我的腳步，也不一定有我這樣的興趣。十週歲的我完成這個計劃也需要很大的毅力和氣力。

我之所以制定這個計劃，大概是因為天生的習性，這習性到我成年以後，表現出來就是特別喜歡旅遊。在我看來，山清水秀的江南風光，譽滿天下的名山大川固然好看，沙漠荒丘寸草不生的鹽鹼灘也未嘗不是一種景致。我也許天生就具備旅行的能力。我記路的能力很強，行走在曲曲彎彎的街道上，我幾乎沒有迷過路。我能夠很準確地判斷方位，可以從一條街道走過去，再從另一條街道繞回來。

我努力地執行自己的計劃，中間雖有間斷，暑假結束前，我還是走遍了臨清的所有街道和城內幾乎所有能到達的地方，起碼我自己是這樣認為的。我當時還沒有認識到步行對鍛鍊身體的作用。

完成暑假的旅遊壯舉，我的收獲很大，我生活的城市對於我突然變得更加熟悉了。我相信多數臨清的居民，包括我的老師同學和我的父母，也包括許多在臨清生活了多半輩子的人，都沒有像我這樣，在所有的大街小巷都留下過足跡。我的另一個收獲是把鞋底子磨透了氣。母親手工做的布鞋，麻線納的鞋底子很結實。我那個夏天的確走了不少路。

那個年代，臨清的街道上游動著很多耍手藝的匠人，我行走間最大的樂趣是住足觀看工匠表演自己的手藝：補鍋匠的大風箱把焦碳吹出粉紅色的火焰，坩堝裏的碎鐵熔化成鐵水。補好了的鐵鍋，裏面光滑，外面有兩排突出的疙瘩。

錫匠把舊的錫器砸爛，剪碎，在一柄鐵勺子裏熔化成液體。兩塊蒙了草紙的木板，中間用環成一圈的細繩隔出縫隙。細繩的粗細將決定半成品——錫片的厚薄。把錫水從木板的小孔灌注到縫隙裏，頃刻就凝結成一張有著金屬光澤，薄而均勻的錫片。錫匠如剪紙板一般把錫片裁成各種形狀。一番敲打，便成了一件嶄新的錫器。我還注意到，殘破的舊錫器和加工好的成品錫匠都要秤出重量。加工過程是有損耗的。

回家以後，我比著葫蘆畫瓢，用膠泥捏成模子，把牙膏皮放到盛飯的勺子裏在火爐上溶化，那時的牙膏皮多是軟金屬合金做的，澆鑄出奇形怪狀的作品。結局是因為污染了飯勺子，並浪費了牙膏而受到母親的批評。

在我看來，瓷器匠的工作才是最精巧最神奇的。黃的紅的粗細不等的銅線和鐵絲，敲打成大小不一的鋦釘。戴著老花鏡的瓷器匠把飯碗或瓷盆的茬口清理乾淨，用鉛筆在選定的位置上畫一個個黑點，然後擦擦手，滿臉莊重的神態，解開衣服的紐扣，從內衣的口袋裏掏出一個袖珍木盒。木盒裏一塊軟布，包裹著一個兩寸長短的銅鑽頭，鑽頭的頂端鑲嵌著小米粒大小的鑽石。瓷器匠把鑽頭貼近眼鏡端詳一番，然後安裝在弓鑽上，弓鑽的另一端套上一個圓圓的銅帽，有鑽石的一端在嘴裏含一下，沾上一些唾液，對準瓷器上已經畫了黑點的位置，一隻手按住銅帽，一隻手拉動弓弦，頃刻鑽頭就在瓷器上打出一個小洞，鑽頭的周圍湧出一小堆白色的碎沫。俗話說：「沒有金鋼鑽，別攬細瓷活。」就是說的這個行當。

我十分羨慕瓷器匠的這個玩意兒，幻想自己以後有了錢，先買一個帶金鋼鑽的鑽頭，專挑選那些堅硬的物件，隨意鑽上它許多孔眼。

街上還有專門修理籠屜的篾匠。篾匠的挑子又高又寬，裏面放著許多做籠屜的原料：竹條；草墊；捲成一圈一圈，不同寬度的薄木板。好在這些原料都沒有多少重量，篾匠挑著擔子行走間，手中不停地擺動一個用十多片薄鐵板做的響器。嘩啦嘩啦的聲音，讓很遠的人都能知道篾匠的光臨。

多年以後，隨著生產的進步，人們使用的器具有很大變化。補鍋匠，錫匠，瓷器匠全都從市井生活中消失了；修補籠屜的技術也沒有了多少市場。在我童年的記憶裏，那些匠人簡直就是藝術家。看他們表演讓我享受，讓我歡樂。

那個時代，臨清的小雜貨攤和換廢品的小販都出售一種叫模子窠的玩具，一分錢就能買到一個。模子窠都是用泥土燒製出來，形狀多是圓的，也有方型和長型的。模子窠的圖案有人物，花鳥，動物，把黏土加水揉成的膠泥填充到它的槽裏，可以把圖案形狀複製出來。有一兩年的時間，我對玩模子窠非常著迷。最多的時候積攢的模子窠有五六十個之多。

我還嘗試著自己加工模子窠，具體的工藝是把複製的帶圖案的膠泥曬乾，用柔軟的膠泥把它再複製一遍，二次複製出來的膠泥模型周邊也捏成槽狀，把這個作品曬乾後，放到爐火裏燒，一個和原來的模子窠形狀圖案都相同的新模子窠就製成了。我的嘗試成功率不高，多數在最後的燒製時不是變了形，就是裂成了碎塊。玩模子窠很類似如今的陶吧。呵呵，我那時還挺新潮的呢。

第五章　童年歲月（下）

四十一、重返三完小

父親從小有著坎坷的求學經歷。戰爭動亂幾乎讓他無法進入學校學習；祖父對他上學讀書的願望也沒有給予過應有的支持。這些都在父親心中留下了陰影。陰影反射到我的身上則變成了光明，我上小學以後，我父親對我學業的關心超過了同時代大多數做父親的人。

一九六〇年夏天，我在三元閣小學升入五年級後，父親認為三元閣小學的教學質量比較差，就把我轉到了距離我們新搬的家最近的師範附小。在師範附小讀了幾個月，整個秋天大部分時間都是去地裏勞動，拔草打豬菜，搞所謂的勤工儉學。父親怕我這樣荒廢下去，又把我轉回了三完小。我第二次在三完小讀書是從一九六〇年初冬開始到一九六二年夏天畢業。雖然不到兩年，卻有許多事情值得回憶，所以我要單獨寫它一章。

三完小離我們的新家有四五華里遠，每天跑四趟，總共要有十多公里的路程，父親和我都覺得為了讀好書路途遠些算不了什麼。那時臨清各小學之間的轉學手續非常簡單，只要從轉出的學校開出轉學的介紹信，轉入的學校就無條件接受，不需要找熟人託關係。

以後的事實證明父親給我轉學是正確的，到我升中學那年，三元閣小學畢業的學生，報考中學者全部落榜；師範附小升入中學的僅有一個學生。很難想像如果我連初中都升不上，會是什麼樣的情景。從小父親為我確定的目標就是小學中學大學一直讀下去。我們那時不知道，大學畢業以後還可以讀碩士讀博士，只知道大學畢業以後是留洋。那個年代留洋都是去蘇聯或其他的東歐國家。父親和母親不止一次說過，他們最大的理想是讓我們弟兄三個都能夠讀上大學。他們還說：

「你們哪個本事大，讀完了大學再去留洋。」

我重返三完小後在五年級三班，班裏的同學有當年剛入學在一年級時就和我同班的任長友、張培珍、孫少秋；還有在幼兒園時的小夥伴王臨生、倪義芳。我再次回到三完小沒有一點陌生的感覺，很快和同學們融為一體。

五年級三班的教室是學校中間的大廳。它是科舉時代主持考試官員的正堂。大廳的面積相當三個或四個普通教室大，我們四十多學生坐在裏面，四周很空曠。下雨天課間休息，我們可以在教室裏任意奔跑嬉戲。有這樣的大教室實在是幸福，它唯一的缺點是屋裏的光線不好。到六年級時，我們就又換到了那位於學校東北角，當年曾經做過幼兒園教室的那座房子裏。

在三完小一年多，有三個老師值得我永遠懷念：

我五年級的語文老師叫李繼盤，家在農村，帶眼鏡，說話慢聲慢語，課講得好。小學老師的學歷一般是普通師範，李老師是後師畢業。文化大革命以後，李老師離開三完小去了中學任教，我曾經去中學看望過他。

我五年級的班主任叫周瑩，三十歲左右，皮膚白淨，面色紅潤，兩條烏黑的辮子，一個非常美麗的女老師。她還有一個美麗的女兒和一個漂亮的兒子。周瑩老師不光美麗，她的口才也很好，批評起學生來什麼樣的語言都敢使用，不論多麼調皮搗蛋的學生都怕她。

據說周老師的父親是一個文化造詣很高的文人，書法功底深厚，他的墨寶在臨清一帶可做傳世佳品。日本占領時期，周老先生曾辦過報紙，後來便被政府定成了歷史反革命。周瑩老師一家為了減輕政治壓力，只能盡力與周老先生劃清界限，致使老漢窮困潦倒，流落於街頭，孤獨悲涼中離世。

即便如此，文化大革命中，周老先生的問題依然要成為周瑩老師被批鬥的原因。批鬥會上，面對謾罵侮辱，周瑩老師當面反擊，和主持會的老師以及發言的學生對罵，全都不是她的對手。鬼也懼怕惡人，從此再也沒人敢無緣無故地碰周瑩老師的茬口。其實周老師對學生很好，她做我們的班主任時，管理學生表面上嚴格，內裏頭寬鬆，我們班的同學多少年後回憶起周老師都是這樣的評價。

一九六一年麥收季節，我向周老師請了兩個星期的事假，跟隨母親回劉口村拾麥子。因為貪圖收獲，我們滯留在老家的時日太久，延誤了事假的期限，我返回臨清上學時，同學們的期末考試都已經結束。當著全班的同學，周瑩老師大聲問我：

「這不是臧寶興嗎？哪陣風把你又給吹回來了？」

周老師批評我的話雖然尖刻轟動，事後卻沒有再讓我補考，我直接升入了六年級，周老師對我還是很照顧的。周老師只教了我一個多學期，升入六年級後就換成了馮老師。

馮老師叫馮連沂。一九六〇年許多中學下馬解散，馮老師就是剛從某個解散了的中學下放到三完小的。中學老師的教學水平自然比小學的高，我們班的同學遇到馮連沂老師，應當說是我們的幸運。

那時馮老師剛剛結婚，師娘叫王秋榮，大眼睛白皮膚很漂亮。馮老師和王師娘的新房就在學校裏面，一間平房，緊靠著某個班級的教室。新房的房間很小，馮老師做飯用的火爐只好擺放在屋外。我們從馮老師家門前經過，如果火爐上正座著一把鐵水壺燒水，就會有一個同學掀開壺蓋，另一個同學拿一塊煤餅放入壺中；如果火爐上墩著鐵鍋正在煮飯蒸饅頭，可能會有一把爐灰圍繞著鍋沿撒上一圈。

當然玩弄這些非常把戲的都是男生，女同學看到了也只是捂著嘴笑個不停。辦這等壞事的男生們並不是與馮老師交惡，而且個個都和馮老師要好，純粹出自兒童調皮的天性。即便是饑餓難捱的日月，一群十二三歲的天真少年聚在一起，搞些惡作劇也是難免的，只是我們六年級三班這些喜歡搞惡作劇的男生實在是囂張，花樣特別出奇。

我們這夥男生的頭領是花俊起，他比我大一歲。花俊起是我們班的班長，學習好，所以有號召力；他很聰明，玩耍的點子多，所以有凝聚力。花俊起既然是班長，行為就要盡量地規矩一些，往馮老師家的水壺裏放煤餅，鍋沿上撒爐灰之類的勾當，他不會做。那些事情一般是由最調皮搗蛋的孫少秋、侯尚方幾個同學操作。讓馮老師和王師娘氣憤不已哭笑不得的把戲，我也壯著膽子幹過一兩回。我在我們的團夥裏屬於次等角色，屬於那種雖然很積極，卻因為膽量小，缺乏創意，只能跟在大家後面跳躍吶喊，但非常忠心耿耿的成員。

不僅我們的首領花俊起學習好，班裏幾個學習好的同學幾乎也都凝聚在我們的團夥裏。我們所從事的違反校規之行為，除了針對馮老師的惡作劇，不外乎爬樹上房游泳跳牆一類表現體能技能的活動。我們不打架，不罵人，不遲到，不早退。我們不僅學習好，老師佈置的作業也數我們完成得認真。馮老師對我們幾個這樣的學生真是愛恨交加。

我們做出違反學校紀律的事被馮老師抓到後所受的懲罰通常是罰站。我們對付的辦法是每當馮老師讓一個同學去教室外面站著，我們就會有三五個夥伴主動去陪綁，多的時候有十幾個無辜者故意陪著到教室外面去造聲勢，有一次竟然全部男同學都加入了被罰站的行列。馮老師你總不能連課都不上了吧？頃刻就會把我們統統趕回到座位上。

馮老師更為嚴厲的處罰是沒收紅領巾，我們同樣有對付的辦法：下午放學以後，等馮老師回到他的那間平房，王師娘也下班回來了，新婚的夫妻正要甜蜜地相對，被沒收了紅領巾的同學就會恰逢其時地出現在馮老師的面前。不用說一句話，低頭陪老師和師娘站著，用不了幾分鐘，馮老師就會把紅領巾物歸原主。我們的伎倆屢試不爽，馮老師真是拿我們沒辦法。

我更應該感謝我的師娘。王師娘就和我母親在一個服裝門市部上班。我被罰站被沒收紅領巾以及其他調皮搗蛋的行為，師娘一次也沒有告訴過我母親。而我哪一次考試取得了好成績，或者受到什麼表揚，師娘就會早早地說給我母親聽。王師娘報喜不報憂的美德恩德，讓我感激萬分。

三完小六年級共有三個班。一班是學校的先進班級，隊列、紀律、著裝、少先隊隊日活動都是全校最好的。他們班和他們的班主任胡老師經常代表學校參加全市的活動。和一班相反，我們三班的學生因為屢屢違反校規三天兩頭受到學校領導的批評。這自然讓馮老師很沒有面子，也使馮老師中學教師的水平受到了質疑。

我們這夥搗蛋鬼也有為馮老師爭氣，讓馮老師揚眉吐氣的時候。一九六二年夏天小學升初中無疑是臨清歷年來最難的一屆考試。因為國家極度的困難，兩年內解散下馬了許多中學。保存下來的中學招生的人數也大幅地減少了。那年，三完小三個畢業班升入中學的總共才十二個學生，我們三班就考中了九個，而經常受表彰的一班只有一個倖存者。我們這些因調皮搗蛋而名聲在外的學生，讓班主任馮連沂成了全校名氣最大的老師，以至於後來有許多家長指名要把自己的孩子轉到馮老師帶的班級來。

馮老師為帶我們這些既壞又好，既調皮搗蛋又認真學習的少年真是費盡了心血。我們畢業的時候他累倒了，病了很長時間。我在母親上班的地方，遇到王師娘。說起馮老師患病，王師娘笑著對我說：

「都是讓你們這幫小子給氣的！」

王師娘說的一點兒也不假，我們這夥搗蛋鬼也為此內疚了好多時日。

馮老師後來因故調到一完小去了，並且改行做了體育老師。馮老師和王師娘養育了兩個兒子。

六年級三班當年升入初中的九名同學是：

花俊起、王臨生（後改名為王子雲）、夏廣泰、楊德雁、臧寶興、孫少秋、張淑珍（女）、潘金梅（女）、田秀雲（女）。

現在還能記得姓名的其他同學有：侯尚方、倪義芳（女）、符振甲、張培珍、任長友、黑印江、邱惠萍（女）、廖言祥、田桂榮、皇甫雲然。

四十二、一九六一年暑假——兩支鋼筆的故事

兩支鋼筆的故事發生在我十一歲。讀五年級的時候，父親給我買了一支紫紅顏色的鋼筆，「淮海」牌，我很珍惜。那時期不僅缺少食物，什麼東西都匱乏，寫字用的紙也很難買到。學生的作業本幾乎都是很黑很粗糙的再生紙。再生紙再生的工藝很簡陋，有的紙面上竟然會保留著成塊的舊報紙碎片，零星的鉛印仿宋字還可以看得清楚。再生紙裝訂的作業本，我們學生正面寫過作業後反面還要用來做演草紙。墨水也很金貴，二分錢買一片墨水精可以兌成一瓶墨水，只是寫出字來很容易退色。在我的所有文具中，那隻鋼筆最為珍貴。

一天，不幸的事情發生了，我那隻紫紅色的「淮海」突然不見了，在學校和家裏尋找了幾天，最終也沒有找到。我不想把這件事告訴父親和母親，我不願意惹他們不高興。我更不願意因此受到批評。去文具店看過，買同樣的一隻鋼筆，需要七角三分錢，我決定自己籌集這筆不小的資金。

平日我沒有什麼零花錢。即便偶爾得到幾分零錢，也都讓我用於看小人書花掉了。要想籌集買鋼筆的錢，我只有自己創收。母親沒有工作的那幾年，曾經帶我去打豬草賣給飼養場，可以賺些零錢。放暑假了，我決定自己去打豬草賣錢，這是十一歲的我能夠找到的唯一酬款渠道。

拿著鐮刀和口袋去莊稼地裏，去道路旁，去池塘邊打豬草，最累人的是把口袋裏的豬草背到飼養場去。為了多賣一些錢，我盡量把口袋裝得滿一些。剛把口袋背到肩上還不覺得十分沉重，走上一段路，腰就有些吃不消。換一個肩膀，輕鬆了一點兒，可以再走一會兒。實在走不動時把口袋放到地上，直直腰，喘口氣，落落汗。

去飼養場的路程一公里或兩公里或三公里，需要歇息好多次。為了減少歇息的次數，我找到一個數電線桿子的辦法。累了需要休息了，我仍然咬牙堅持再走一個電線桿子的距離。把一個大目標分解成幾個或十幾個小目標，完成了每一個目標都有成就感，許多小成就加起來就是一個大成就。

如果背的是餵羊或餵兔子的青草則要用繩子捆綁，然後把繩子套在鐮刀的柄上，再然後把鐮刀柄扛在肩上。沉重的青草使鐮刀柄把肩膀壓得紅腫，皮膚上滲出道道血痕。時間一久，我的肩膀上也生出一層厚皮。

我觀察過，臨清那時打青草賣錢的人，多數都有一輛獨輪小車，很少像我一樣完全靠肩膀來背扛的。

高級一點的獨輪車，輪子上有一隻軸承，輪子周遭有橡膠。做車身的木架也是由正式的木工安裝製作。木架的下面有兩根豎腿做支撐。木架扶手的頂端可以固定一根繩索或布條。推載重物時，把繩索布條套在脖頸上，可以大大減輕雙臂的負重。

簡易獨輪車則只有一個鐵輪，沒有軸承沒有橡膠。做車身的木架也只是兩根木棍上胡亂固定幾根木條或幾塊木板。輪子和做車軸的鐵棍之間，即便摸上一些潤滑油，行進時還會發出吱扭吱扭的刺耳響聲。

背負大捆的青草艱難地數電線桿的時候，我最大的願望就是自己也能製備一輛小獨輪車，哪怕是最簡易的那種。給我一隻沒有軸承沒有橡膠只有一個孔的鐵輪就行。我自己可以尋來做車軸的鐵棍，還可以尋來幾根樹枝捆綁成車架子。

有一段時間，我對一隻輪子的渴望，達到了日思夜想的地步。甚至輪子形狀的物體多次出現在我的夢中。

情節多是我行走在路上的時候撿到了一隻可以屬於我的輪子。夢醒之後的感覺自然是非常失望。我曾經多次去雜貨店打探，一隻輪子需要七八元錢，遠遠超出了我的購買能力。我只能堅持不懈頑強不屈地鍛鍊我的肩膀和腰身。

每次賣豬草的錢並不能全部歸我，大部分要交給母親，我只能少量截留。一個多月的暑假，我幾乎全在艱苦奮鬥中度過，終於酬齊了買鋼筆的錢。我去文具店把我朝思夜想的那支紫紅色淮海牌鋼筆買了回來。我的心裏非常高興，如同完成了一項重大的事業。購買了鋼筆後還剩下幾分錢。我買了兩塊糖果，然後去「進德會」裏（臨清城裏的公園——見接下來之〈四十五〉）的書攤，痛痛快快地看了幾本畫兒書，好好地慰勞了自己一番。

開學後不久，一天晚上我正在寫作業，用的就是我新買的那支「淮海」。母親坐在我旁邊做針線活。突然，母親從她的針線盒子裏發現了我原來的那支「淮海」。母親的驚訝之後是我目瞪口呆；然後是我張口結舌；再然後是母親的批評、感歎和同情。最後的結局是沒收了我的一支「淮海」。

多年以後，閱讀法國作家莫泊桑的小說《項鏈》。我的感受與很多人或許有些不同？

四十三、大西河

京杭大運河和衛運河在臨清交匯。京杭運河穿過城區，因其狹窄且基本斷流，成了一條死河，臨清人稱之為小運河或小東河。

衛運河又稱作衛河。衛河名稱的來源，幾乎可以肯定是因為它流經的區域很大面積是春秋時期衛國的地盤。

衛運河位於臨清主要城區的西面，不僅上游漳河的水量充沛，而且經由河南中部聞名遐邇的人民勝利渠從黃河裏引水，河道寬闊，水流湍急。顏色與渾濁度幾乎和黃河完全相同的河水翻滾著層層的漩渦，奔騰不息朝天津方向流去。衛運河因此被臨清人稱做大西河。大西河裏有南來北往的船隻。有揚著白帆的木船，帆船在沒有風或風向不對時要靠人拉縴；也有小火輪拖著的駁船。一隻小火輪拉著許多隻裝滿貨物的平底駁船，小火輪鳴著汽笛，慢吞吞地前進，每隻駁船的船尾，站著一個操舵的人。

大西河貨物運輸繁忙，臨清城北設有一個碼頭，擔負貨物裝卸的單位名曰臨港大隊——或許叫臨清港務局或臨清港裝卸公司更恰當。臨港大隊的搬運工人多數「苦大仇身」，屬於產業工人，文化大革命中所向披靡，頗具戰鬥力，臨港大隊成為一個讓人生畏的武鬥和刑訊據點。這是後話，暫且不表。

我是十一歲那年夏天學會游泳的，學習的地點在「進德會」門前的小運河裏。小運河的水淺，是十多歲頑童嬉水的好去處。輔導我學習的教練是花俊起、侯尚方諸位同學。按照他們的指導，我用棉花球塞住耳朵，閉上眼，捏住鼻子，頭扎進水裏，胡亂撲騰了一個下午，喝了不少渾濁的髒水，我就成了一個會游泳的少年。從此，每年夏天，臨清城內那些適合游泳的河渠溝塘：後浦、後坑、護城河、蠍子坑（水塘的形狀如一隻蠍子），北大窪，小運河都是我們玩耍的樂園。

或因為饑餓，或因為生長的基因，和同齡的夥伴們比我的身材要矮小很多，骨骼肌肉都不強壯。但我熱衷和同學比賽游泳的本領。比賽潛泳，也就是所謂的扎猛子，如果能夠潛到水底用手抓著污泥，前進的速度比只用手撥水要快。我下水後，身子往往向上漂浮潛不到水底。我克服的辦法是找來一塊磚頭，用一隻手握著磚頭，另一隻手抓水底的污泥，速度就快了許多。有了速度，我可以一口氣潛泳二三十米的距離，能夠把那些不拿磚頭的夥伴們落下很遠。我的這種技巧屢試不爽，直到有一次我的胸部被水下瓦片一類的利器劃出了一道兩寸多長的口子，鮮血一直流淌到腿上腳上，痊癒後留下了一道長長的疤痕，我才再也不敢潛到水底冒險了。

三完小北面，出紙馬巷北口，是一條稱做「後坑」，也叫做「死河子」的廢棄河道。那本是元朝大運河的遺址。河道上架著一座石拱橋，名曰「鴿子橋」，橋面離水有三四米高。我們去「死河子」游泳，常從「鴿子橋」上往下跳，類似體育比賽高臺跳水運動員那樣。我們跳水的動作多數是「冰棍」狀，撲通一聲垂直跳入水中。

學齡少年下河游泳歷來是家長和老師嚴加禁止的行為，禁止的原因是擔心學生發生意外。家長和老師們有許多檢查我們是否違反過禁令的辦法：

一是用鋼筆在身上寫字，畫上各種各樣的符號。我們對付的手段是先用紙把字跡符號描下來，游泳過後再比著葫蘆畫瓢在原來的位置複製；

二是在河水池塘裏游過泳，身上的皮膚乾了後用指甲一劃，會有一條白色的痕跡。我們照樣有塗改犯罪記錄的本事。游泳以後再去跑步，讓渾身出一層透汗，任誰的指甲再也蹭不出劃痕。乾淨的腿腳手臂上再撒些塵土，塵土上淋幾滴水點子，完全一副多日不曾接觸過液體的模樣。

先我學會游泳的同學告訴我，每逢下水之前用自己的熱尿塗抹一下肚臍，可避免游泳過程中發生腹痛一類的病症，天氣涼爽水溫低時尤其管用。雖然沒有什麼科學根據，我卻堅信不疑，每次都照章操作。直到四十多年以後，耳順之年的我游泳入水之前，還會習慣性地揉揉肚臍，小便也蠢蠢欲動，真是積習難改呀。

那時，臨清縣城的少年小子最能顯示自己膽量證明自己勇氣和游泳技能的行為就是敢不敢橫渡大西河了。

大西河在臨清城區的一段，河面寬一般在一百米左右，水渾流急，有漩渦。去那裏面游泳既需要技能，更需要勇氣和膽量，每年都有犧牲於斯的殉難者。不准許自己家的男孩子去大西河裏游泳，是臨清中小學生每一個家長都關注警惕的頭等大事。學校的師長們對此更是三令五申，無不對那些熱衷於下河游泳的男學生嚴加管束。

我在感覺自己游泳的本事差不多了的時候，決定去橫渡一次大西河。我做這樣的決定，一是想證明自己的本事膽量，還有一個原因是父親送給我的一本書：李銳的《毛澤東同志的初期革命活動》。這本書我保存了許多年，讀過好幾遍，對我的影響很大。毛澤東年輕的時候就經常去湘江裏游泳。我認為湘江可能是和大西河差不多的一條河流。我很想在這一方面模仿一下偉大領袖毛澤東。

我單獨橫渡大西河的時間大約是我十二歲那年的暑假，升初中的考試過後，還不知道結果的期間。我忘記了是約過哪個曾經有過如此經驗的同學。他因為有事不能去了。我就一個人到了大西河邊。

那天，天上沒有太陽，雲很薄，天空很亮。河裏有一些游泳的人，多數在離岸不遠水緩而淺的區域。有游著往返對岸的人，都是青壯年男子。我脫掉衣服鞋子，那時在大西河游泳的人多數全裸，包括成年人等。我下水試游了一會，鼓足了勇氣往西岸游去。

以往我從來沒有在流動的水裏游過。剛剛入水有些不適應，只是本能地順水下漂。待斜轉身體朝西南方向划水，才有了往前行進的速度。游到河的中央，內心雖然依然緊張，遙望兩岸，也有一些自豪的感覺。繼續奮力划水，快到岸邊，我趕緊落足摸地。沒承想離岸不足兩米之處，水深依舊沒（mo）人，刹時沉入水中。急流沖著我繼續下走，我在水底已不知東西南北。等我浮出水面，已經身處下游數十米處。我掙扎著爬上了岸，渾濁的河水早喝了幾口，鼻子也被嗆得酸疼酸疼。我倒在岸邊的沙地上，竭力從驚慌中清醒過來。岸邊不遠一個全裸著身體，年齡三十歲左右的男子，走過來拍拍我的後背，沒有說什麼，也歪倒在離我不遠的地方休息。

那段大西河有一個明顯的拐彎，大凡河流的彎處，流水多半會有些詭異。靠東岸水緩，所以岸邊平坦；西岸水急，便沖刷得陡峭。回望東岸我下水的地方，東南方向已經有三四百米遠。我回想剛才的情形，心裏十分膽怯，不敢再往回游。北邊距離唯一的橋樑先鋒大橋，少說也要一公里遠。自己全身赤裸無法去大橋上繞行，權衡再三，只能原路返回。

端詳兩岸的地形位置，我沿河的西岸上行了幾百米，鼓足勇氣下到河裏，奮力往東岸划水。那關注我的裸體男子，也在離我不遠的地方開始往回游，原來他是在暗暗保護我。有他的陪伴，我的怯意漸消，平安地游回了東岸。那男人朝我笑笑，並沒有說話。我打心裏感激他對我的關照護衛。幾年後，我在文革的遊行隊伍中看到過他，大概是哪個廠裏的工人。

冒險游大西河的過程，我回家後沒有敢和父親母親說，讓他們知道了，肯定會招致嚴厲的批評。我認為我的那次橫渡也並不算成功，屬於暴虎馮河的魯莽行為。即便自己不滿意，以後當有人問我游沒游過大西河，我還是會頗有些自豪地回答：那還用說呀？

如今的大西河，已經沒有了流水，狹窄的河道裏是墨黑的污濁。風光秀麗的衛運河，成了河南、山東、河北三省共用的排污溝。每年，三個省的官員和民眾都要為爭論誰污染大自然的行為更惡劣而爭論不休。官司常常要打到北京去，污染的程度卻日益地加劇。當天津那樣的大城市乾渴得實在厲害的年月，國家就組織人力物力，疏通運河，從黃河裏往北方調水。積存在大西河裏的污水就摻到了黃河水裏流往天津。

二〇〇六年也是通過這個路線給乾涸的白洋淀補充了數億立方的水。我很擔心大西河裏的污泥濁水會不會加重我故鄉白洋淀的污染。

四十四、舍利寶塔

臨清的少年男子顯示自己膽量和勇氣的另一個標誌行為是敢不敢攀登舍利寶塔。下面是臨清政務網頁上關於舍利寶塔的介紹：

舍利寶塔聳立在城北大運河東岸，雄渾高峻，巍峨壯觀。舍利寶塔是全國重點文物保護單位。它與通州的燃燈塔、杭州的六和塔、鎮江的文峰塔並稱「運河四大名塔」。此塔建於明萬曆三十九年（一六一一年），塔高六十一米，九級八面，樓閣式，通體近垂直，仿木結構，剎頂呈將軍盔形，屬省內僅見，基座八面，每面長四點九米，底面積為一百八十六平方米，其空間面積可達七千立方米。外簷磚木結構，簷下為陶質仿木出挑斗拱，轉角斗拱下垂陶質蓮花垂柱，斗拱下部鑲嵌陶質「阿彌陀佛」四字。門楣上鐫刻「舍利寶塔」四字。進入塔室，各層闢有轉角形石質梯道，可迂迴逐層攀登至頂層。各層為穹隆頂，頂上施龍骨架，地面平托金絲楠木樓板平面鋪青磚，每層闢八門，四明四暗。各層塔心室內皆有刻石，畫像鑲嵌壁上，實塔中心部位原有金絲楠木通天柱，上至塔剎下直落地宮，以承托每層平面負荷，此作法當屬宋代遺風。

這座舍利寶塔通常被稱做「臨清塔」，九層六十多米高。歷經了四百年的風雨，它的第三層和第五層的臺面已在戰亂中遭遇火災坍塌毀壞了。要想攀上頂層，經過三層和五層時，必須從塔身的外面側身蹭過去才行。

塔身外面的磚簷寬不到二尺，第五層離地三十多米。那麼高的去處沒有任何可以依扶的東西，的確考驗人的膽量。

攀登舍利寶塔的壯舉，我也是在十二歲那年完成的。跟隨我一塊兒去的，有我同院的夥伴老民和張柱，他們的歲數比我小，都還不到十歲。去舍利寶塔，需要沿衛河東岸的大堤北行數華里。饑餓的年代，沒有遊人，更沒有守衛和收取門票的人。塔門洞開，隨意觀瞻攀爬。四百多年間不知道有多少人曾經登臨其上。遊人的雙足把登塔的青石臺階磨出了兩條寸餘深淺光滑圓潤的溝；由長方型青磚鋪就的地面也被歷代先人的鞋底磨去了幾乎兩層。如今的蹬踏處和最初的地面相比，已經是崎嶇的深坑。

我帶老民和張柱登到三層，二人就不敢繼續往上。我一個人壯膽從第三層的窗口爬到牆外，沿磚簷圍繞塔身側行半圈，再從另一窗口進入塔內，方是去第四層的臺階。第五層也是這樣的路徑，只是因為離地更高，便感覺牆外的磚簷更窄。低頭朝下觀望，雙腿就有些打顫。趕緊彎曲了雙腿，眼睛也不再旁顧，僅盯住了腳下的磚塊，側著身子，後背緊貼著牆，一寸寸地挪動了許久，方才到達了通往第六層石階的視窗。從這裏去最高的第九層，除了石階洞裏黑暗，其他就都暢順無阻了。站在第九層朝南的窗口往下面看，老民和張柱已經回到塔的外面，正仰面尋找我的身影。我朝他們揮了揮手，二人可著嗓子呼喊一聲，表示空懸了良久的心臟，回落到自己的胸腔。

臨清周圍是一望無際的大平原，地勢基本沒有起伏。舍利寶塔的頂層無疑是方圓百里的制高點。站在上面遠眺，綠色的田野，黃色的大西河。我那時雖然還不知道北宋范老先生曾經使用過「心曠神怡」這個詞語，卻也完全和他登臨岳陽樓時有著相同的感覺。

舍利寶塔上，安置了一個三十多米長，一米多高，由三角鋼焊接的鐵架子，兩端從第八層東西兩個窗口伸出塔外，那是用來做跳傘訓練比賽的。跳傘鐵架大概是「大躍進」時的產物，也算是古物今用。我四肢並用像跳傘運動員那樣攀上伸出西面的鐵架。爬了數米，人就完全懸在了空中。我定了定神，雙腳站穩，決定做一件快意的事情：鬆緊帶的褲子退下一點，小雞雞裏的水就暢快地流了下去。我本想用些氣力，把排泄從臨清的最高處撒向衛運河裏。舍利寶塔距離大西河的河床，沒有一百米也有八十米。即便我長成張飛李逵那樣的漢子，也不可能拉撒得如此距離。南風把些許液體吹散開來，變成若干水滴。天降甘露最終全都飄落到舍利寶塔北面的荒草上了。

原路返回的時候，我滿懷著征服者的愜意，心裏也不再那麼膽怯。回到地面，我鼓動兩個小夥伴也像我一樣「勇敢」一次。結果只有張柱一人隨我再次攀登到頂層。而表現最差的老民比張柱還大一歲。成年以後，張柱工作生活的能力都比老民強許多，可見男人有必要從小就鍛鍊培養自己的膽量。

臨清周圍流傳著一個關於舍利寶塔的傳說。說是如果有七個姓齊，年齡又都是七十歲的老頭同時騎著黑色的毛驢走到舍利寶塔下，舍利寶塔就會轟然倒下。還有人添枝加葉地補充說：七頭黑色的毛驢必須都是白色的蹄子。辛虧從來沒有人召集過這麼年邁裝備又這樣奇特的恐怖分子，不然的話古運河旁早就沒有了舍利寶塔這麼好的一道風景。大概白色蹄子的黑毛驢的確不容易尋到。

四十五、進德會

臨清城裏有一個公園。多數縣城和小城市都沒有公園。按照這樣的標準，臨清的公園真不算小。臨清的公

臨清進德會（大眾公園）裏的牌坊式影壁。這幅黑白照片拍攝於一九五九年冬天，兩幅宣傳畫都是關於大躍進的內容。矗立在它南側的武訓塑像上世紀五十年代初被砸毀；位於它北側的乾隆御碑則毀於一九六六年文革初期的破四舊運動。

園叫進德會，是民國初年建立時的名稱，後來改成了大眾公園。很多臨清人還都習慣稱之為進德會。

「進德」的名稱與劉口村我家族的堂號一樣，讓我有一種天意巧合的感覺。

進德會緊靠京杭運河。和進德會隔河相望的是募善劇院，建設的年代和進德會差不多，係當時的民眾募捐而建。後來改名為大眾劇院。改名的時間也和進德會相同。

進德會裏種植了各種樹木、花卉和碧綠的竹子。運河岸邊有許多樹幹一人合抱不過來的參天楊樹，夏季樹葉沙沙作響，秋季落葉一片金黃。松樹和柏樹也有許多，使得公園在冬天也有一些綠色。柏樹林裏豎立著兩塊御碑，是乾隆皇帝下江南路過臨清時的墨寶。原來還有紀念武訓的石碑和武訓的塑像，五十年代批判《武訓傳》時全都被毀掉了。

進德會裏最有名氣的景物是一棵棉花，準確地說是玻璃暖房裏種植的一棵最高大的棉花和幾棵也算高大的棉花。

臨清一帶種植棉花有著悠久的歷史，自民國時期始，就有省一級的棉花研究機構設置在臨清。

棉花原本生長在熱帶，是多年生的常綠植物。臨清棉科所的工程師們幫助進德會建築了一個近似熱帶氣溫的玻璃暖房，花費幾年的時間，在裏面培育出幾棵棉花樹。中間最高大的一棵樹幹直徑有碗口粗，高有六七米，超過了玻璃暖房的房頂，只好在上面又增加了一個大號玻璃箱體。

棉花樹周圍經常有頭上包著毛巾的老年農民光顧。他們有的是徒步跋涉數十里甚至數百里路專程慕名而來的，植棉高手們面對自己從未見到過的奇蹟感歎不已。棉花樹給世世代代種植棉花的農民，也給了我這樣對什麼都感興趣的少年很大的想像空間。

臨清人最喜歡的動物無疑是猴子，在進德會裏安家繁衍時間最久的動物是一群獼猴。即使在食物最匱乏的一九六〇年，臨清人也沒有捨棄它們。最艱難的日月，每天也有人給這些靈長類動物餵食幾個玉米麵窩頭。猴子們一代接一代在棲息的鐵籠裏玩耍著把戲，竭力取悅於主人和遊客。

我曾經無數次住足於獼猴的鐵籠之前，欣賞觀摩那些人類近親的機靈和情趣。遇到清掃猴舍，飼養員打開鐵籠的小門，手中的鞭子甩一聲脆響。小鬼頭們奪門而出，嗖嗖幾道身影，便竄入附近的樹林，攀爬跳躍打鬥嬉戲，享受一陣子回歸自然的快樂。飼養員清掃完畢後又甩一聲鞭子，猴子們又盡數乖乖地返回它們並不受用的鐵籠。莫非獼猴天生懼怕鞭子？

我十一歲那年，曾在猴籠前留下了丟臉的記錄。記得是一個星期天的下午，我站在猴籠外邊挑逗猴子玩耍。猴籠四周有一圈護欄。猴籠與護欄之間有一米多的距離。我偎在護欄上把手伸向猴子打招呼，猴子們都不理會。我在附近尋找不到其他有些長度的物件，就解下了自己的褲腰帶揮舞於護欄與鐵籠之間，希冀能吸引小鬼頭們的注意力。腰帶鐵件撞擊鐵籠的聲音，讓猴子們興奮異常，紛紛朝我靠攏了過來。我也和猴子們一樣地興奮，不停地用腰帶上的鐵件弄出響聲。一隻年長的公猴也被我的頑皮吸引過來，它不動聲色地看著我，並且用一臉與己無關滿不在乎的表情製造假象。當我把腰帶悠甩得靠近鐵籠時，公猴的一隻爪子突然伸出籠子，抓住腰帶的一頭，冷不防地拽了過去，然後朝我晃了晃戰利品，一副得意的樣子。圍觀的遊客們哄堂大笑，笑我的狼狽及猴子的聰明機智。結局是我回家時只能用手提著褲子。數日之後，我去回訪曾經讓我難堪的對手。我那可憐的腰帶還在鐵籠裏面，頑皮的小猴子拽著它竄上竄下，腰帶上的鐵件嘩啦嘩啦地作響。

令人費解的是臨清人稱猴子為「三」，籠子裏的那些「三」們，也都接受這樣的稱呼。有人在籠子外呼喚幾聲：「三！三！三！」（發音必須兒化韻猴子們才聽從召喚）猴子們便都會蹦蹦跳跳地圍攏上來。因為這個緣故，臨清人之間交往忌諱稱呼對方三哥。即使需要和真正的三哥說話，最好換個稱呼才好，以免造成誤會。

進德會裏經常有說書的藝人表演山東快書，最流行的是《武松傳》。除了傳統的系列段子《殺嫂》、《打店》、《快活林》、《逛廟會》以外，藝人時常會插播一段通俗下流的：「武二郎××長，騰楞一下子到南洋；腰裏盤三盤，抬著八抬筐；出門六十里，××還在炕頭上……」。說到這裏，女聽眾往往會害羞退場，男人們則報以一陣哄笑。

《武松傳》以外，山東快書還有《大實話》和《大瞎話》。《大實話》多歷史人物的內容，書詞現在記不清了；《大瞎話》還記得幾句：「東西的胡同南北走，出門遇到了人咬狗，拿起狗來砸磚頭，磚頭咬了狗的手……」《大瞎話》的名稱又被說成是《胡侃緣》，挺文雅的。

進德會裏還有拉洋片，玩把戲，變魔術，賣野藥的。賣大力丸的脫光了上衣，一副皮囊鬆鬆垮垮，兩粒黑乎乎的大力丸吃下去，頓時精神煥發，渾身的肌肉立馬都鼓了起來，一拳就把一塊木板砸得粉碎；吞鐵球的，一斤多大小的兩粒鐵球吞下肚，輾轉翻滾做痛苦狀。助手開始向觀眾斂錢，幾分鐘後，錢斂得差不多了，藝人大吼一聲，兩粒鐵球從嘴裏噴了出來，帶出一股黃水，大概是胃液，讓我相信其是真功夫；

吞匕首或寶劍的，匕首和寶劍的柄往往很長，我看過《三毛流浪記》之後，就明白了其中的虛假與玄機。

變魔術的讓人想入非非，尤其是能夠變出一疊疊人民幣，吊足了我這個身無分文男孩子的胃口。後來我慢慢明白了魔術的奧祕，為什麼那些本領非凡的人，最後要把變出來的魚和青蛙都裝到了罐子裏帶走？

有一次，一個變出來數張人民幣的老頭忙活了半天也沒有多少收入，臨結束時對圍觀的人說：哪個人出一塊錢，他就把變人民幣的本領傳授給誰。結果有七八個滿懷希望的人出了錢，老頭兒把他們帶到附近的樹林裏。我也悄悄地跟隨著去偷聽。直聽得老頭兒開講的第一句話是：

「想變出多少人民幣，事先就要準備多少，不然我還瞎折騰什麼？」

老頭又說：

「魔術只是手疾眼快轉換騰挪而已。」

聽罷，我釋然，為放下一樁心事而有些快意。

進德會裏對我最有吸引力的是賃畫書的書攤。書攤夏天擺在樹陰或屋簷下；冬天擺在背風向陽的地方。十一到十二歲那兩年，我最大的願望就是能夠沒有時間限制地坐在書攤旁看畫書，肚子餓不餓無所謂；有沒有凳子坐更無所謂，當然了兜裏要有足夠的零錢。一套《三國演義》連環畫六十本；《水滸》二十一本；《東周列國》五十五本；《說岳全傳》十五本，我都看過，有的看了兩三遍。連環畫上的人物風貌生動逼真，在閱讀大部頭的古典名著前，先通過連環畫熟悉故事，對以後的文學閱讀很有幫助，我受益非淺啊。

對連環畫小人書的喜愛我一直持續到老年，上世紀八十年代連環畫恢復出版，我花費了很大氣力購買到五百多本，其中成套發行的古典名著連環畫冊，現在已是難得的珍藏品。

兩年多的時間，我差不多看過兩三千本連環畫。看一本花費租金一分錢，我的零花錢幾乎全部用在了看畫兒書上。我母親剛買了一隻舊式的木製衣箱，兩側的提手是黃銅做的。為籌措看畫書的零錢，我偷偷地撬掉了衣箱靠牆的那只提手，賣了一角六分錢，痛痛快快地享受了兩下午。結果是案發後屁股上挨了結結實實的一頓揍。

成年後我遊覽過許多城市的許多公園，與之相比，進德會肯定是最為簡陋的，但它卻是我記憶中最熟悉最親切的。

四十六、元倉大雜院

上個世紀六十年代初的臨清城，可以說是由三個部分組成：

中間的區域稱為中州，南起頭閘口，北到冶煉廠，西臨衛運河，東至上彎街。這個區域沿兩條運河而建，人口密集，街道縱橫，商業繁華。

中州東邊是一個四四方方的城池，城的四面有城牆和護城河圍繞。城牆高約三丈，已經殘缺不全，僅剩一個城的輪廓。尚還矗立的殘破城牆也只剩下三合土的部分，外層的磚石早已丟失殆盡，但人們仍然稱方形城池內為磚城裏。據說過去磚城裏也很繁華，曾是臨清的中心，而中州只是京杭運河和衛運河邊的一些臨時建築。太平天國的北伐軍攻打臨清時，城池焚毀人口死傷，真正的城裏便破敗下來。整個磚城裏沒有幾條像樣的街道，有房屋的居民區也是稀稀拉拉，面積還沒有水塘和荒地多。磚城裏的路面多數沒有硬化，沒有自來水，也沒有路燈。和繁華的縣城西部相比，磚城裏實在是偏僻簡陋。

臨清城的第三部分在衛運河西岸，稱為河西鎮，據說繁華時期有十多條街道，後來逐漸冷落，比較重要的單位是一座中學，一家火柴廠而已。火柴廠還是從河東市區遷移過去的。

臨清是元明清三朝水運重鎮，官府設有儲存糧草的倉庫，以備軍事賑災時調運。磚城裏的中心有「永豐」、「永備」兩個大倉。圓型的庫房一直保存到上個世紀六十年代，依舊是糧食部門使用，人稱「元倉」。名稱的由來不知道是因其形狀是圓形，還是因其歷史可以追溯到元朝。

元倉的對面有一個家屬院，十餘排平房，六七十戶人家，人稱元倉家屬院。

臨清管理公有房產的部門叫房產科，歸屬房產科管理的臨清公有房產多是四十年代沒收地主資本家的家產和五十年代強制小業主充公的私房，數量不是很多，且極分散。自打一九五五年我們在臨清安家之後，就一直租賃私房居住。

和那些由私變公的房產不同，元倉家屬院是房產科直接負責建造的。建設的時候，市委機關的幹部曾經義務勞動去幫助搬磚，它當時大概是臨清城裏規模最大的一個家屬院。

元倉家屬院的居民來自不同的單位，職業也是五花八門，有中學的校長，有機關幹部，有工人，有醫生，有門衛，有售貨員，有修鞋匠……，所以稱其為元倉大雜院更名副其實一些。

元倉家屬院沒有正式的大門，東、北、南三面敞開。少數人家是三間住房，多數是兩間或一間屋子。每家在自己屋門口搭蓋了一個簡易的小棚子做廚房，縱橫牽引了許多鐵絲或繩子晾曬衣服，院子顯得很亂。晴天，院子裏曬滿了被褥衣服；雨天，院子裏比街道還要泥濘。各家洗衣做飯的髒水，也全都潑灑在院子裏，靠太陽和風將其蒸發乾淨。

院子裏沒有自來水管道，相距最近的自來水水房要有一公里多的路程。東南方向的遠處有一片池塘，池塘邊有一眼水井，井水可以飲用，居民們稱之為「甜水井」。去甜水井取水，往返一趟比去自來水水房還要遠，且是彎彎曲曲高低不平的小路。

和吃水一樣困難的是如廁：整個大院，數百人口只有一個不大的廁所。男廁所裏只有四個便坑；女廁所則更小。人們只好經常躲在自家屋內方便，然後把屎尿傾倒於院子周圍的糞坑。洗刷不是很乾淨的尿盆子屎盆子，多數擺放在自家外面的窗臺上，因此整個大雜院裏時刻彌漫著或濃或淡的屎尿氣味。

我們家是一九六〇年秋天搬到元倉家屬院的，住最南一排東側的兩間南屋。那是一棟既簡陋而且冬天寒冷夏天悶熱的房子。屋子的門和窗戶上沒有玻璃，母親把窗戶用紙糊上，外面遮擋一片自己編織的蘆葦蓆，平日支撐起來，刮風下雨時把蓆片放下來；門上的空隔則是用一塊油布遮擋。

屋裏屋外的牆都是摻了麥秸的泥土塗抹而成。母親在靠近床鋪的牆上釘了幾張報紙，夏秋的夜間睡在床上，可以聽到昆蟲在報紙和牆之間爬行的聲音。屋內沒有電燈，照明用的是一盞玻璃罩子的煤油燈。屋子兩間相通，總共也就二十多平方米，兩張單人床並在一起，全家五口人下榻；一張方桌，就餐寫作業兼用。

屋子門口外面，我幫助母親用東拼西湊的碎磚壘了一個小小的棚子，小棚子從外面丈量不過三尺見方，只能安置一個做飯的火爐，下雨天做飯，人要打著雨傘操作；刮風的日子，燉在爐子上的鐵鍋、水壺會落滿灰土。火爐也是母親自己用碎磚壘成，幾根鐵棍鐵條即是爐箅子；爐膛則是抹了一層黏土加缸瓦碎屑和成的泥。臨清城裏的貧苦市民稱黏土調和缸瓦碎屑為「自造五花土」。五花土是臨清人對耐火土的別稱。

我們家的屋子後面是條大路，雖然沒有汽車通行，人來人往的聲音很少間斷。大路和屋子之間有一眼水井，井水苦鹹苦鹹，與遠處的甜水井對應，被人們稱為苦水井，只能洗滌不能飲用。水井的位置就在我家的窗下，半夜裏也能聽到有人撲通撲通用水桶打水的聲音。水井的水位很高，夏天人伸一下手臂就可以摸到井水；

照片拍攝於一九六二年春節，我們家當時住在元倉家屬院，饑餓依然很嚴重。二弟和三弟身上的棉大衣都是我曾經穿過的。

冬季使用扁擔或五尺長的繩子即可懸吊水桶取水，因此我們家的屋子裏很潮濕，井水裏的鹽鹼沿著土壤的微小縫隙浸滲上來，蒸發後會留下結晶，我們家床下的地面經常是一層白色，如同厚重的雪霜。

我們家在這兩間屋子裏住了五年，我從十歲的兒童長成十五歲的少年，從小學五年級到升入高中。居住條件僅有的改善是第二年母親託人買來一些零碎的玻璃。雖然三四條拼湊在一起才夠一個窗格的尺寸，我們的門窗再也不怕風吹雨淋了；第三年，我們家安裝了電燈。為籌集購置電線、電表的資金，母親手底下緊，牙縫裏擠，用了一年多的時間才湊齊。我母親熬夜納鞋底子；全家一冬天吃了一地排車胡蘿蔔，都是發生在那兩間屋子裏的事。

元倉家屬院的北面，隔著大路就是元倉，那時是糧食部門的一個倉庫兼糧店。我們那些憑《購糧證》才能買到的糧食和地瓜乾、玉米芯、棉籽餅之類的代食品，都是從那裏背回家的。

元倉家屬院的西面是一片貧民區，居民多沒有正式的職業。他們的房屋更破舊簡陋，許多人家都以經營大糞為生。

那時化肥還是稀罕的物品，大糞是農民的寶貝，經營大糞完全不愁銷售。貧民區的居民往往是全家男女老少齊上陣，每人一個糞筐一把糞勺，匆匆奔跑於臨清城裏大大小小的廁所之間，夜間行動則需要裝備一隻手電筒。在他們眼裏，每一灘大糞都很金貴，有時人在廁所裏方便，早有手持糞勺者在外面守侯。收集來的大糞需要露天晾曬，我去三完小上學，就路過他們的糞場。西南風會把大糞場的氣味刮到元倉家屬院裏來；東風或東南風則讓那些郵電局和銀行的職工感到不十分美好。

有一次我路過糞場，看見一個姓包的糞工和買糞乾的人談生意。包某人從家裏跑出來之前可能正吃早飯，手裏還拿著一個窩頭。他把窩頭夾到掖下，拿起一塊乾糞餅用雙手掰開，讓買主看看成色，還習慣地湊近自己的鼻子聞了聞。驗貨的程序結束，包先生把糞餅扔到大堆上，拍拍雙手，從掖下拿出吃了一半的窩頭，一邊繼續和買主交談，一邊繼續香甜地吃起來。

我既佩服包某人的敬業精神，更驚奇他那不講衛生的勇敢。糞工和他們家人的身體大都不健康，許多人都患有傳染病。有一戶人口眾多的家庭，其成員非病即殘，街坊們給他們家送了個外號叫「十不全」。「十不全」家的人大概比那個包姓糞工還要勇敢。

元倉家屬院的東面是一大片荒地，因為鹽鹼，沒有一棵樹。我曾經在荒地上嘗試著開出一小塊地種上耐鹽鹼的菠菜，因為鹽鹼的濃度太大，白忙活了一場。鹽鹼地上什麼植物都不生長，只有一些過濾鹽鹼土的池子，周圍住著十多戶靠熬小鹽為生的人家。我觀察過他們從建築過濾池到熬煮鹵水的全過程。原料是含鹽鹼盡量多的土。這樣的土要從地表，從牆根，包括廁所的牆根搜集刮取。廁所牆根及附近的鹽土一定含有不少尿液成分。把這樣的鹽土裝到過濾池裏夯實並灌上水，過濾池下面就滴出醬油顏色的液體。褐紅色的液體經過熬煮蒸發，最終的產品是硝、鹵水和小鹽。硝是生產黑色炸藥、鞭炮的原料；鹵水用來點豆腐；小鹽的成分比海鹽複雜，除了氯化鈉之外還有硫酸鈉硫酸鎂什麼的，所以它味道很苦。小鹽價格便宜，窮人用它來醃鹹菜。熬小鹽是一個非常古老的職業，它和我們引為自豪的四大發明之一的火藥有關。

從元倉家屬院去那片荒地的路邊有一座一人多高的大墳，傳說是一家十三口人的合葬墓，死者是太平軍進攻臨清時大火中蒙難的。白天我們常在它周圍玩耍，甚至站立到大墳頂上去，晚上走過它附近就十分地膽怯。

元倉家屬院南面，隔著路是一個方形的池塘。池塘和它更南面的池塘都和護城河連在一起。查閱臨清的史志，當年這個池塘以及護城河都是與大運河相通的，「永豐」、「永備」二倉的糧草，可以直接就近裝船，發往全國各地。我們家門口的池塘應當是一座「永豐」、「永備」糧倉專用碼頭的港池。

對我來說，那個池塘可真是一個好的去處，夏天我們在裏面游泳嬉水；冬天在上面滑冰；有時還能從池塘裏搞到些魚蝦，為我們瘦弱的身體補充點兒蛋白。

元倉家屬院裏人口眾多，各有各的習性，各有各的面孔：有的高尚；有的卑鄙；有的勤快；有的懶惰；有的孝順；有的無情。人多故事就多，有人捨己為人；有人撥弄是非；有人寫信告發鄰居；有人偷竊同院的財物；有人窺伺他人的妻子。大雜院裏每個人幾乎都沒有什麼祕密，甚至每個成年男女的性生活也都呈半公開的狀態。大雜院是一部書，一部關於人性，關於人生，關於性生活的書，一部能夠讓男孩子們盡早成熟起來的書。

那個年代，我們國家多數人的生存條件都相差不多。擁擠簡陋的元倉家屬院，從某些方面講，它也許是最適合男孩子成長的地方。

我和兩個弟弟雖然沒有玩具，但我們有許多夥伴；

我和夥伴們捉迷藏，到處都是我們藏身的角落；

我們打土仗，木棍和土塊是用不盡的槍支彈藥；
我們「打皇帝」，幾塊磚頭就是我們的龍庭；
我們「碰拐」，不用什麼器具，一隻腿蹦，一隻腿碰，嚴冬臘月也能折騰出一身熱汗；
內容最豐富，讓我們玩得最起勁的是夏秋季節去池塘田野裏游泳，摸魚，捉蜻蜓，抓知了，養蟋蟀，經常忙得我們不亦樂乎。

童年的歡樂就回憶這麼多吧。我知道，那樣的歡樂並不是所有的人都欣賞都羨慕的。因為那個年代的主旋律是貧窮和饑餓。和鄰居們相比，我父母的收入低，老家劉口村距離遙遠，我們得不到直接生產糧食的親戚們接濟。我們弟兄三個，正是身體發育的年紀，並且飯量逐年增長，所以我們經受過的饑餓比多數鄰居們都嚴重。

下面就說說我巒山芋的經歷。

四十七、巒山芋

父親送給我的第二本書是吳運鐸的《把一切獻給黨》。和前面提到的《毛澤東同志的初期革命活動》一樣，這本書對我的影響也很大。吳運鐸講述他小的時候因為生活困難去做挑煤工的情節，最能引起我的共鳴。那一段故事還被收錄到我們的中學語文課本裏，題目叫《勞動的開端》。

比照吳運鐸童年的景遇，我一九五八年參加大煉鋼鐵，後來挖野菜擼榆樹葉尚且還不能算是勞動。我的勞動應當是從巒山芋，打豬草，幹小工開端的。

「巒」，臨清的方言，大概漢語中沒有相對應的字。如果使用「攬」字，可能比較達意，音卻有些偏差，選擇「巒」字不甚達意，僅借其音耳。巒山芋就是到收獲過了的田裏去挖掘遺留的地瓜。

我十歲那年，正是饑餓最嚴重的時候。秋天，我開始到臨清周圍的田地裏巒山芋。農村生產隊的社員收獲過地瓜，都要由本村的老人婦女孩子先挖掘一遍或兩遍，才允許外人進田裏去巒，要在挖掘過數遍的黃土裏尋找到仍遺留下來的一星半點的地瓜不是一件容易的事，所以，巒山芋是重體力勞動。

臨清城裏市民的生活都很困難，整個秋天去農村巒山芋的人很多。有的簡直就是巒山芋的專業戶，我認識其中的幾個，每年秋天田野裏都能看見他們扛一把鐵鍁，背一條口袋的身影。不過那些都是成年人，像我這樣年紀的孩子，多不專業，多是星期天或放假時去地裏碰碰運氣，含有玩耍的成分。

巒山芋的城裏人集中到一起，雖是烏合之眾，卻也有些聲勢，等候在正收獲的地邊，人民公社生產隊的社員們刨地瓜的作業剛剛結束，就搶著和本村的老人孩子們一起享受巒第一遍的待遇，我們稱這樣的行為叫「轟」。「轟」第一遍雖然收獲容易，省力氣，卻有很大的風險。凡遇這樣的情況，生產隊的人往往會派出社員們出來鎮壓，以維護本村人的利益。鎮壓的手段是搶奪入侵者手中的工具和袋子裏的地瓜。農民伯伯農民弟兄們很善良，絕不會出手毆打和他們爭搶幾塊地瓜的人。我對付搶奪鐵鍁的策略是雙手緊緊抓住鐵鍁的把柄死不撒手。爭奪幾個回合，社員同志們就會放過了我。他們其實只想驅趕我們。如果較真，我一個弱童怎麼也不是社員同志們的對手。

有一次，在南門生產大隊的田裏，參加「轟」的城裏人有一百多，我和老民張柱兩個夥伴也在其中（這兩個比我小的夥伴，經常跟隨我活動），阻止我們的社員有幾十個。一個年輕的社員要搶我的鐵鍁，我死死抓著鍁柄不放手。那人的力氣很大，連鐵鍁帶人掄著我轉圈。我的身子懸空，腳拖在地上，鞋子也丟了一隻，最終放開手的不是我。年輕的社員放了我一馬。我揀起地上的鞋穿到腳上，回頭看見老民也在和一個人爭奪自己的鐵鍬。我把自己的傢伙交給張杜拿著，要他去地邊躲避等候，趕忙過去幫助老民。搶老民鐵鍬的人是個少年，比我的歲數大不了多少，卻比我和老民強壯。但他的一雙手，還是沒有爭奪過我和老民的四隻胳膊。

我之所以對上面的過程記得這麼清楚，是因為搶奪老民鐵鍬的人幾年後成了我高中的同班同學，而且成了我最好的鐵哥們朋友，我們的友誼一直保持到五十多年後的今天。我的這個同學叫丁金華，他的父親那時擔任南門生產大隊的黨支部書記。搶我鐵鍬的年輕社員後來也和我熟識了，他是丁金華同學的叔伯哥哥。那天我們參於「轟」的地瓜田是他們生產隊的。

我和丁金華剛剛成為同學的時候，我就認出了他，但我一直沒有說破我們之間那次曾經尷尬的交鋒。四十多年後，我倆和另一個老同學一起喝酒的時候，我提及這個情節。三人都哈哈大笑。丁老兄無論如何也回想不起當時各自的角色了。

合起夥來去「轟」剛收獲了的地瓜田，不僅有被搶走工具的風險，而且要跑許多冤枉路。有時奔跑一天，也難以碰到一次適當的機會。我去巒山芋，更多的時候是選擇一塊土質鬆軟的地塊，也不管它曾經被人巒過了多少遍，儘管一鍬一鍬慢慢地掘下去。咀嚼過多次的甘蔗渣，殘留的甜味畢竟有限，如同從甘蔗渣裏擠出最後一滴甜水，要想從翻過多遍的地裏巒出山芋來，只能是大面積地掘，深深地挖。如此這般下來，不出半日，瘦小的手掌就能磨出一串水皰，腰也酸，胳膊也疼，雙腿也發軟。即便如此辛苦，弓著腰，撅著屁股挖一天，裝進口袋裏真正能夠稱得上地瓜的也不過三五塊，多數是地瓜的鬚根。

地瓜的鬚根拿回家洗淨切碎，摻上一些玉米麵，可以蒸苦蕾吃，權做填充腸胃的東西。（苦蕾是過去華北一帶農村經常吃的一種食物，一般用野菜、老豆角及各種的植物根莖，切碎後摻上少量麵粉蒸熟後食用。質地粗糙，多是窮人用來充饑。「苦蕾」二字僅借其音。）

最不及的時候，連地瓜根鬚也收獲得不多，就胡亂擼些半乾的地瓜葉子。什麼情況下，回家時的口袋都是不能空癟的。地瓜葉子洗淨曬乾，也可以蒸苦蕾，只是口味和營養比地瓜的根鬚遜色多了。

秋天，扛著鐵鍬，背著口袋去莊稼地裏巡遊，不一定只是巒山芋。掰掉了玉米棒子後成堆的玉米秸裏可能還會有遺留的小玉米穗；收割黃豆時，豆莢爆裂，地面上會有零星的黃豆粒。如果再下一場雨，田裏會生出綠色的豆芽。這些都是我獵取的目標。

吃過了早飯出發，天黑才回家，一般都不帶午飯，挾一盒火柴即可。中午餓了，選一處適合的地方，用鐵鍬挖一個臨時的灶坑，燒兩塊地瓜，一把黃豆。運氣好的時候還可能會有玉米穗一類的上乘食品。這樣的野炊本領是從巒山芋的前輩那裏學來的。

多數午餐僅是緩解腸胃的饑餓而已。費那麼大氣力挖出來的地瓜，並不捨得消費。往往只是挑選小塊的燒烤，大塊的要背回家去，向母親弟弟炫耀自己的戰績。

十一月份，立冬小雪前後，生產隊所有的莊稼連秸桿都收獲完畢，麥田也都綠油油的了。最後收獲的是胡蘿蔔和大白菜。我也巒過胡蘿蔔。胡蘿蔔生長在地表淺層，很難有所斬獲。不過也有好運氣的時候，一次在林園村的一大塊胡蘿蔔地的地頭，我和張杜發現有一張床面積的胡蘿蔔被人割掉了纓子掩埋了起來。那一定是收獲胡蘿蔔的社員打下的埋伏，謀算著待背靜閒暇時再去將其占為己有，沒承想被我倆抄了後路。我和張杜每人背回家滿滿一口袋肥碩的胡蘿蔔。

臨清周圍的農民收獲大白菜，都是用鐵鍬把白菜齊根鏟斷，大白菜的根就遺留在地裏。初冬季節，田野裏實在沒有可尋覓的了，我挖過幾次連社員們都不屑一顧的大白菜根，我稱之為白菜疙瘩。有關白菜疙瘩的食用方法，我在前一章裏已經介紹過。即便背回家的只有白菜疙瘩，母親也會給我以稱道表揚。母親用白菜疙瘩醃製的鹹菜，曬乾之後還挺好吃。

臨清一帶的秋收，一般是九月份開始，十一月結束。兩個多月的時間，我要向學校請一個多月的病假或事假。臨清城區四周，北到唐窯村；南到舊縣村；東到四合村；西到衛河西岸的黃莊，中間幾乎所有的村莊我都光顧過。去的最多的是楊橋，沙窩屯，黑莊，蔡家胡同和陳墳幾個村。這幾個村的社員，有的我都認識了；這幾個村的哪塊地的地瓜長的好，哪塊地好挖掘，我都熟知。

我小學的同學，家都在城裏，絕對沒有一個會選擇我這樣的方式度過秋天；到了中學，學校裏的課程安排得緊，即便家在農村的同學，也很少因為農忙而請假。更沒有像我這樣，專門長時間請病假或事假去搞自家的小秋收的。

元倉家屬院經常陪我一起下地去巒山芋的小夥伴們，他們口袋裏的收獲物一般都沒有我的多。我喜歡做的事情，我就會盡力做得比別人好。

讓我自己做一個評價：我的確具有吃苦耐勞的精神。至於我這樣做的動機，我也曾經回顧總結過。我的父親和母親並沒有要求我必須這樣。所以我對自己的另一個評價是：我還是一個有責任心的人，我願意為家庭，為親人貢獻自己的力量，哪怕自己的力量很微薄。這樣的秋天我一共度過了五個。每年秋後，我都會磨出兩手繭子，直到一九六四年饑餓狀態稍微好轉以後。這是我獨有的一段經歷。的確很苦，很累，但受益非淺。

我們家對面的北屋裏有一戶人家姓孟，男主人是縣醫院的醫生。孟大夫有四個孩子，其姨母六十多歲，為他家照看孩子做家務。我們同院的孩子們都稱這個老太太為姨奶奶。我和姨奶奶打交道最多的事情是借用她們家的鐵鍬。姨奶奶家的鐵鍬靈巧，結實而鋒利，正適合我這樣身材矮小的人使用。秋天大部分時間，幾乎是我一個人佔用了這把鐵鍬。

姨奶奶使用鐵鍬的頻率也很高，公廁相距很遠，老人家隨時需要使用鐵鍬清除搬運孩子們的便溺，這可是頭等重要的事情。因此，即便姨奶奶和我母親的關係很好，我去借用她家的鐵鍬時也覺得十分地為難。母親也曾設想為我製備一把鐵鍬，詢問了價格，需要七八元錢，在我們家是一筆不小的開支，再說新製備的鐵鍬肯定不如姨奶奶家的鋒利好用。就這樣，每次去巒山芋之前我都要撐起面皮，鼓起勇氣去見姨奶奶。這個細節算是我巒山芋經歷的一個小插曲，它從一個側面反映了我們家那時的貧困。正直能幹的姨奶奶早已作古。我應當感謝她當年對我的幫助，雖然只是借用一把鐵鍬而已。

四十八、一九六二年暑假——三支鋼筆的故事

三支鋼筆的故事發生在我參加小學升初中考試的那天，時間大約是一九六二年的七上旬。

那年的初中是臨清歷史上最難考取的一屆。原因前面已經說起過。許多的中學下馬解散後，一些曾經讀過一年或兩年的中學生，重新回過頭來參加入學考試。我們應屆的小學畢業生，很難與之較量。那一年中學的招生人數也減少了很多。臨清一中只招兩個班，一百零幾個新生，報考者據說接近八百人，七個半取一。

知道了招生的形勢，我心裏有些緊張。六年小學，我聽課做作業還算認真，卻讓玩耍和幫家裏幹活巒山芋什麼的佔用了太多時間，學習成績屬於中等偏上，班裏始終有三五個比我學習成績優秀者。現在遇到了升中學這道高高的門檻，我意識到了其中的嚴峻。

元倉家屬院裏我有一個夥伴叫韓東俠，他的父親韓英範和我父親是同事，都在市委辦公室工作。韓東俠

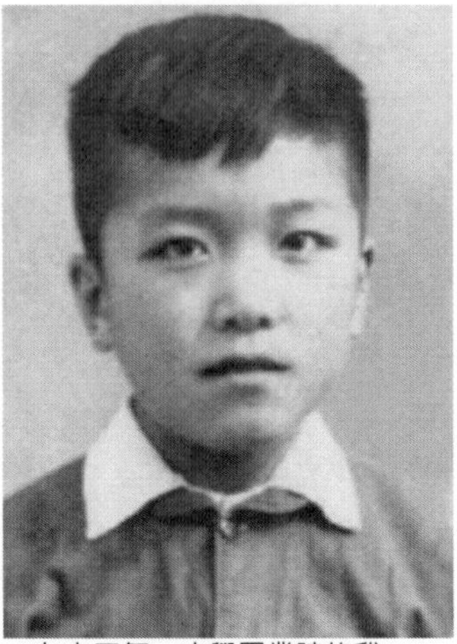
一九六二年，小學畢業時的我。

比我大兩歲，一年前已經考上了一中。為考學的事，我去請教咨詢韓學長。請教的內容現在已經無從記取，只記得他叮囑我考試的時候鋼筆千萬不要出了故障。他還決定把自己的鋼筆借給我用。那是一隻上海生產的「關勒銘」牌的，是我們當時認為很名貴的鋼筆品牌，大約值三塊多錢。朋友的仗義讓我很溫暖。我當時已有兩支鋼筆，加上韓東俠的「關勒銘」就三支了，真是兵強馬壯。事後證明我這樣招兵買馬，實在是沒有必要，甚至可以說是很愚蠢，很滑稽。

不知道什麼原因，臨清一中招生的考場就設在了我們三完小。我們學校的畢業生就占了地利的便宜。很可能是一中的教室那天正在用於高中的招生。三完小的教室很不規正，有過去科舉的考場，也有四合院的耳房。因為考生太多，幾乎所有的教室都派上了用場。我考試的教室是三間很小的東屋，木板門，窗戶也小，屋裏很暗。和我一個考場的還有我一個班的同學王臨生，他的座位挨著我。

考試之前，校園裏滿是考生，有的好像很老成，簡直是我們這些應屆小學畢業生大叔級的年齡。上午的考試科目是語文，作文的題目現在已經不記得了；下午考算術，中間下了一陣暴雨，烏雲黑壓壓的，本來就不明亮的教室裏幾乎都看不清考卷上的字。我的心裏也布滿了烏雲，因為出考場後和同學們一對答案，知道自己做錯了一道算術題。

我帶著灰暗的心情回到家，更灰暗的事情還在等待著我：我的書包不知道什麼時候破了一個洞，三支鋼筆，包括韓學長的「關勒銘」都不知了去向。天啊，我可怎麼辦呀！

我趕忙順原路回去尋找。人來人往的街道上，不要說三支鋼筆，就是三根火柴，也早有人揀了去。三完小的校園裏，雖然人去校空，下午曾經人滿為患的地方，不可能讓我的那些寶貝還停留在那兒。我考試的教室已經鎖上了屋門，窗戶也關得很緊。我只好淒涼悲慘地返回家中。

一夜幾乎無眠，心冰冷到零度，決定第二天早飯後再次去考場尋找。走在路上，明知不可能找到那三個寶貝，仍然睜大眼睛看著地面，腦子裏設想出許多美好的幻想，盼望忽然出現奇蹟。那時我如果得到一盞阿拉丁神燈，我呼喚的第一個願望，肯定也是讓我的三支鋼筆回到我的身邊。

再次到達三完小的校園，仍舊空無一人，只有大槐樹上的喜鵲喳喳地叫。歡樂的喜鵲無法幫助我改變處境。三支鋼筆幾乎完全可以斷定是我考試結束回家的路上，從書包的破洞漏出去的。但我仍抱有百分之一的希望：它們或許遺留在了考場的桌子上。我端詳那門戶緊閉的考場，認為只要把木板門的戶樞從軸眼裏移出，我就可以進去尋找。用力嘗試把木板門抬起來，因為我的力氣太小，木門紋絲不動。回家的路程，從淒涼悲慘變成了悲慘淒涼。

第三次回學校尋找是三天之後。我還沒有把自己的不幸告訴父親母親，怕訓斥，更不願意讓他們為我煩心。我第三次去學校比前兩次理智多了，不再把眼光緊盯路面，我只想進到考場裏尋找一次，不然我不會完全死心。我對三完小的校園非常熟悉，甚至熟悉那些教室房頂上面的地形。我和同學們經常順著樹幹爬到房頂上去「打游擊」。我爬上房頂找來一根一米多長的木棍，用幾塊破磚壘成一個支撐點，利用槓桿的原理，考場的木門就乖乖地移動開了。但我那百分之一的希望並沒有成為現實。曾經的考場裏除了桌子板凳和一些廢紙外一無所有。

餘下的事情就簡單了許多。我自己沒有能力改變處境，只能把自己的失誤和不幸彙報傾訴給父親和母親。

母親的訓斥和我的悲痛哭泣都是難免的過程。家裏從生活費裏緊出錢，買了一隻同樣型號的鋼筆還給了韓學長。接下來是我加倍地勞動，打更多的豬草，彌補家庭的虧空，修復我的錯誤和內疚。

除此之外，升學的極度困難和算術考試的失誤也讓我的心上籠罩著一層陰影。一九六二年的暑假，那個漫長苦悶的夏天，我真是度日如年啊。

第六章　初一二班

四十九、十字樓

一九六二年七月末的一天上午，天氣晴朗，太陽很明亮，我正在市委辦公的大院裏。我在那裏不是玩耍，而是在完成我自己的目標，我的目標是挽回考中學那天丟失了三支鋼筆的損失。我挽回損失的手段是打豬草。市委大院的花圃間菜地裏人行道旁長有可以餵豬的雜草野菜，在那裏我沒有競爭。市委大院和我同齡的孩子們沒有像我這樣度過暑假的；更沒有人愚笨得一次丟失了三支鋼筆；即便遭遇了和我類似的不幸，也沒有人需要以這樣的方式來挽回損失。

市委大院裏的伯伯叔叔阿姨們對我都善意地微笑，但我不知道他們和她們是如何看待我，也不知道他們如何看待我父親讓自己年幼的兒子在機關大院裏打豬草。不清楚我的行為會給父親帶來正面的影響，還是負面的影響，也許兩者都有。可能有人認為父親艱苦樸素，並且決心把這樣的光榮傳統傳給下一代；也可能有人認為我背著豬草出出進進，影響市委機關的威嚴莊重。

我當時並沒有考慮那麼多。我只關注院子裏哪個地方生長的豬草比較茂盛。市委大院靠東牆的地方，有一個廢棄的豬圈，我發現裏面長著一棵碩大的馬齒菜。廢豬圈裏肥水充足，一棵馬齒菜的直徑竟然有一米，重量有好幾斤。我跳進豬圈收獲了我的驚喜。

一個更大的驚喜走近了我。我父親的同事李伯平大伯從辦公室跑到院子裏。他告訴我他剛替我父親接了一個電話，電話是從臨清一中打來的。臨清一中的一個老師讓他告訴我父親：我被臨清一中錄取了。

懸在心裏的石頭落了地，我像是從地獄裏一下子回到天堂，彌漫了一個月的烏雲一掃而光。我看了一下辦公室牆上的鐘錶，時間是上午的十點，我的心就像十點鐘的太陽。

聽到這樣的好消息，最高興的人是我父親。我永遠不會忘記那天晚上他對我說的話。他說：

「你是咱們家祖祖輩輩第一個中學生。」

這裏要說明的是我父親大約在兩年前從市委宣傳部調到了市委辦公室，職務大約應該稱為幹事，主要的職責是收集情況寫材料，打電話下通知什麼的。

臨清一中的前身是成立於一九四二年的抗日衛東中學，衛東所指係衛河以東耳。一九四五年日本投降後，抗日衛東中學遷到臨清磚城裏南門外的天主教堂。日本占領時期的臨清初級中學宣告解散，部分老師和學生併入抗日衛東中學。因為那時臨清隸屬共產黨領導的冀南行署，抗日衛東中學的名稱改為冀南一中。我在一中讀書的時候，學校的課桌和板凳上還都塗寫有冀南一中的印記。一九四九年它的名稱是河北省立臨清中學。一九五三年臨清劃歸山東，學校更名為山東省臨清一中。

臨清磚城裏南門外教堂的傳教士是德國人。學校剛遷來的時候，傳教士們還沒有撤走，教堂的房舍，曾經由冀南一中和教會學校共用，直到一九四八年德國的傳教士們被迫離開。

臨清一中的校舍還包括南面的一個院子。南院和北院隔著一條路。南院原是一個道教的廟宇太平觀。南院北院可謂是中西合璧，古為今用，洋為中用。

接下來我要在臨清一中讀四年書，參加兩年半文化大革命，期間發生了許多故事，因此有必要詳盡地介紹一下學校的情況：

德國人留下的教堂是一座兩層建築，磚混結構石頭地基，青磚壘牆石灰灌縫，很結實。整座樓呈十字型，人們稱其為十字樓。十字樓的一層和二層各有一個大房間，大約是過去做禮拜做彌撒的場所。其他的房間都很小。十字樓的樓板樓梯都是木質的，二層的大房間曾經是學校的圖書館，牆壁上還留有宗教的畫像。頂層是閣樓，很矮，只能做倉庫使用。

學校黨支部書記、校長、人事祕書的辦公室和幾個教研室設在十字樓內，剩餘的房間做了教師的宿舍。

十字樓的前面和東面是兩排教室，可容納十九個班級。十字樓的西面有一棟「工」字型的平房，設計比較考究，有天花板，是整個校園最好的房子，那是實驗室。學生們上物理、化學、生物實驗課的地方。教導處和總務處在教室前面的一排平房裏。

學校七十多名教職員工，除少數住在城裏或在學校附近的居民家租房，多數住在學校裏。教員職工每人一間宿舍，宿舍裏的擺設也都相差不多：一張床，一個提箱，一個臉盆架，一把椅子，一個三抽屜桌，奢侈點的有一個書櫥或書架。老師備課改作業多在自己的宿舍裏。如果夫妻兩個都在學校裏工作，學校也只給他們安排一間宿舍，房間裏只是多了一張桌子，單人床換成雙人床罷了。臨清一中還有不少老師夫妻兩個分居異地，過著牛郎織女的生活，只是過年或放假才相聚時日。夫妻倆都在學校或在臨清城裏工作的，孩子也多不在身邊，或交上一代老人養育，或送奶媽家寄宿。那個年代機關學校工作的人都這樣生活，臨清一中的教師員工軍事化的程度尤其高，可能是抗日衛東中學時期保留下來的傳統。

臨清一中九百多學生，大約五分之四來自農村，有的甚至來自相鄰的冠縣、聊城、高唐、茌平、臨西、威縣、清河鄉下。農村來的同學都住宿在學校裏。

女生宿舍在十字樓的後面，因為人數少，幾個班的混住一個大宿舍；男生的宿舍多數在南院，占了好幾排房子。女生的宿舍什麼佈局我不清楚；男生宿舍都是三大間連通的房子，兩排木板大通鋪，中間是過道，一個大尿盆擺在過道中央。睡覺前值日生負責把空尿盆拿進宿舍，早晨負責把尿液端到廁所去倒掉。大尿盆子是全體住宿的學生兌錢買的。幾十個青年人在門窗緊閉的屋子裏呼吸一個夜晚，加上大尿盆子散發的尿味，宿舍裏空氣的質量不是太好。

男生宿舍和女生宿舍都沒有取暖設施，到了冬天，只是在鋪板上面增加一些麥秸乾草。

不可思議的是整個學校沒有自來水。北院有一眼水井，位於教室的前面，四周長有幾棵並不旺盛的榆樹。因為校園內的土地鹽鹼得厲害，井水雖然清澈，味道卻十分苦鹹，只能用於洗滌，不能飲用。開闊的井口上放置了一個水車架子，卻沒有可供使用的水車，課間休息時，便有學生在水井四周盤桓，時常見有粗心者將口琴、眼鏡、鋼筆一類的小物件遺落進水井裏去。

南院的水井靠近池塘，水質尚可，供全校師生飲用。水井邊壘了一個丈多高的臺子，上面架一鏈式水車，管道直接連到伙房裏的大水池裏。兩個人推動水車轉上一陣，伙房裏就有了嘩嘩的流水。那個年代沒有什麼污染，學校牆外的池塘裏蘆葦叢生，青蛙鳴叫，水鳥飛翔，那是水井的源頭。每天上午，都會有兩三個炊事員去推水車，補充伙房水池裏的庫存。下午課餘時間，讓學生們幫廚，我最喜歡的活就是推水車。水井旁有三兩棵柳樹，柳枝輕拂，鐵鏈子嘩啦嘩啦地響，清水潺潺地流，很有動感。

學生大伙房的位置幾乎就在校園的最南端，九間大號房屋相通，很寬敞。兩口非常大的鐵鍋，是那種在其他地方不可能見到，直徑一米五以上的大鐵鍋。要想一鍋煮出可供八九百人喝的菜湯或稀粥，大鐵鍋的容量還是不夠，炊事員在鐵鍋的上面又加了一個一尺多高的方型木槽。整個容量，我曾測算過，大約一立方米還多。這樣一來，灶臺就壘得很高。炊事員熬粥煮菜湯時，要站立在高大的灶臺上，雙手操持著一把大號鐵鍬，不停地攪動著鍋裏的稀粥或菜湯。這是一項高危險度的工作，如果失足滑到滾熱的大鍋裏去，將是一個慘不忍睹的事故。

一天輪到我值日去伙房打飯，一個姓籍的炊事員站在灶臺上操作，鍋裏的玉米麵稀粥已經煮沸。突然，事故發生了，幸好掉到大鐵鍋裏去的不是籍師傅，而是他腳上穿的一隻拖鞋。籍師傅笑著趕忙把拖鞋撈上來，用涼水沖洗乾淨後穿到腳上。其他的炊事員也都笑了，其中一個臉龐紅潤的女炊事員笑得最久，笑聲也最響亮。又幸好籍師傅的拖鞋是木頭的，玉米粥污染得不是很嚴重。等候打飯的學生們沒有笑，都是一副目瞪口呆的樣子。接下來，玉米稀粥照樣分到各班的飯桶裏。抬回去以後，那天的值日生大概都會推託說自己的胃疼，需要去校醫那裏看病。

離學生的大伙房不遠，水井的北邊是學生的餐廳。餐廳的門窗不全，經常有麻雀飛來飛去，餐廳裏除了磚砌土填的主席臺外一無所有。學生們就餐多數集中在各班的男生宿舍裏，在大餐廳裏就餐的學生不多，餐廳的功能主要是做會議室使用。開大會的時候，學生們要各自扛著自己教室的板凳到會場。全校的師生都集合在學生餐廳裏不能全部盛下，一部分人只能在會場外面隔著門窗聽講，好在大餐廳的門窗上都沒有玻璃。

教職員工的伙房在學校的北院，裏面什麼樣子我不知道，只看到過小伙房的門口掛著一個小黑板，上面寫著每頓飯三四種炒菜的名稱，以及預定每種炒菜的老師員工的數量。老師們有的把碗筷就放在伙房隔壁的房間裏並在那裏就餐；有的把飯菜打回自己的宿舍裏吃。

最讓人難以想像的是學校裏沒有供應學生們喝的開水。開飯的時候，走讀生和沒有預訂玉米粥的住校生用茶缸子去大伙房裏打一杯開水。所謂的開水，實際上是蒸窩頭大鐵鍋裏的餾鍋水，含有密度很高的硝酸鹽化合物和其他有害溶解質，絕對不適宜飲用。平時學生們如果乾渴得厲害，就去水井邊弄些涼水解渴。學校北院鹹水井裏的苦水，也經常有同學不管髒淨，用茶缸吊上來喝上一陣。生病時吃藥，則常有學生去老師的宿舍裏求援開水。

學校有兩個操場：小操場在北院南院之間，僅有三個籃球場，是全校師生清晨做早操或臨時集合的地方；大操場在學校的西面，和學校隔著幾戶人家和兩三處沼澤水塘。大操場的面積約一公頃，只能設置一個周長三百米的跑道。上體育課或學校的運動會都在那裏進行。每逢運動會之前，體育老師都要帶領學生用石灰水畫跑道和其他的界線標識。

小操場的東面是一個游泳池，其實就是一個由學校師生人工挖掘，沒有任何設施的方形水塘，和周圍的天然水塘蘆葦塘連在一起，水深不到兩米。學校的領導和老師在學生的游泳問題上，始終持有矛盾的態度：既希望同學們都能學會游泳，又怕學生游泳時發生事故，所以對游泳池的使用設制了許多項規定。游泳池的水質不錯，卻很少有人在裏面游泳，它的主要用途是供學生們洗滌衣物。

教堂的十字樓是西式的，教堂院子的大門卻完全是中式的門樓。我們入學時，學校仍把那高臺階的門樓做正門使用。後來，正對南院門口的一間房子被打通做了學校的正門，南北兩院間的通道修成了一條直路，學生們來往於教室和伙房宿舍間方便多了，只是打開的房子很像一個敞棚，遠不如過去的門樓顯得威嚴。

校門之內高高地豎了一根木桿，上懸一黃銅吊鐘。全校學生上課下課，全聽鐘聲調度。鐘錘敲擊的聲音十分響亮，能夠傳到很遠的地方。我在元倉家屬院的家中，就有很多次是聽到了那上課的預備鐘聲敲響後，才匆匆忙忙地往學校趕。十分鐘內趕到教室裏，還不耽誤正式上課。

臨清一中北面不遠就是護城河，四周地勢低窪，多池塘，每逢雨季，到處是積水。校園四周的大道小路，全是黃土路面，晴天刮風塵土飛揚；雨雪天氣則泥濘難行。校園裏的土壤鹽鹼得厲害，樹木很難生長。稀稀拉拉幾棵樹木，生長緩慢而不成樹蔭，更無法長成可用的木材。

臨清一中的學生，一九六〇年最多時曾達到二十五個班，一千二百多個學生。我們入校的時候，已經裁減到十九個班，一千人不到。

根據一九六〇年教職員工基本情況統計表記載，那時臨清一中共有教員職工七十六人，其中女性七人；中共黨員二十二人；有大專學歷的五十一人；家庭出身貧農的二十人；中農的二十三人；地主富農資本家的二十七人；其他家庭出身的六人。（數字來源於一九九二年編寫的《臨清一中校史》）

我們那年入學的學生是臨清一中初中第二十四級，一共錄取了一百零八名學生。在錄取公示榜上，我大約排在八十名左右，屬於成績不是最差，但接近最差的學生；

多數同學的年齡都比我大，有的比我大三四歲，我是年齡最小的幾個學生裏生日稍大的；

我入學時的身高是一百四十三釐米，不是身材最矮，但接近最矮的學生；體重三十五公斤，不是最瘦弱，而是第二瘦弱的學生。比我還瘦弱的同學是薛振東，他才三十三公斤重。這些數字曾經出現在我們的體檢表上，所以我至今還能記得清楚。

我們是一九六二年八月十日開學的。這個日期很重要，它以後多次出現在過我的履歷表上。

開學以後，我被分在初一二班。班主任是政治課老師許慶蘭。班長是劉玉林；副班長是王鳳英和李長站；學習委員是宋長蘭。據說學習委員的入學成績是年級第一名。從幼兒園就和我在一起，小學畢業前仍和我一個班，升學考試時和我鄰桌的王臨生，升入初中後又和我成了同班的同學。

五十、我的老師

升入初中讀書，新開的課程讓我不斷學到新的知識，開啟了我頭腦裏認知世界的視窗。歷史課地理課讓我有了初步的時間概念和空間概念；代數課的精密計算，幾何課的邏輯推理，每一個公式，每一個定理都能給我以驚喜；生物課物理課化學課，讓我學會了從直觀宏觀和微觀的不同角度觀察理解這個五顏六色的世界。我知道了宇宙地球和我們人類的身體都是由分子原子組成的，這樣的認知使我成了一個無神論者。上中學以前，我相信鬼魂的存在。一個人夜間行走的時候，我認為有自己或者別人的靈魂跟在身後，心裏膽怯頭髮根發麻。中學課本知識讓我不再相信一切非物質的虛幻的東西，我一個人晚自習後從學校回家，路過墳地時神經也絲毫不再緊張。這種唯物主義宇宙觀的確立對我人生的影響是非常重要的。

到第二學期，我就從入學時成績比較差變成學習優異的學生，班裏各科成績都比我好的同學，一般不會超過五六個人。幾次重要的考試，我暗暗地計算比較全班同學的成績，我的成績始終都很穩定，每門功課經常能超越我的，只有班長劉玉林，學習委員宋長蘭和一個叫馬登洋的男同學。他們三個年齡都比我大幾歲，這成為我追趕不上他們的理由。其實真正的原因是他們學習的態度都比我認真，比我刻苦。

我最喜歡的課程是歷史、地理和平面幾何。初一初二兩年，我始終擔任歷史課代表，歷史課的成績也是班級最好的。我喜歡閱讀歷史演義人物故事。我曾經和同學們很認真地討論過：如果岳飛不被秦檜害死，我們國家的歷史會怎樣改寫？結論是：岳飛如果不死，就能把金國滅了，女真族就會滅亡。女真族滅亡了，就沒有以後的滿清政府。沒有腐朽的滿清政府，中國就不會被外國侵略，而且會征服很多的地域，中國早就成了最強大的國家。我那時不懂得：歷史是不能假設的。

我們的歷史課老師是向臻，山東聊城人，四十多歲，身材不高，背微駝，常穿一件灰色的中山裝，樸素而整潔。向老師面容和善，說話緩慢，很有人緣。不知道什麼原因，這樣一個老好人竟在一九五八年被打成了右派。後來雖然摘去了右派的帽子，摘帽右派在人們眼裏仍然還是右派。摘帽右派向老師待人的和善中仍然包含著充足的謙恭。向老師從來都不批評學生。有學生在課堂上回答問題張冠李戴，謬誤百出。向老師也會目光注視著全體同學，微笑著說：

「某某某同學請坐下！」

講授歷史課多年，向老師在課堂上不看課本教材，侃侃而講，歷史事件歷史人物一一道來，中間沒有停頓，講到重要的情節，聲音便有些高昂。向老師的課堂節奏控制得非常好，經常是他把那一堂課的最後一句講完，下課的鐘聲也就在同一個時間敲響。向老師敘說歷史變遷的因果時，常用「於是乎」一詞轉折。高年級的學長們給他起的外號就叫「於是乎」。

地理老師是劉鐵錚，遼寧朝陽人，不到四十卻像五十多歲的樣子，頭髮已經花白，顯得比實際年齡要老許多。他曾經是西南聯大的學生，在北京教書時加入過國民黨，只是普通的黨員。他的妻子胡學芝，是數學老師，天津人，身體不好，常年養病。他們夫婦於一九五〇年就來到了臨清一中。

劉老師的身材清瘦挺拔，衣服陳舊但很合身。劉老師講授地理課，語言簡潔嚴謹。他經常親手繪製解析圖表，把地理課本的內容直觀地展示講解。劉老師的一隻眼睛有風淚之疾，講著課需要不時地用手帕擦拭眼睛。

那時中學的課程分主課副課。地理是副課，有同學不重視，甚至在地理課的課堂上做數理化的作業，劉老師發現了，一言不發，表情平靜，目光專注地對這個同學審視片刻，繼續往下授課。

劉老師交待的作業，多是繪製地圖。我雖然沒有美術的才能，對地圖卻很偏好，描繪得十分認真。劉老師把好的作業收集起來，在本班的教室或學校的會場去展覽，我的作品一般都能入圍。劉老師知道我很喜歡地理課，曾借給我幾本地理類的課外書籍。

在劉老師的主持下，學校建立了一個簡易的氣象觀察站，位置在教室最西端的空地上。風向標，百頁箱，地溫坑和雨量器，四樣簡單的設施。劉老師讓我擔任了氣象站第一任站長，職責是每天早晚各記錄一次測試的數據：風向、風力、氣溫、地溫、空氣濕度和降雨量。到初中三年級，我們沒有了地理課，這個工作才移交給了別人。劉老師不擔任我們的任課老師以後，我還找他借過幾次書，他是我初中時期交往比較多的老師。

劉老師大概有三個孩子。他的兒子劉景新曾經和我同班，學習不好，眼睛卻近視得厲害。一次學校組織體檢，驗視力的護士用手中的小棍指示視力表上的字母。劉同學不僅看不清大大小小的字母，而且連護士手裏的小棍也看不到，只能模糊地看見護士不停地晃動胳膊，便急切地問護士：

「棍呢？棍呢？」

引得圍觀的同學和護士一陣哈哈大笑，從此落了個外號叫「棍呢」。寫劉老師到這裏，也就想起了劉同學的軼事。

劉老師因為國民黨員的歷史問題，文革期間在「牛棚」裏關過幾年。我曾見到他和其他被關押的人一起清理學校的廁所，一起被學生押解著去學校的菜地裏勞動。因為對劉鐵錚老師的尊重與敬佩，離開學校後的幾年間，我心中一直惦念著他。

一九七五年或一九七六年的夏天，我和一位同學去學校看望劉老師。大概那時期中學的地理課被取消了，劉老師在學校的圖書館裏擔任管理員，看上去很衰老的樣子，其實他還不到五十歲。我和同學稱呼一聲劉老師，並自我介紹了一番。劉老師沒有認出我們，一付漠然的樣子，沒有問候，也沒有交談，只是呆呆地望了我們幾分鐘。劉老師是因為體弱多病，記憶衰退了；還是因為對我們這些混蛋學生的怨恨而故意疏遠冷淡我們？按照劉老師的秉性，我相信是前者。

劉老師文革期間的心情肯定非常壓抑，自己受的歧視屈辱可以放置在一邊，同事裏有那麼多相同遭遇的人。最難應對的恐怕是三個受牽連的孩子，他們就業成家肯定都十分地艱難。

一九九二年，臨清一中建校五十周年時編寫的《臨清一中校史》記載：

> 年近六十的劉鐵錚同志也在一九八五年光榮地入了黨，實現了自己幾十年的願望。

音樂老師謝永倫，濟南人；美術老師查華，北京人。他們二人是夫妻，宿舍在十字樓的底層北面東側的一個房間。謝老師也可以教美術；查老師同樣可以教音樂。哪一個有事請假，他兩就互相代課，不用外人介入。謝老師夫婦一看就知道是大城市有文化的人家出來的人，據說兩人的家庭出身都是資本家。

我實在沒有什麼音樂和美術的才能。對音樂課和美術課，我只是跟老師學習一些關於音樂符號顏色搭配之類的基礎知識，認真完成老師交待的作業而已。和其他同學比，我的音樂和美術的成績還算不錯，因此和謝老師查老師的關係很好。

後來查老師改做學校圖書館的管理員，我經常去圖書館幫助她整理圖書，黏合開頁破損的書籍。報酬是可

一九九七年秋天回臨清一中時，謝永倫老師（左二），花俊起同學（左一）及當時的李彥軍副校長（右一），我們四人在十字樓旁合影。謝老師告訴我，查華老師去世了。說話間，謝老師的眼眶中閃著淚光。

以多借兩本書，有些書是從正常的渠道很難借到的。因為這個和查老師的接觸也比較多。

謝老師的宿舍放著一臺腳踏風琴。有一次我去他們的住處，看到查老師彈著風琴，謝老師站在她的身後，二人一起合唱歌曲。歌曲的名稱和內容已經忘記，只記得他們神采飛揚的表情。他們讓我感受到音樂的魅力。謝老師大概是一九二九年生人，查老師或許還要小一些，兩人那時正是三十歲稍多的年紀，神采飛揚是應該的。

也是在謝老師的宿舍裏，我看到了查老師的十多雙皮鞋，還有許多罐頭和空罐頭盒子。

向臻、劉鐵錚、謝永倫和查華四個人都是普通的人，是普通的中學老師，即使在臨清一中校園裏，好像多數情況下也是微不足道的人。做為老師，他們敬業，做為一個人，他們本分。他們年少的時候，家境也許都相對地富裕，這樣才能供他們上學讀書，讓他們成為有知識有教養的人，成為中學的教師。而當他們站到講臺上的時候，國家的政策又歧視他們的家庭出身，學校以及學生也都因此失去對他們的尊重。歷史的悖論，現實的荒謬，就是這樣地毀壞了我們國家教育的基礎。

我們班的物理老師是榮樹嶺。他不是普通的教師，他是學校教導

這幅拍攝於一九九一年春節的照片是臨清一中退休教師們的合影。照片中我熟悉的老師有：謝永倫（前左一）；查華（前右一）；劉鐵錚（前右四）；向臻（前右三）；陳煥民（一九六五年後任黨支部書記，前左四）；高春仙（前右二）；周青（後右一）；邵芝蘭（後左二，我小學三年級時的班主任，八十年代調一中任副校長）。他們的名字都出現在了我的書中。（照片來自臨清一中七十年校慶資料）

處的主任。身為教導主任，他一直兼任著物理課。

榮主任上課，一般都很早就到課堂，前一堂課還沒有結束，他就從後門悄悄走進教室，聽一會兒其他老師的課。榮主任講物理課，簡練嚴謹，語言盡量地通俗，力爭讓每一個學生都能聽懂。如果不去實驗室上課，簡單的實驗器械，榮主任常常親自搬到課堂上來，沒有一點兒主任的架子，完全是普通教師的姿態。

課間休息時他喜歡和同學們閒聊，甚至說笑話。有時他專門找那些學習成績不好，經常違反紀律的差生交談。雖然這樣，榮主任喜歡的還是那些學習好守紀律的學生。從高年級到低年級，每個班裏成績最好的學生他都熟悉。

晚自習的時候，榮主任沒有其他事情，就到各班的教室裏巡視。進出教室，腳步輕盈，唯恐打擾學生。有一次我做完了作業，正低著腦袋看小說，沒有發現榮主任進教室來。榮主任走到我的身邊，拿過去我手中的小說看了看書名就又還給了我，小聲說道：

「做完了作業，還可以預習一下明天的新課呀。」

榮主任原籍河北省棗強縣。和我父親一樣，也是因為冀魯兩省行政區劃的變遷而留在山東工作的河北人。榮主任剛開始任我們班的物理課時才三十二歲，看上去比實際年齡要老成許多，像四十多歲的人。他的衣著非常簡樸：冬天一身黑色的棉衣，邊角都磨起了花；春秋天是灰色的中山裝，陳舊而得體；夏天一身淺黃色的衣褲，衣料是陳年的絲綢。

我還看見過榮主任豪華的著裝，那是一套深藍呢子的冬裝。去北京看望妻子時他才會穿到身上，在學校裏從來沒有看到榮主任豪華過。

榮主任的妻子是醫生，在北京工作。榮主任孤身一人住在一中的校園裏。只是在寒暑假的日子，他才去看望妻子和孩子。平時的全部時間都用在學校的工作上。用克己奉公、盡職盡責、為人師表這些詞來形容年輕的榮主任，一點兒也不為過。

那時候臨清一中的外語課教授的還是俄語。中國和蘇聯的關係雖然開始破裂，五十年代密切合作的慣性依然還保留在中學的課程上。我們的俄語老師是繩欽忠，江蘇人。初二時他成了我們的班主任。繩老師剛從學校畢業，年輕，缺少經驗，加之性格急躁好搞形式主義，對待班裏的學生往往依據簡單的事例評判，把握起來就難免不很公平。同學們對他的印象普遍不好，背後給他的外號是「繩頭子」。很多年以後，我們同學間談論起當年的這個班主任，眾人的評價幾乎相似，包括幾個當時的班幹部。

繩老師也有讓人感動的一面，全班先後有三四名同學因為家裏貧困準備輟學，都是經過繩老師的幫助而得以完成了初中的學業。四十多年後同學們聚會，姜長山同學還清晰地回憶起繩老師為了他能繼續讀書去他家裏苦苦挽留的情形。

中國和蘇聯之間的關係，已經從撤走專家發展到公開的筆墨攻擊口頭論戰。著名的《九評蘇共中央的公開信》陸續發表。每當學校的大喇叭裏廣播《九評》一類的中蘇論戰文章，許多同學會放下功課全神貫注地聽。

一九六四年赫魯曉夫下臺，也讓我們這些中學生很是高興了一陣子。

我們都認為從此中國成了世界革命的中心。學校的領導和老師們對我們講，蘇聯因為搞了修正主義，人民缺衣缺食，又回到了十月革命前受苦受難了。這使我們不僅忘記了自己肚子的饑餓，而且產生了一種莫名其妙的幸福感。中國人對蘇聯的反感逐漸代替了原來的老大哥情結。這種情緒反映到我們中學生身上，就是對俄語的厭惡。

我那時沒有認識到俄語僅僅是一種語言工具，俄語課的目的是學習掌握一種新的語言，和中蘇之間意識形態的爭論沒有關係。現在已經記不清我到底是因為厭惡俄語而增加了對俄語老師繩欽忠的反感，還是因為對繩老師的反感而進一步厭惡俄語的了，反正對兩者的厭惡反感都是與日俱增。

初中時期，班裏還有十幾名同學的年齡不到十五週歲，少年先鋒隊的組織還保留著。班主任繩老師任命我擔任了班裏少先隊的中隊長，我的同桌，也是我最好的朋友郭振忠擔任中隊副，繩老師對我們倆還是滿賞識的。初二的一次考試前，我跟郭振忠悄悄地打賭：數學的成績，如果誰的分數少一分，就要挨一拳頭。反之，如果誰的俄語成績多一分也要受到同樣的懲罰。結果他的數學考了九十六分；我的九十三分。俄語他六十一分；我的六十三分。我挨了他五拳頭。我們倆的俄語實際是奔著六十分考的，以免再補考。

我們的賭注是被其他同學知道了，是否傳到班主任的耳朵裏去了呢？沒多久，我和郭同學就同時被撤銷了少先隊中隊長和中隊副的職務。我們倆無知的行為大概冒犯了班主任繩老師。

據說，當時已經有許多中學的外語課改成了英語。臨清一中一直到文化大革命開始前也沒有改成，只是派出了謝永倫老師去外地的學校補習英語。俄語老師們講授俄語也沒有勁頭，好像在耕耘一片註定沒有收成的土地。學生們學起來如同嚼臘吃棉花，學了三、四年，只記住了幾個單詞，幾個最簡單的或曾經被當做某一位同學外號使用過的單詞。

回憶臨清一中老師們的時候，我還需要記述一個不是老師卻值得讓我終生為師的人，他就是臨清一中的木匠徐金榜。

徐師傅那時五十多歲，是南門街道的原住居民。徐師傅的工作是維修學校的門窗桌椅板凳，不忙不累卻也閒不住。徐師傅的工作間是學校西南角的兩間南屋，那時還沒有電鋸電刨一類的工具，完全是手工勞動。我課餘時間經常到徐木匠工作的地方玩，遇到徐師傅鋸木頭，便給他打一番拉鋸的下手。幹活也是玩耍，玩耍時也幹點兒活，邊玩耍邊閒聊。

徐師傅文化不高，是一個工人，說話卻不粗魯，為人處世非常周到，和我閒聊經常說出一些很有人生哲理的內容，有一些讓我銘記至今。

比如徐師傅說：

「做人最重要的是誠實，你說一句假話，別人懷疑了，不信任你了，你以後再說十句真話也都白搭了。」

這句話我理解為：誠實是金。

徐師傅還說：

「做人絕不能懶惰，尤其是年輕人，多幹點活總不會吃虧，既鍛鍊身體，別人還會說你好，閒著也就等於浪費時間。」

我的理解是：勤勞是人生之本。

我還記住的徐師傅的話是：

「別看咱們學校這麼多學生，現在都一樣地上課吃飯睡覺，將來就會有差別了。」

「一個人二十五六歲之前折騰成什麼樣，這一生也就定型了。」

對這兩句話我的理解是：少壯不努力，老大徒傷悲。

我與徐金榜師傅的交往並不深，他的樸實語言卻讓我牢記終生。古人有一字師之說，徐師傅是我的一言師。所以我在記述母校與老師時，也寫上徐師傅一筆。

五十一、憨老孟（上）

平面幾何課是初中二年級開的，授課老師是孟慶雲。孟老師是山東高密縣人，浙江大學數學系畢業。我們入學的當年才分配到臨清一中任教的。

即便讓我們這些喜歡孟老師的學生來評價，孟老師也不能算是一個合格的好老師。

做為一個中學老師，起碼應當具備三個條件：一是專業知識；二是語言表達的能力；三是行為舉止能為人師表。

孟老師名牌大學畢業，專業知識沒有說的。他缺乏的是語言能力。孟老師的口齒不是一般地笨拙。他說話時嘴裏如同含著一個茄子，發音不準，吐字不清。一句看來是很容易表達清楚的話，他嗚啊嗚啊半天，多數人還聽不明白。面對學生們的懵懂，孟老師心裏著急。越是心急，就越說不出來成句的言語，直到臉憋得通紅，頭上已經出汗。每逢遇到這樣的情景，就有學生大聲喝道：

「孟老師！你還是寫到黑板上吧。」

孟老師任我們初中二年級兩個班的幾何課，一百多學生，願意聽孟老師課的不過十幾人。說確切一點，也不是樂意聽孟老師在課堂上笨拙的講解，而是喜歡跟著孟老師解題。孟老師擅長的是解題。初中的和高中的數學題，自然不在話下，大學甚至比大學還高深的數學題，孟老師解起來也是綽綽有餘。孟老師訂閱了國家數學界水平最高的刊物《數學學報》，上面有孟老師發表的文章。

孟老師經常對我們說，他最佩服的人是華羅庚。在浙江大學讀書的時候，孟老師聽過華羅庚講課，孟老師立志要像華羅庚那樣，攻克幾個數學難題，做一個在數學上有所貢獻的人。

孟老師在大學時專業成績特別好，畢業分配本來是要留校任教的。孟老師的一個杭州籍同學被分配到山東做中學老師。而這個被孟老師稱之為「小白臉」的同學在學校已經有了女朋友，女朋友畢業分配留在了杭州。「小白臉」帶著他的女朋友哭哭泣泣找到孟老師，請求和孟老師對換，說孟老師反正是山東人，回家鄉工作未嘗不可。孟老師自己也認為無論去了哪裏，也耽誤不了研究數學，華羅庚不也只是一個初中畢業生嗎？孟老師答應了同學的請求，陰錯陽差地頂替「小白臉」回到山東，來到臨清一中。

孟老師的主要精力都用在了數學題的演算上。有一次我去他的宿舍，桌子上床上全是演算的紙張，他正沉迷於一道關於人造衛星運行軌道的計算題，好像有一些突破，眉飛色舞地給我講了半天。

他那時已經開始了對拓撲學中「四色問題」的研究。

四色問題又稱四色猜想，是世界近代三大數學難題之一。四色猜想是英國的弗南西斯・格思里於一八五二年提出的。四色問題的內容是：「任何一張地圖只用四種顏色就能使具有共同邊界的國家著上不同的顏色。」用數學語言表示，即「將平面任意地細分為不相重迭的區域，每一個區域總可以用1，2，3，4這四個數字之一來標記，而不會使相鄰的兩個區域得到相同的數字。」一八七二年，英國數學家凱利正式向倫敦數學學會提出這個問題，於是四色猜想成了世界數學界關注的問題。

上個世紀七十年代，徐遲發表了著名的報告文學《哥德巴赫猜想》，陳景潤揚名中國。孟慶雲簡直就是另一個陳景潤，他們的志向，都是要攻克著名的「猜想」。因為一天到晚，腦子裏想的全是抽象的數字符號和定理，孟老師的行為舉止也象陳景潤一樣懵懂乖僻。

平面幾何課一般都安排在上午八點或九點時分。有時孟老師走上講臺，臉還沒洗，頭髮鬍子也沒有整理，眼屎還沾在眼睛的兩側。孟老師打開課本教材，端詳了片刻，突然問大家：

「今天是星期幾啊？」

引得哄堂大笑。

孟老師的衣著一貫隨意邋遢，衣服上斑斑點點沾滿了污漬，扣子很少齊全。上衣五個紐扣，有一次竟然繫錯了兩個。襪子也有穿了一隻的記錄。

時間一久，大家都稱呼他「憨老孟」。不僅老師們這樣稱呼他，學生當面直呼，他絲毫也不惱怒。同學們在操場上玩籃球。孟老師在一旁走過。有好事的喊一聲，要孟老師來一塊兒玩，並把籃球仍給孟老師。孟老師拍幾下球，憋足了勁做一個三步上籃的動作，然後把籃球投向籃框。他動作笨拙，三步跑成了四步。同學們大笑。孟老師滿臉通紅，也靦腆地笑起來。

開晚會的時候，大家讓孟老師也出一個節目，孟老師推脫不過，便紅著臉唱一首岳飛的《滿江紅》，嗓音雖不美好，卻也唱得渾厚入情。後來還有類似的場合，學生們便起哄讓孟老師出臺。孟老師還是唱《滿江紅》。他好像只會唱這麼一首歌。在杭州讀的大學，崇拜岳飛或許是理所當然的。

孟老師做人非常隨便，一點兒沒有為人師表的樣子。我曾在街上遇到孟老師把兜裏僅有的零錢在小攤上買了幾個杏子，也不沖洗，在衣服上蹭蹭，邊走邊吃。還有一次有同學看到他在街上買了幾根油條，用手拿著，也是邊走邊吃，嘴和手上沾滿了油。恰巧遇到另一個同學給自家挑水，孟老師提出想喝口涼水。挑水的同學把水桶放到地上，孟老師彎腰低頭，嘴唇貼近水面，如牛飲水般喝了個夠。孟老師抬起頭，水桶裏飄了一層油花。

孟老師的父親據說是革命烈士，他只有一個哥哥，沒有其他的親屬。他單身一人住在學校，放假時不去探望什麼人，也沒有什麼人來看望他。

孤身一人的孟老師所處的環境，比陳景潤還要糟糕一些。他任課我班不久，同學們就知道了他是一名「右派」。我們想像不出，孟老師這樣一個只知道計算分解數學題的人，怎麼會成為一個反黨反社會主義的「右派」，何況他的父親還是革命烈士。和孟老師熟悉了，我們問他當年在大學裏被打成「右派」的原因，他自己十分地含糊。他好像連什麼是「右派」也都說不清楚。

「憨老孟」後來的境遇，第八章再予以敘說。

五十二、饑餓（下）

我進入臨清一中讀書的一九六二年夏天，全國南北仍然還在饑餓中。臨清的城市居民，購買糧食依然還要使用《購糧證》。《購糧證》上登記著家庭人口和供應口糧的數量和種類。沒有工作的市民，每人供應口糧標準還是二十三市斤。二十三市斤的糧食指標中大約含有百分之十到百分之二十的地瓜乾或地瓜乾粉。地瓜乾粉簡稱地瓜麵。地瓜麵蒸出來的窩頭是黑顏色的，不好消化，刺激胃酸分泌，燒心。

中學生憑學校出具的證明到糧食供應部門去申請，口糧標準可以提升到二十八市斤，糧食的品種和市民的一樣。

城市戶口的學生到一中的學生食堂入伙，需要把自家《購糧證》上的糧食指標去糧店換成糧票。糧票交到學校，食堂的管理員按照糧店供應的品種比例賣給學生們各種飯票。每市斤糧票一般可以買到百分之二十的饅頭票，百分之五十的玉米窩頭票和百分之三十的地瓜窩頭票。

農村的同學沒有糧票，從家裏帶什麼糧食吃什麼。一般都沒有小麥，只有玉米高粱和地瓜乾。農村的同學把各種各樣的原糧交到學校的食堂裏，扣除磨麵時的損耗，每斤還要再加二分錢的加工費，換成飯票，吃各種顏色的窩頭。

學生食堂的窩頭很小，每斤玉米麵、高粱麵、地瓜麵都可以蒸八個窩頭。

多數同學的早餐是窩頭兩個，玉米粥兩碗，鹹菜佐餐。兩碗玉米粥要一個玉米窩頭票；午餐一般是三個窩頭，菜湯一碗；晚餐和早餐一樣。

即便這樣每天每日毫無變化的就餐數量和就餐品種，也要事先預定，大概是為了減少伙房裏的浪費。每個班級推選一個熱心厚道，辦事認真者做伙食委員，地位僅次於正副班長和學習委員，相當於班裏的四把手。每個週六的上午，「四把手」要把全班下周每頓飯多少碗稀粥，多少個饅頭，多少個窩頭，其中窩頭多少個玉米的，多少個高粱的，多少個地瓜麵的，一一統計清楚，登記明白，並收齊各色飯票。定飯統計表上一般只列明「白」「紅」「黃」「黑」及每頓飯的數量。「白」是饅頭；「紅」是高粱麵窩頭；「黃」是玉米窩頭；

「黑」是地瓜麵窩頭或地瓜乾。

每到開飯，值日生去伙房按照數量悉數取來便可。一隻大大的木桶足以盛下百八十碗稀粥；各色乾糧用一個淺淺的木箱抬著，上面覆蓋一床小棉被；鹹菜蘿蔔條則用一隻小飯盆領取。洗刷木桶木箱的活兒通常都由男值日生負責；拆洗覆蓋乾糧的小棉被，女生們義不容辭。

菜金是一個月收取一次，每人每天按五分錢交納。早餐與晚餐都是一分錢的鹹蘿蔔，鹽的比例幾乎達到飽和，白蘿蔔醃製到最鹹的程度；午餐的菜湯三分錢：熱乎乎滿滿的一碗，稀而鹹，表面漂著幾滴油花。

一大鍋菜湯煮熟以後，表面揚一勺子熟油。民間稱這樣的工藝為「後老婆油」。是說偏心的後母給子女做菜，把油盡撒在菜的表面。若油花是黑棉油做成，綠菜葉上漂著幾個黑色的圓點會很顯眼，可以讓將要喝下它的人產生豐富的想像。夏秋季節，青菜的品種眾多，產生的想像或許會更精彩：菜湯裏經常會埋藏著整個的青蟲；若青菜的入侵者是蚜蟲，它們的屍體就都漂在菜湯的表面，一層密密麻麻的綠色小點。從生物學和化學的角度分析，青蟲或蚜蟲也都是蛋白質，對學生的身體只有好處並沒有太大的壞處。再說青菜有蟲子，證明它沒有遭受化學污染，完全符合當今的飲食標準。

學生伙房採購用來煮菜湯的蔬菜幾乎都是價格最低廉的品種，雖然經過清洗，菜湯的底部還會沉澱著泥沙雜物。伙房的員工把菜湯灌到各個班級的飯桶時要不停地攪動，讓菜湯稀稠盡量地均勻，以保證公平。各班的值日生從飯桶往每個人的飯碗裏分配時也是同樣的動機與動作。這樣一來，碗裏的菜湯快要喝光的時候，碗的底部也會有沉澱下來的泥沙雜物。

每天五分錢的菜金，也有半數同學負擔不起，三餐均以從家裏帶去的鹹菜佐飯。因為臨清周圍盛產棉花，生產隊年底往往會分配一些黑顏色的棉油。便有家長在學生帶到學校裏的鹹菜裏放上許多加熱過的黑棉油。

還有家裏更困難的同學，沒有糧食和地瓜乾交給食堂，只好每個星期天回家去拿些沒有多少糧食，摻著米糠麩子野菜的乾糧。伙房蒸窩頭的時候，專門有一節籠屜為他們加熱。

教室在北院，學生的大伙房在南院。當最後的下課鈴響過，每個教室便有四五個值日生魚貫而出，目不斜視地快速奔跑，遇到熟悉的同學師長，也無言語，徑直往南院去完成打飯的任務。

那個年代流傳著一個人人皆知的諺語：「一天一兩，餓不死司務長；一天一錢，餓不死炊事員。」意思是每個人的口糧供應得再少，經手糧食的人都會多吃多占。為了防止上述行為，臨清一中學生食堂建立了很嚴密的監督制度。每個班的生活委員輪流到伙房值班，每頓飯從倉庫裏領取多少各色麵粉碎屑，加工成多少個饅頭窩頭都要登記。窩頭饅頭蒸熟了，還要抽樣過秤。用意是保證學生吃到口的饅頭窩頭足斤足兩，防止炊事員們偷吃偷拿。每斤小麥麵粉能夠加工一斤半饅頭；一斤玉米麵可以加工一斤七兩至一斤八兩窩頭；地瓜乾粉的成品率最高，每斤可以蒸出二斤黑顏色的窩頭。

寫到一中的學生食堂，有一個細節不應當遺漏：學生們常年沒有一點兒油水，經常有人因為營養不良而患病。為了學生們的身體能夠正常發育，不知道從什麼時候開始，也不知道是誰做出的決定，學生食堂每個月一定要吃一次油條。

每到食堂吃油條的日子，學生們就和過年過節一般。按照規定，每個人可以買四個饅頭票的油條，飯票之外還要另交一角六分錢。就因為這一角六分錢，每次吃油條的時，有三四成的同學放棄了這個補充油水的唯一機會。油條從食堂打回去分給個人時，要用秤稱，精確到四分之一根。同學們吃完了油條，手上的油都要用舌頭添乾淨。

家在城裏的同學一般不在學校的食堂裏入伙，午飯吃從家裏帶的乾糧。我的午飯經常是一個大窩頭一塊鹹菜。窩頭是地瓜麵和玉米麵混合的，呈黑褐色。顏色的深淺和地瓜麵的多少成正比，地瓜麵越多顏色越深，有時還要摻雜一些碎地瓜乾或乾菜。母親為了把窩頭盡量蒸得好吃，摻上少量的小麥麵粉發酵一下。一個窩頭根本填不飽肚子，聊勝於無而已。

我們班二十多名家在城裏或郊區，經常帶午飯到學校裏吃的同學，誰帶去的食物好壞，大家的印象非常深刻。以至於三四十年以後，老同學們一起聊天，談到某某同學，就會說到：他那時經常帶饅頭去學校的；或說：他家那時很困難，只有地瓜麵的窩頭可帶。在同學們的記憶中，我帶去學校的乾糧屬於比較差的，比我更差的只有姜長山和另外一兩位同學。

長時間的饑餓，大家的鼻子對食物的氣味變得非常敏感。一天，全教室的人都在上早自習，劉明生同學遲到了。按照慣例，他應該躡手躡腳低頭彎腰地溜進教室，悄悄坐到自己的凳子上去了事。他推開教室門的時候，女同學王新華正在偷偷地吃從家裏帶來的烤地瓜。烤地瓜的香味刺激了劉同學的嗅覺，使他忘記了自己遲到生的身份。直聽到他一聲大喝：

「誰吃燒山芋呢？」

頓時，全教室一陣經久不息的笑聲。從那以後，劉同學便有了一個外號：「燒山芋」。

一九六〇年到一九六五年，我從十歲到十五歲，正是男孩子身體發育的高峰階段。因為肚子一直處於饑餓和半饑餓的狀態，吃進肚子裏的也多是只能填充胃囊而沒有多少營養的東西。我的身體完全停止了發育，初中畢業的時候，我的身高才一百四十七釐米，是我們班甚至是我們年級的男女同學中，個子最矮最瘦弱的。我很喜歡體育運動，看著同學們玩籃球，我很羨慕。因為我的個子矮，同學們不願意和我一起玩。即使邀請我參加，我的體力也承受不了。我去水塘運河裏游泳，游一會兒就感覺很疲勞。

因為營養不良，我初中兩次患上夜盲症。一到晚上，眼前只能看到一圈白光，看不清任何物體和光線，和雙目失明的瞎子一樣。一天傍晚我模模糊糊地勉強走出家門，結果把在院子裏牽手而行的劉全喜劉雙喜弟兄兩個碰了個人仰馬翻。兩個三四歲的男孩重重摔在地上，額頭鼓起來大包。我和母親連連向聽到哭聲趕來的劉媽媽道歉。夜盲眼，屬於典型的脂溶性維生素A、D缺乏症。

初中二年級時一次檢查身體。X光透視以後，醫生在其他同學的體檢表上畫了一個勾，而我的卻給點了幾個點。我認為是自己患了肺結核，這在那時還是不治之症。回家告訴母親時，我哭了。母親也很害怕，拿著我的體檢表給同院的孟大夫看。孟大夫說是我的肺葉上有鈣化點，以前曾經感染過肺結核，現在已經痊癒了。雖然虛驚一場，想起來還是後怕，我究竟是什麼時候去拜訪鬼門關的呢？

我在第四章——三十九、饑餓（上）中說過：沒有經歷過饑餓的人生，不算是完整的人生。從生理學的角度看，人還是不經歷饑餓，尤其是在身體發育階段不經歷多年的饑餓為好。

關於那時期的饑餓，近年有許多的回憶文章。整個國家都是這樣，大家的經歷和感受有許多相似之處。以我童年少年時期的感受，我認為在極端饑餓之後與能夠吃飽飯之前，還應當有一段不很饑餓但是還吃不飽的時期，我姑且稱之為準饑餓時期。我經歷的極端饑餓時間差不多有三四年，即一九五九年至一九六二年。一九六三年以後的準饑餓一直持續到文化大革命期間。有人回憶這段歷史時說是剛吃飽了飯就開始鬧騰了，其實並不準確，應該說是還沒有飯可以吃飽就開始了史無前例的胡鬧。

五十三、一九六三年暑假（上）——小工

那幾年的暑假，我註定要做些什麼。

我們家的同院有一個王姓女士，在一個建築隊裏做會計。這個王會計身材很矮。她的丈夫卻很高。兩人的身高相差有兩個腦袋。鄰居的女人們背後取笑他們說：「不管高矮，中間找齊。」十二三歲的我，能聽得懂中年女人們這些帶有性隱語的話。王會計夫婦有兩個七八歲的孩子。大的是女孩，眼睛特別小，眼泡卻高高的，很愛撒謊。小男孩則經常和鄰居家的孩子打架，打了敗仗就哭個沒完沒了。

我母親為王會計縫製了一件衣服，沒有收她的加工費。王會計的新衣服很可身。她又介紹她們建築隊賈隊長的小姨子也來找我母親做衣服。賈隊長的小姨子長得很秀氣甚至可以稱得上漂亮，不到二十歲的樣子，性情也很好。賈隊長的妻子死了，不知什麼原因，這個年輕漂亮的姑娘，卻要頂替自己病故的姐姐，嫁給已經三十多歲而且有好幾個孩子的姐夫賈隊長。我的母親為此很遺憾很惋惜。我認識了賈隊長以後，也加入了遺憾惋惜的隊列。

因為和王會計有了以上的交往，一九六三年我放暑假後，母親求王會計在她們的建築隊為我找了一個幹小工的活兒。那年我十三歲，身高才一米四十五釐米。

賈隊長的建築隊規模不大，二三十號人馬，承攬一些修修補補的小工程。賈隊長煙捲不離手，眼睛紅紅的，頭髮凌亂蓬鬆，永遠是一副醉酒的模樣。聽別人議論，他還亂搞女人。他那美麗的小姨子，可真是鮮花插到了大糞堆上。

我幹活的工地在臨清城北的一個什麼工廠，搭建十多間平房。第一天的工作是打夯。一塊重四五十公斤長方體的石塊上用鐵絲綁了一根木棍，栓著四根麻繩，即為石夯。一個年紀大，有經驗的師傅，扶著木棍，喊著號子，掌控著石夯落地的方向。四個牽繩子的人負責把石夯提起。我是牽繩子者之一。

這項工作的要領是四個牽繩子的人用力要一般大。假設石夯的重量是五十公斤，繩子是斜著往上提升，按照力學的原理，每個人牽拽的力量要遠遠大於十二點五公斤才行。因為我的個子矮力氣小，石夯常偏離了落點，這時扶夯喊號子的師傅就會瞪大眼睛用力哼我一聲。有一次石夯差一點落在師傅的腳上，他回應給我的是一句怒罵。我使足吃奶的力量拽緊夯繩，別人用一隻手，我兩隻手一齊用力。不到中午，我的手就勒出了血，血水染紅了麻繩，我咬著牙堅持著。夏季的天好像特別長，太陽懸在空中，一動不動。我堅持到天黑前下工回家，身體就像要散了架。兩個手的食指拇指和手掌上滿是傷口，都流著血，又紅又腫。

母親問我幹活的情況，我盡量說的清淡，注意遮住受傷的雙手，不讓母親看到。吃了一張母親專門為我烙的白麵餅，我就睡成了死豬一般。

第二天去工地前，我悄悄地在家裏拿了一些舊布纏在手上，拼著小命繼續拽了一天石夯。扶夯的師傅，幹活的時候對我嚴厲，休息時讓我伸出手掌，查看我的傷口，盡顯慈祥的顏面。另一牽麻繩的青年，尖嘴猴腮的模樣，還長著一付水蛇腰。他不斷地說些恥笑我的言語，完全是小說中的人物。打夯的活兒就幹了兩天，否則我怎麼也堅持不下去了。

第三天是搬磚，一次我能搬五六塊，盡力跟上砌磚師傅的需要。身體的感受是腰疼，手指也被磚砸腫了兩根。賈隊長來工地視察，看著我瘦小的身軀和吃力勉強的樣子，眉頭就皺了起來。可能是看著王會計或自己過去的小姨子現在準妻子的顏面，賈隊長並沒有馬上炒我的魷魚，而是把我調到了另一個工地。

賈隊長的另一個工地就在我家對面的元倉糧店，我上工倒是近便。我們幹的活是拆掉「永豐」、「永備」兩個大倉的臺階。那兩個「元倉」的牆壁有十多米高，圓型的牆體中部還有一個小門，大約是倉房下部裝滿糧食的時候，順著臺階爬上去，從上面的小門可以繼續填裝。現在「元倉」裏幾乎沒有糧食儲存，上面的小門和臺階就沒有了用處，乾脆拆掉拉倒。

可能是因為臨清的土質適宜，也可能是因為臨清人有祖傳的技術，更可能是因為臨清瀕臨京杭大運河的運輸便利，修建北京城和北京皇宮的大青磚有許多是在臨清燒製的。明清兩朝，專門在臨清設置了負責燒磚的衙門機構。大青磚燒製好以後，用黃紙包裹，由北去的航船無償運往北京，途中若有丟失損壞，拿船主問罪。用於修建「永豐」、「永備」糧倉臺階的大塊青磚也都與運往北京的相仿，且都是明朝官窯燒製。年代更久遠的，上面鑄著「嘉靖」、「萬曆」的字樣。

拆「永豐」、「永備」兩個古代糧倉的臺階，其實是破壞文物的犯罪行為。我那時絲毫也沒有這樣的意識，若干年後，「永豐」、「永備」兩個整體建築也被拆得蕩然無存了。

每塊大青磚差不多等於十塊標準紅磚的體積，在古建築旁擱置了數百年，潮濕沉重。搬動如此沉重的大青磚差不多超出了我體能的極限，我的腰部還十分瘦弱，骨骼肌肉還遠遠沒有發育起來。

拆下來的大青磚就地用來搭建三間房子。房子蓋好以後，是糧店出具售糧憑證人員的辦公室。我少年的身體雖然瘦小懦弱，卻無論怎麼勞累怎樣酸疼，腰肌也不會勞損，腰間盤也不會突出。我彎腰撅屁股地搬了五天大磚，兩個古建築的臺階拆完了，三間房子蓋好了，我也就被解雇了。

賈隊長讓我幹了八天，每天的工錢是一元二角五分，八天正好十元錢的收入，算是很照顧我了。即使不是賈隊長那樣的煙民酒鬼，即便是換了另外一個心腸慈悲的負責人，也不會雇傭我這樣瘦弱的小工。對了，那時好像還沒有雇傭童工犯法的條律；或者有，也沒有為眾人熟知認可。

在家休養了幾日，腰不酸了，手也不疼了。迎接我的是另外一個幹小工的去處。衛運河西岸的黃莊，有一個林業部門下屬的蘋果園。夏季正是給蘋果樹施肥的季節，我去那裏的工作就是給蘋果樹施肥。和我一起去的是我的學長，考中學時借給我鋼筆使喚的韓東俠。

黃莊蘋果園離我們家最少也要六、七公里的路程。我和韓學長提前吃了早飯，帶上兩個窩頭就上路。跨過衛河上的先鋒大橋還要走很遠才能到黃莊。

給蘋果樹施肥的程序是：圍著蘋果樹挖一圈深和寬都是一尺的溝坑，用小車把棉籽餅從倉庫裏推出來，均勻地撒在坑裏，再用土把坑填平。這樣的活兒倆人合作幹最合適，我和韓學長分頭挖坑推小車填土，有條不紊地幹了起來。和我們幹同樣活兒的還有其他三四個小工，都是身體強壯的成年男子。

我們的報酬是按完成的數量計算，每完成一棵樹是一分五釐錢。不時有監督者來往巡邏，查看挖溝是否夠深，施肥是否夠量。韓學長比我大兩歲，個子也比我高一點，但我鑿山芋時練就了挖土掘溝的功夫，幹起來並不比他差什麼。黃莊蘋果園裏的土質全是細沙，很容易挖掘。我們倆中午除了啃乾糧喝水沒有休息片刻，一天下來，累了個臭死，也只完成了一百零幾棵，每人的收入不到八角錢。

回家的路上，我們倆說話，都認為收入太低，有點不划算。但又覺得幹這樣的活，很自由，不用看他人的臉色，所以決定繼續幹下去。路過衛河大橋的時候，因為到了雨季，上游雨水大，河水上漲得很厲害，已經漫過了河床，距離高聳的堤面也就還有兩三米了。

接下來，我們倆又幹了三四天。天經常下雨，一天中午，烏雲密佈，天空黑壓壓的，暴雨傾盆而降，偌大的蘋果園裏沒有避雨躲藏的地方。韓學長帶去了一小塊塑膠布，我們倆把它頂在了頭上。雨太大，塑膠布太小，四隻手抓著塑膠布也只能護住腦袋，身軀四肢任憑上天狂洩下來的雨水擊打。暴雨接連幾個小時也不停止，雷鳴電閃之下，我們兩個瘦弱低矮的身體顯得可憐無助。乾糧放在果園的辦公室裏了，我倆渾身潮濕肚裏無食，只好把身體緊緊摟抱在一起取暖壯膽。

天黑以前，趁著雨稍小了些的空隙，我們蹚著泥水往家裏趕。路過衛河先鋒大橋的時候，河裏的水又上漲了許多，渾濁的河水裏漂浮著上游沖下來的牲畜木料傢俱。我還看到了幾個西瓜和一具棺材。洪水來了，再過河去蘋果園很危險，我做小工的過程也就結束了。

韓學長初中畢業後沒有升入高中，而是考取了聊城的職業技術學校。文革期間，我曾去他的學校找他，沒有見到。後來他分配在平陰縣的一家工廠當工人，最終調回臨西縣父母身邊工作。我與韓學長分別四十多年了，一直沒有見面的機會，很是想念他。

從黃莊蘋果園幹小工回來後，面臨的是如何應對洪水了。一九六三年的暑假，我註定要經歷更多的事情。

五十四、一九六三年暑假（下）——洪水

一九六三年夏天，華北平原上的洪水真是鋪天蓋地而來。歷史上有沒有過這麼大的降雨量，我沒有查閱過資料。鬧洪水的一個重要原因是大躍進時修建的太行山山區水庫普遍出了問題。或許是設計上對降雨量的上限估算錯誤，或許是珍惜庫中的存水，暴雨來了排洩不及，管理人員無知或失職，造成潰壩或潰堤。反正生活在華北大平原上的老人們都沒有遇到過這麼大的洪水。不只是哪一條河流泛濫成災，而是華北平原上的所有河流都失去了控制。臨清衛運河的洪水泛濫幾乎和北面數百公里外的劉口村房屋倒塌發生在相同的幾天裏。

衛運河從太行山流出來後，在河南山東河北的地面上形成一條地上懸河，幾乎和黃河的下游一樣。臨清縣城附近的河堤高度遠遠超過了城內的多數建築。

一九六三年七月下旬，衛河兩岸的大堤上早已駐紮了許多嚴防死守的抗洪大軍。二十四小時不間斷地巡邏，防止隨時出現的管漏和所謂階級敵人的破壞。在被服社工作的母親也去大堤上的窩棚裏值了幾天班。縣委縣政府的工作人員幾乎都去了各個抗洪搶險指揮部。我父親的崗位是留守在縣委辦公室，守著幾部電話機，保持上級和縣裏的首腦與各個抗洪指揮部的聯繫。

我從黃莊蘋果園幹小工回來後的第四天，衛河裏的水只見漲不見落。河堤上的人越來越多，河水距離堤面的高度只剩下不到一米。黃土堆積的河堤讓洪水浸泡了多日，隨時都有崩塌的危險。我父親雖然堅守在辦公室，對河堤上的緊急情況卻一清二楚。我們家住的元倉家屬院地勢低窪，母親帶著我們三個孩子，假若河堤決口，連屍首也都無處去尋。即便我會游泳，也絲毫無濟於事。

七月二十五日下午，父親讓人捎信給母親，讓她帶著我們弟兄仨去了他正在值班的縣委辦公室。父親的計劃是：緊急情況下用繩子把我們都綁到辦公室的那兩張大方桌上，再把桌子栓在院子裏的樹上，這的確是一個保全全家性命的方案。父親的宿舍緊挨著辦公室，把兩個弟弟安頓在父親的宿舍裏。五個人好歹吃了點食物，算是晚飯。母親不放心那個並沒有什麼值錢物品的家，提出要回家去拿些東西。父親不放心母親，就讓我給她就伴回去一趟。

我陪母親回到家，三拾掇兩拾掇天就完全黑了下來。這時，只聽到西邊市區人口集中的地方人聲鼎沸，還有敲打銅鑼和類似器皿的聲音。我和母親知道大事不好，趕忙鎖上家門就往縣委的方向跑。我倆每人挎著一個包袱，裏面是幾件衣物。母親的肩上還背著一個麵粉口袋，那是十幾斤麵粉，家裏僅有的存糧，也是家裏最值

位於大西河上的先鋒大橋竣工於一九五九年七月一日，設計者是蘇聯的援華專家。先鋒大橋連接著臨清市與臨西縣，或者說是連接著山東省與河北省。一九六三年夏天鬧洪水時，水位曾經高達橋面下不到兩米的位置。為了治水，大西河隨後成為山東河北的界河。劃河而治以後，大西河卻再也沒有鬧過大水。當年是滾滾的河水流往天津衛，如今它卻成了華北平原上的一條大號污水溝。（攝於二〇〇七年九月）

錢最金貴的東西。

跑出去沒多遠，就碰上從市區往東逃難的人群。每一條通往城東的路上都擠滿了攜兒帶女的市民。地排車都派上了用場，青壯男女拉著老人孩子和細軟，速度和效率都勝似全家徒步行走。看樣子是衛運河大堤真的決口了，我和母親便和逃難的人們一樣慌張起來。人群的方向是從西往東，我和母親是自東去往西南，逆向交叉阻礙了我們的速度。人群把母親擠到了路邊的一個水溝裏，母親的褲子濕了半截。母親從水溝裏爬上來，和我商量說：

「咱們把這點白麵丟了吧？」

我很捨不得，伸手從她的肩上將麵粉袋子奪了過來，說：

「我來背！」

跑到縣委父親的宿舍，父親告訴我們：河堤並沒有決口。估計城裏的人多數都在慌亂之中逃出了城，人們空驚慌了一場。那天晚上，我就睡在了辦公室的大桌子上。第二天早晨，從值了一夜班的父親嘴裏知道，昨天情勢最緊急的時候，為了保護臨清縣城，縣抗洪指揮部請示上級後，炸毀了衛運河西岸的大堤，讓洪水淹了西岸的莊稼和村莊。大西河東岸的洪水警報解除了。

事後母親為保護麵粉口袋的事表揚了我，說我遇事沉著；父親則開玩笑說我是要財不要命。

第二年，為了抗洪的原因，衛運河西岸五個區二十多萬人口，從臨清縣劃分出去，設立臨西縣，隸屬於河北省邢臺地區。衛運河成為山東河北兩省的界河。比較有意思的是從那至今將近五十年，衛運河卻不僅再也沒有鬧過一次洪水，而且逐漸乾涸成了一條淺淺的排污溝。

五十五、我的同學

一九六二年，我進入臨清一中的時候，我們班一共錄取了五十四名學生，兩個班正好一百單八將。五十年後的現在能夠回憶起來的同班同學名單如下：

鮑雙田、陳耀光、韓錫印、馮友朝、傅桂珍（女）、郭振忠、谷秀蘭、（女）賈文華（女）、姜長山、康以祥、李長站、李培海、李振堯、劉明生、劉素英（女）、劉玉林、劉玉慶、馬登洋、牛俊玲（女）、沙玉梅（女）、史金榮、齊國華、宋長蘭（女）、陶玉蓮（女）、唐世祿、任愛英（女）、尚金岩、王風英（女）、王臨生、王慶林、王喜林（女）、王新華（女）、吳洪香（女）、徐恆和、薛振東、于慶平、臧寶興、趙廷琴（女）、趙英杭、張善欣。

轉學、退學、休學、留級者：

陳其峰、陳化貞、鄧子林、韓培善、李振亞、劉景新、任啟則、史書堂、孫少秋、王恩祥、王清華、趙書林、支向榮。

這五十三個，還有從上一年級留級下來或從其他學校轉來的幾個同學。這樣算來，還應當有幾名同學現在已經回憶不起姓名來了。

五十多個同學，退學休學留級轉學者差不多四分之一。退學休學的原因多是因為家裏生活困難。費盡氣力考上了中學，不是萬不得已，誰會輕易地放棄？留級的同學多，說明當時臨清一中的教學管理之嚴格。

五十多個同學中，除了現在依然密切來往的幾個之外，印象比較深的還有薛振東、唐世祿、馬登洋和劉玉慶。

我們班最活躍的同學是薛振東。他家住在臨清城裏竹竿巷，家庭過去大概是商人。我因為和他的關係不錯，曾經多次去他的家。他家的房子很高但破舊，傢俱古老，有一種奇怪的氣味。那時同學們對有關家庭的話題好像都很忌諱，互相間很少談論自己家的事，因此我對他的父母知之很少，只記得他有一個舅舅也在縣委工作，和我父親是同事。

薛振東的活躍表現在給同學們起外號，全班同學有外號的，幾乎都是他的傑作。有一個時期，班裏流行俄語外號，什麼「大思嘎」（黑板），「嘎瓦里特」（說），其達也特（讀），「思大陸哈」（老太婆），都成了同學的外號。我的身體單薄，腦袋顯得很大，薛同學用俄語稱呼我「巴雷沙呀」（大的）。

薛同學起外號一般都沒有什麼惡意，逗大家開心而已。薛同學很聰明，擅長人際交往；喜好打乒乓球；膽量不大，游泳始終放不開手腳，所以沒有進步。他初中畢業後考取了濟南重型汽車廠的技校，畢業後分配在臨清汽車配件廠工作。他在濟南期間和到配件廠後我都曾經去看望過他。大約二十年前，他的一隻眼睛在車間裏幹活時受了工傷，影響了視力。

唐世祿是我們班生活最艱苦的同學。他是臨清城北胡八里村人，父親是冠縣縣醫院的院長，五十年代初的離婚潮時拋棄了他和母親哥哥。他母親的身體不好，靠哥哥在生產隊勞動供濟他讀中學很不容易。

唐同學沒有足夠的糧食交到學校食堂裏入伙吃飯，只好每星期用竹籃子回家背一次乾糧和鹹菜。那哪是什麼乾糧啊？所謂的窩頭，原料主要是麩皮米糠野菜地瓜葉子，只有很少可以稱為糧食的的玉米麵或高粱麵。唐同學把盛乾糧的籃子吊在男生宿舍的樑頭上。每頓飯唐同學只喝伙房裏熬製的玉米稀粥，用布包兩個窩頭到伙房的籠屜裏蒸熱。

唐同學一日三餐幾乎都是同樣的食物。冬季天氣寒冷，籃子裏的乾糧能夠保存一周；夏天氣候炎熱，野菜做的窩頭很容易變餿，唐同學就每週回家兩次。好在胡八里村距離學校不是很遠，四、五公里的路程，晚自習後連夜往家趕，第二天起早上路，回到學校還不耽誤上早自習。即便這樣，籃子裏的乾糧放置兩天還是會發霉，長出一層白色的醭。唐同學把長了醭的所謂窩頭掰開放到窗臺上晾曬，連饑餓的麻雀都不屑得光顧。我曾經幫助他翻弄曬在窗臺上的乾糧，放到鼻子下聞一聞，一股嗆鼻的酸腐味。唐同學捏一塊放進嘴裏，嚼幾口嚥下肚裏說：

「還能吃。」

學校對生活最困難的學生發放助學金，一等的每月四元錢；二等的兩元錢。我曾經享受過一學期的二等助學金。唐世祿同學是始終享受一等助學金的人，有限的四元錢可能是他的全部的開支，他只能把盡量少的錢用在伙食上。

唐世祿同學很瘦，吃這樣的飯食，肯定會瘦；唐世祿同學很高，差不多有一米八高。天知道他是怎麼長這麼高的。唐同學不僅身材高，而且很有耐力，學校的體育運動會他報名的項目一般都是男子長跑，一千五百米或三千米的項目常常能拿到前幾名。每逢要參加運動會，他便從伙房裏買幾個玉米窩頭。他的身體是比較特殊，但也要遵循人類生理的基本規律。

唐世祿同學上學很艱難，學習很刻苦，晚上宿舍息燈以後，他點著墨水瓶做的煤油燈還要學習到很晚。我曾經遇到過他夜晚在十字樓的走廊裏，憑借昏暗的燈光看書。在全班同學中，他的學習成績屬於比較好的。

唐世祿同學還有一個特長是雄辯的口才。那時我們同學們之間經常有意識地進行口才鍛鍊，不是在人多的地方發表演講，而是類似抬槓的那種語言單兵較量。話題很隨意，一般都不是什麼重大的題材，多是身邊小事，隨手撚來，正方反方任意選擇。全班能夠與唐同學較量幾個回合的，只有韓培善和李振亞兩個種子選手。其他人若想和唐同學過招，兩句話就能讓其啞口無言，還會招致旁觀者的哄笑。

唐同學與韓、李交手的時候，會吸引很多同學們旁聽，最後勝利者總是語音低沉，節奏緩慢，使用的語句也不多的唐同學。包子有肉不在褶上，唐同學的語言簡潔精彩，往往能起到一劍封喉的效果。除了辯論，或者說是抬槓，唐同學很少和人交談，他其實是一個沉默寡言的人。

這裏想多說一句的是李振亞同學，他和我的關係很好，初中二年級時他隨下東北的父母轉學去了吉林梨樹縣。我們倆通過幾封信，後來就中斷了，真想知道他如今是什麼樣子。李振亞同學的特徵是頭上有幾片長癬留下的禿斑。

唐世祿同學初中畢業後順利地升上了高中，和我不再是一個班了。文革期間，大家都忙著去「轟轟烈烈」，唐同學比較沉寂，不記得他參加過什麼組織，也沒有去外地大串聯。兩派激烈辯論的時候，他也沒有施展他那雄辯的口才，而是自己一個人坐在教室裏看書。有人說他這樣做是維護舊的教育路線，是不革命的表現，但也沒有怎麼樣他。

再後來學生們都離開學校各奔前程了，唐世祿就回胡八里村當了人民公社的社員。有同學曾經看見過他到臨清城裏來賣西瓜甜瓜菜瓜，頭上包著一條白毛巾，很農民的樣子。

再再後來，唐同學被推薦成為工農兵學員上了大學，讀的是醫學院藥學專業。或許是他那位居醫院院長的父親發揮了作用；或者不是，僅是因為他在生產隊勞動時表現不錯。

唐同學大學畢業後在一個比較大的醫院裏幹司藥。期間，我曾經兩次去看望他。

馬登洋是我們班學習成績始終都名列前茅者。他最突出的學科是數學，尤其是平面幾何，最難解的題都難不住他。馬登洋同學的數學好，和孟慶雲老師的關係也好。除了課本上的題，孟老師經常給馬同學出一些更難的題做。我也去找孟老師索要課外題，孟老師給馬同學的比我的多，也比我的難，馬同學解數學題的能力比我強很多。

和馬同學接觸多的同學都能感到他很自負，他尤其看不起那些學習不好的城裏學生。馬同學是臨清城南葦元村人。葦元村盛產棉花，馬同學的棉衣棉被都很厚。自家紡織的粗布，縫製的衣服樣式很古樸。棉褲的褲腰很肥大，多餘的部分在胸前勉成三層，穿在身上很臃腫。棉衣的外面不罩外衣，裏面也不穿襯衣。他最習慣的動作是把兩隻手都插在袖筒裏，再故意地彎著腰，很像一個去趕集的農民。馬同學夏天的衣服也是家織布，褂子很短小，棉花自然的白顏色。

劉玉慶同學和馬登洋的家是一個村。葦元可能是一個很大的村莊，要不就是它的村民智商高聰明，再不就是村裏有重視教育的傳統。僅葦元村在臨清一中讀書的學生，我就認識好幾個，這是一個很高的比例。劉玉慶就很聰明，身體也好，初中時就發育得很像一個成年男子，並且是一個漂亮的成年男子。他不僅體形健壯很有力氣，而且五官端正皮膚很細，留著很時髦的分頭。

劉玉慶的學習挺好，也積極參加班裏的活動，體育運動會上參加短跑項目。但他在同學們心目中威信不高，原因是他性情直爽，說話隨意。他的外號叫「大驢」，既形容其強壯，又暗喻其性格。可能是因為身體發育的完好，劉同學在男生之間經常談論性。還有同學看到過他在教室上課的時候，把手伸進褲兜裏玩弄自己的生殖器，並且把他的這種行為廣而告之。

劉玉慶很願意和城裏的同學接近，一塊兒玩耍，這一點和多數農村的同學有區別。農村同學讀中學的目的不外乎是想在城裏找到工作離開農村，劉玉慶同學的這種願望表現得更直爽更強烈。他的家庭出身是中農，他父親每個月都推著獨輪車給他往學校送糧食，路途有三十華里。他的父親五十多歲，個子不高，也不強壯，手很粗糙，頭上包著一條白毛巾，用煙袋吸煙，很中農的樣子。

初中畢業的時候，劉玉慶同村的馬登洋報考的是師範學校。讀師範學校不僅不用交學費，而且還發給生活補助，更優越的是畢業後就能直接安排工作當公辦小學的教師，是當時家在農村，生活比較困難的初中畢業生最好的選擇，劉玉慶卻報考了高中。按他的學習成績，考取高中應該沒有很大的問題，劉玉慶是想高中畢業後再上大學，目標更高遠一些。

臨畢業前，劉玉慶剪掉了留蓄兩年多的分頭。或許是為了考高中而勵志；或許剪短頭髮與考高中沒有一點兒關係。

考試前一天，劉玉慶的父親來到學校，沒有推著他的獨輪車，是騎自行車趕來的。見到了劉玉慶，當著同學們的面，劈頭蓋臉就是一頓訓斥。劉老漢是想讓兒子也和同村的馬同學一樣報考師範，他也許實在是沒有經濟力量再供養兒子讀書了。那天下午，父子倆在校園裏爭吵了許久。

因為考試，我吃住都在學校裏。晚飯的時候，也沒有看見劉同學。晚上熄了燈，劉同學躺在大通鋪上，翻來覆去不能入眠。睡在他旁邊的劉老漢也一直醒著，煙袋亮了大半夜。第二天清早，老漢快快地離去。

這樣的心境直接影響了考試成績，劉玉慶同學落榜了，沒能升入高中，回生產隊幫劉老漢掙工分去了。

我們上高中以後，劉同學曾經回一中看過我們，仍一副壯志未酬餘恨未消的情緒。從他的話語間可以判斷，他已經開始接觸女人的身體了。

再後來就到了文化大革命期間，運動一開始，劉同學就積極地參加了，也許他認為這是改變自己命運的唯一機會。有一次遇到他來城裏做革命的聯絡，談到當下的運動，劉同學又是一副志在必得的口氣。

一年後，劉玉慶已經是他們人民公社（相當於現在的鄉鎮）群眾組織的小頭目了。在兩派的較量中他們那派占了上風，對立面被打散了，處於逃亡之中。一天，劉同學發現了對立面的一個首領，他自持身強力壯，縱身從身後把那首領攔腰抱住，想將其活捉。未曾想那人從身上拔出來一把匕首，回手刺入了劉同學的腹部。劉玉慶因為傷勢過重而亡，死時年方十九歲。

我們家所在的元倉家屬院，距離臨清一中很近。我曾經步量過，從我們的教室到我家的屋門口是八百步。我那時的個子小，腿短，八百步大約只有五百米左右。但我的父親卻建議或者說是強迫我住到學校的集體宿舍裏去。

父親這樣做的目的是要我向農村的同學學習。我的父親生在農村長在農村，他認為農村的同學生活樸素，學習刻苦，遵守紀律。他要我和農村的同學生活在一起，就近學習他們的這些優良品德。

首先反對他這個建議的是我母親。母親不反對我向農村的同學學習，她之所以反對，是家裏提供我去學校住宿的棉被很困難。學校的宿舍沒有取暖設施，冬季住校，最少需要一條褥子兩床棉被，我住在家裏是可以和弟弟們睡在一起的。母親最終沒有能改變父親的決定，只好想辦法為我製備齊了被褥。初中三年，我住宿在學校的時間大約有兩年。

那時住宿在學校裏，不收住宿費。我和農村的同學住宿在一起，卻很少和他們一起在食堂裏就餐。每天早自習後我回家吃早飯，午飯自帶，晚飯也回家吃。原因是在家裏比在學校吃飯要節省一些。

農村的同學生活樸素甚至可以說是非常地艱苦，的確讓我佩服，他們在學習上的刻苦精神也很值得我效仿。晚上教室和宿舍都熄燈以後，有的同學還要到十字樓走廊的燈光下學習。躺在被窩裏學習的捨不得用手電筒，就用墨水瓶做成的煤油燈照明。第二天早晨，兩個鼻孔都被熏得黑黑的。

初中三年，乃至上高中以後，我可以說是城鎮學生裏和農村同學接觸最多的人。我也的確向那些農村同學學習到一些優良的品行和吃苦耐勞的精神。

四年以後，在史無前列的文化大革命中，我開始質疑父親為我制定的這個學習取向，開始懷疑並鄙棄那些被學習的對象。許多我曾經傾心敬佩尊重的同學，在文化大革命中的表現卻十分讓我震驚。表面上的樸實與勤奮，內心裏卻兇狠與卑鄙。這些都是後話，待我回憶到文化大革命時再予具體敘說。

另有一點我無法引以為榜樣的是農村同學經常肆無忌憚非常露骨地談論異性，甚至直接議論我們班的某某女同學。有些語言完全脫離了文明，原始到無法入耳的地步。

五十六、四清（上）

我在初中階段經歷的政治運動是四清。四清又稱為社會主義教育運動，從一九六三年開始，直到一九六六年被文革替代，歷時近四年。

除了少數學生中的共產黨員，臨清一中多數學生其實沒有直接參加運動，也不知道四清究竟是怎麼回事。我們初中二年級的時候，政治課程進行了調整。取消的課程是什麼現在已經無從記起，增添的是一份政治文件《中共中央關於目前農村工作中若干問題的決定（草案）》。因為沒有教材，政治課老師把他的手抄本寫到黑板上，讓學生們一筆一畫地謄寫。

《中共中央關於目前農村工作中若干問題的決定（草案）》篇幅比較長，大約一萬兩千多字。老師和同學們光抄寫就花費了很多堂課。其實這也許正是學校的領導或老師的智慧所在：把中央文件作為政治課的課程，學習的時間不少，卻不用費力氣講解。大家都知道，那可不是容易講解的，講解錯了誰也擔負不起責任。

《中共中央關於目前農村工作中若干問題的決定（草案）》又簡稱為「前十條」。因為不久又來了一個主題相似，內容也是十條的文件：《中共中央關於農村社會主義教育運動中的一些具體政策問題》，後者簡稱為「後十條」。學校安排的學習方法和「前十條」一樣：抄文件。

一年後，我們初中畢業前的那個學期，上面又來了一個《農村社會主義教育運動中目前提出的一些問題——中共中央政治局召集的全國工作會議討論紀要》，總共二十三條，簡稱「二十三條」。

我們作為中學生第一次接觸這些純政治的文字，不可能理解其真正的含義，更理解不了它對整個國家所起到的作用。

「二十三條」的最前面是下面的幾句文字：

中央政治局召集全國工作會議，討論了農村社會主義教育運動中目前提出的一些問題，並寫出了討論紀要。現在把這個文件發給你們，過去發出的關於社會主義教育運動的文件，如有同這個文件抵觸的，一律以這個文件為準。

三個接踵而至的中央文件讓我們有些迷惑不解。尤其是上面這段與前面幾個有關四清的中央文件有些過不去的文字，更是讓人莫名其妙，如同墜入雲霧之中。這樣的疑問，老師和學生一樣也不知道答案。雖然這樣，文件中的一些重要的段落，一些醒目的詞語都還深深地印在了我們的頭腦中。例如：

人的正確思想是從哪裏來的？是從天上掉下來的嗎？不是。是自己頭腦裏固有的嗎？不是。人的正確思想，只能從社會實踐中來，只能從社會的生產鬥爭、階級鬥爭和科學實驗這三項實踐中來。

社會主義社會是一個相當長的歷史階段，在社會主義這個歷史階段中，還存在著階級、階級矛盾和階級鬥爭，存在著社會主義同資本主義兩條道路的鬥爭，存在著資本主義復辟的危險性。

任何時候都不可忘記階級鬥爭，不可忘記無產階級專政，不可忘記依靠貧農、下中農，不可忘記黨的政策，不可忘記黨的工作。

說服教育、洗手洗澡、輕裝上陣、團結對敵。

其中印象最深刻的是「前十條」中引用的毛主席的一段語錄：

階級鬥爭、生產鬥爭和科學實驗，是建設社會主義強大國家的三項偉大革命運動，是使共產黨人免除官僚主義、避免修正主義和教條主義，永遠立於不敗之地的確實保證，是使無產階級能夠和廣大勞動群眾聯合起來，實行民主專政的可靠保證。不然的話，讓地、富、反、壞、牛鬼蛇神一齊跑了出來，而我們的幹部則不聞不問，有許多人甚至敵我不分，互相勾結，被敵人腐蝕侵襲，分化瓦解，拉出去，打進來，許多工人、農民和知識分子也被敵人軟硬兼施，照此辦理，那就不要很多時間，少則幾年、十幾年，多則幾十年，就不可避免地要出現全國性的反革命復辟，馬列主義的黨就一定會變成修正主義的黨，變成法西斯黨，整個中國就要改變顏色了。請同志們想一想，這是一種多麼危險的情景啊！

有家在農村的同學，父親擔任生產隊長或生產隊會計，說是被四清工作隊打成了「四不清」。同學間議論起此事，便會有人說：

「某某是用他爹貪污的糧食來學校入伙的，所以能經常吃玉米窩頭，很少吃地瓜麵。」

班主任還搜集過這些同學家裏的情況及本人近階段的表現，並彙報給校領導。

學校的領導和教職員工們也開展了四清，時間應當是在一九六四年的秋天。運動的結果是黨支部書記念亞民調離了臨清一中，隨同他一起調走的還有他的妻子，教導處副主任顏平。

關於黨支部書記念亞民，《臨清一中校史》中有一段文字介紹他是一九一九年生，中共黨員，山東省聊城市堂邑鎮西街人，一九五五年七月任聊城專署衛生科副科長。念亞民書記是一九五七年九月調任臨清一中黨支部書記兼副校長的，他應該是臨清一中反右運動的主要負責人。

《臨清一中校史》關於反右運動在第五章第四節「沉痛的教訓」中只描述了幾句話：

例如五七年反「右」派時把部分業務水平高工作能力強的老教師打成了「右」派，使他們蒙受多年不白之冤。五九年「整團」時在學生團員中採取了「反右派」的做法，使百餘名學生（多數為高三畢業生）受到不應有的團籍處分，其中一部分報考大學影響了錄取。

當年臨清一中共有多少老師被打成了右派，運動後如何處理的，《校史》中沒有說明。我們學生僅僅知道歷史教師向臻，數學教師高春仙是其中的兩個，可能也是最幸運的兩個。

在同樣是一九九二年編寫的《臨清一中校友教職工名錄》中，我們可以找到六個人的名字，他們是：男教師張先都、劉子健、呂和璧、王克芹、李寄園和女教師趙鐵錚。這六個老師都是在一九五七年離開臨清一中的。他們可能都是那場運動的犧牲品。截止到一九九二年，前三位：張、劉、呂已經去世；後三位：王、李、趙下落不明。六個老師的經歷可能都是一部血淚交融的書，只是沒有人替他們寫出罷了。

念亞民書記以及幫助他完成反右派鬥爭和整團運動的同志們，教職員工們，你們是否有過反思？是否懺悔當年把向臻老師高春仙老師和上面六個過早去世或下落不明的教師推入深淵的行為？讓一百多位年輕的弟子在中學階段就背上政治的黑鍋，是否有悖師長的職責道德？

到一九六四年，輪到念亞民書記挨整了。四清運動幾乎完全是在學校的領導和教職員工之間進行的。學生們只知道念書記做過檢查，其他的一概不知。

按說四清運動的內容，一開始只是在農村中「清工分、清帳目、清倉庫和清財物」，後期在城鄉中表現為「清思想、清政治、清組織和清經濟」。念書記究竟是犯了哪方面「不清」的錯誤呢？思想？組織？念書記的錯誤好像不是很嚴重。挨過批評做過檢查之後，念書記沒有受什麼處分，職務平調，只是新崗位沒有原來的重要一些。

我們學生對念書記的印象是綿軟沒有魄力。而他的夫人顏平作為專門負責學校紀律的教導處副主任，倒是蠻厲害的，夜晚巡視到男生宿舍，遇到光著屁股在院子裏隨地小便者，她的手電筒就直接照射到男學生白花花的裸體上，一點兒也不留情面。

念書記被調走的同時，臨清一中還處分了一個人，他就是憨老孟。孟老師受到的是刑事處分，強制勞動教養一年。

據說孟老師的罪行有二：

一是他晚上曾經敲過一個女職員宿舍的門；

二是我們班的一個女同學晚上去孟老師的宿舍請教數學題時，他突然拉滅了屋子裏的電燈，嚇得女同學跑了出來。

都是男女關係方面的問題。大凡這類的事情只要有人提出來，就都有些說不清楚。就拿拉滅電燈來說吧，老師宿舍的電燈開關都是拉線的那種，安裝在牆上很高的位置，一根細繩吊下來。為了躺在床上能夠控制電燈，細繩往往牽引得很長，栓在隨手能夠摸到的地方。孟老師是蓄意使壞，還是無意中碰到了燈繩？

之前，臨清一中曾經發生了兩個案子：化學老師馬波因為和民辦高中班的一個女學生鬧感情糾葛自殺了；團委書記霍型貞把一個女學生的肚子搞大了。一時間，醜名廣傳，報考臨清一中的女生大量減少，有的女生甚至因此而要求轉往他校。學校為扭轉壞的風氣，挽回不良的影響，矯枉過正，嚴厲地處理類似的行為也無可非議。為什麼被刑事處理的單單是查無實據者憨老孟，而確有其實的霍書記，只給了一個行政處分，然後調回原籍夏津繼續工作呢？

五十七、我的理想

初中階段，同學少年，知識日新，正是充滿理想的時期。我的理想自然符合父母的期待，生活無論怎樣艱難，也要把書讀下去，一直讀到大學畢業。

瀏覽高三學長們使用過的大學招生簡介，看到北京大學有一個圖書館專業。因為自己喜歡看書，喜歡看五花八門的書，所以有一段時間我最心儀的目標就是北京大學圖書館專業，既上了名牌大學，畢業後還能在圖書館工作，想看什麼書就看什麼書，想看多少就看多少，多美的事啊！

我十一歲時學會了下象棋，第二年，父親就不是我的對手了。到了初中，全班十幾個象棋愛好者，我的棋藝不是最好，也算不錯，對我勝率比較高的也就三兩個人。

有一段時間我對象棋很著迷，經常置身於長方型的城池裏演繹乾坤。那個年代，全國象棋界是廣州的楊官麟先生獨霸天下，而楊先生的工作崗位是廣州越秀公園文化館的館長。既當館長，又下象棋，而且是在廣州市中心風景優美的公園裏下棋，實在是讓人羨慕。有一階段，我的理想是用心鑽研象棋，將來找一個類似楊官麟的工作，領著工資，每天坐在濃密的樹蔭下研究象棋。

從上面我少年時期的兩個憧憬，可以看出我是一個胸無大志的人，腹中的良謀也沒有多少，的確屬於庸碌平凡之輩。

其實我所嚮往的做圖書管理員或專業下象棋的文體工作者，只能屬於我的「私心雜念」。十五歲初中畢業的時候，占我思想主導地位的應當是共產主義的世界觀了。

雖然一九五八年我八歲時，老師告訴我共產主義幾年之內就能實現。後來的失望和長時間的饑餓並沒有改變我的信仰，我認為共產主義實現只是早一點晚一點的問題，人類社會最終進入共產主義是無容置疑的。

少年階段的我之所以能樹立這樣的信念，主要是我父親引導教育的結果。再就是國家整個小學中學教育體系在意識形態方面也很成功，九年的課堂教育，課外的讀物，以及廣播報紙，強行輸入進我們幼稚腦海裏的都是這樣的內容。

臨清一中的圖書館和其他中學相比，藏書屬於比較多的，說是有幾萬冊，其實值得閱讀或學生們能夠閱讀到的數量卻很少。我們入學的時候，像《紅樓夢》、《三俠五義》、《封神榜》一類已經禁止學生借閱。隨著一次次政治運動的開展，一個個作家受到批判，他們的作品也都被列為了禁書。外國文學本來就盡是蘇聯布爾什維克的作品，隨著中蘇關係日益冷淡惡化，許多五十年代流行的書目都從書架上撤走了，能借閱的也就只剩下高爾基的《童年》、《母親》和奧斯特洛夫斯基的《鋼鐵是怎樣煉成的》了。

初二時我得知學校圖書館有凡爾納的《神祕島》，上下兩冊，等待了一年多時間，最後只借到一本上冊；我曾經在圖書館幫助整理修補圖書，幹了幾個下午，管理員查華老師從一張桌子的抽屜裏拿出來一本《說岳全傳》，算是對我的犒賞。

對於學生課外的閱讀，學校裏有一個嚴密而無形的監管體系。班主任團支部政治老師語文老師都是這個體系的一部分。即使學校圖書館允許學生借閱的圖書，依照監管體系的標準也被分為健康和不健康的兩類。《神祕島》和《說岳全傳》就都屬於不健康的書籍。

那年月其實是一個沒有閱讀和不允許閱讀的時代。記憶力最佳，如饑似渴接受知識的年紀，閱讀的範圍卻如此狹窄，稚嫩空白的頭腦裏也就只能填充單一而扭曲的內容了。

差不多有兩年的時間，我執迷於思考研究政治信仰問題。我曾經不止一次問過我的政治課老師：人類社會為什麼最終會是共產主義社會？這大概是所有接受共產主義教育的中學生共同的疑問。幾個政治課老師的回答幾乎一樣：因為馬克思這樣說過。還有老師進一步解釋說：到了共產主義社會，人的思想極大提高，物資極大豐富，沒有階級，沒有剝削，人們按需分配。因為共產主義社會這麼理想，這麼美好，所以它一定能夠實現。「因為馬克思說過，就一定能夠實現」，「因為非常美好，就一定實現」，顯然這些論據不充足的推斷是沒有說服力的。

同樣的問題，我也請教過我的共產主義思想啟蒙人，我那篤信共產主義的父親。父親的回答幾乎完全和政治課老師的講解一樣。因為他們的思想，甚至語言詞句，全部來自同樣的教科書。

我們初中歷史課的教材，完全是范文瀾、翦伯贊主持按照毛澤東主席欽定的綱要編寫的。我帶著同樣的問題詢問歷史課老師向臻：

「人類是從公有制過渡到私有制的，怎麼還會回到公有制去呢？」

平日口齒清楚的向老師誠惶誠恐起來，斟酌半天，他說了一句：

「共產主義的公有制與原始社會的公有制是不同的，……」

這是我得到的最有邏輯有條理卻同樣沒有說服力的解釋。

雖然有關共產主義理論的一些最基本的問題，始終沒有人能夠給出一個讓我信服的答案，因為政治教育系統工程的成功，我那時依然具備了初步的共產主義信仰。

一九六三年《雷鋒日記》發表以後，我也開始模仿著寫所謂的日記。

我還和當時的許多青少年一樣，在日記的扉頁上抄寫了《雷鋒日記》的篇章和蘇聯作家奧斯特洛夫斯基的名言：

人最寶貴的東西是生命。生命對人來說只有一次。因此，人的一生應當這樣度過：當一個人回首往事時，不因虛度年華而悔恨，也不因碌碌無為而羞愧；這樣，在他臨死的時候，能夠說，我把整個生命和全部精力都獻給了人生最寶貴的事業——為人類的解放而奮鬥。

十五歲前後的我，是共產主義戰士之林裏還沒有長成的樹，是革命熔爐裏還沒有冶煉好的鐵。我真誠地相信自己就是整個共產主義事業的一部分，只要這個事業需要，我將來可以跟著保爾·柯察金去修鐵路，可以像雷鋒那樣做一顆閃光的螺絲釘，也可以像黃繼光那樣用自己的胸膛去堵敵人的機槍眼。

這樣的背景下造就出一批這樣理想這樣思想的中學生，是我們這一代人的歷史宿命。

我們初中畢業時，臨清一中初中二十四級八十一個學生在十字樓前拍攝了合影，部分學校的領導和教師也參加了。珍貴的合影落到學生們手裏的很少，原因是大家都交不起擴放照片的幾角錢。

這幅照片是我們初中畢業時全年級的合影。它是臨清一中七十年校慶（二〇一二年十月）後李星老師傳給我的電子版。原件保存四十多年還如此完好十分難得。

第四排左七是作者本人。

更難能可貴的是這幅照片中有五十二名學校的領導和教師，幾乎可以稱之為臨清一中的「全家福」。

本書的第二部《文革之火》中，我將把這幅照片分解為三部分進行比較清晰的展示，並介紹其中十幾位師長和部分同學的姓名，因為我的書中講述過他們。

四十七年之後的二〇一二年十月，我回一中參加母校七十年校慶時，在校史展室裏看到了四十七年前的這張合影。母校的李星老師把電子版發給了我。這張珍貴的照片保存得非常完好，電子版製作得也很清晰。我把它傳給初中的同學們，大家都欣喜萬分。

我在第二部書《文革之火》中，將通過這幅珍貴的照片，詳細介紹臨清一中的領導和部分教師。

我至今還保存有八個同學的單人照，很少年的樣子。記得當時沖洗那樣一張圓形一寸頭像照片的價格是一分錢。四十五年後的一次同學聚會上，我把鑲嵌著這八張單人照片的紙板讓同學們辨認。最有趣的事情發生了，李長站同學認出來了其他七個同學的少年照，唯獨沒有辨認出自己來，還指著自己的少年照問諸位同學：

「這個是誰呀？我真看不出來啦！」

目不識己的李同學讓在場的十幾個昔日同窗無不哈哈大笑。

寫到這裏，整個初中都要結束了。第六章的題目可是初一二班呢？姑且用它吧。

初中畢業時八位同學送給我的單人照。從左至右，上排：張善欣；劉明生；郭振忠；劉玉林。下排：鮑爽田；李長站；史金榮；李培海。

據老師們說，鮑爽田和李長站兩位品學兼優的同學報考高中時，都是因為家庭出身不好而沒有被錄取。

四十五年後的二〇一〇年十月，臨清一中初中二十四級二班十三位同學的一次聚會。自左至右，前排：郭振忠；鮑爽田；王恩祥；任愛英；沙玉梅；姜長山；李長站。後排：作者本人；薛振東；張善欣；唐世祿；劉明生；王慶林。

第七章　高一二班

五十八、二閘口

看了這第七章的題目，就知道我初中畢業後考上了高中。

那時侯，城市戶口的初中畢業生出路比農村的同學多。除了高中、師範和衛校（培養護士和鄉村醫生的學校），城鎮學生和農村學生都可以報考之外，只允許城鎮學生報考的學校還有職業技校、汽車技校和商業學校。城鎮學生就讀這些學校，不僅不用交納學費，而且還有生活補助。我們初三二班有幾位家裏生活困難的城鎮同學就報考了這類的學校。照我們家當時的經濟狀況，我的選項好像也應該如此。我的兩個弟弟都在上小學，我做為長子，理應為父母多承擔一些家庭責任。我如果去技校就讀，當下就可以節約下全部的學費和一部分生活費。我回家和父母商討報考志願時，父親說：

「不用商量，毫無疑問要報考高中。咱家就是砸鍋賣鐵也要供你上大學。」

一九六五年臨清一中的高中也不好考，錄取二百零幾名，報考的有七百多。除了臨清本縣幾個中學的初中畢業生外，還有周圍聊城、冠縣、茌平、高唐、夏津和河北方向一些成績優異的學生慕名而來。

考試那天，一些賣小吃的攤販乘機到學校門口做起了生意。為了能夠考得好一些，我傾囊買了兩碗豆腐腦喝。有了這兩碗豆腐腦的營養供應，我的考試成績尚可。其他過程，不必多敘。

我住宿在學校裏參加升高中的考試期間，我們又搬家了。父親參加四清工作隊，還在齊河縣搞四清。父親的同事常明蘭，李伯平兩位大伯幫助母親用一輛地排車把簡單的幾件傢俱運到了新家。

新家位於五年前我們曾經住過的院子不遠，也在車營街，也靠近京杭大運河，門牌是車營街十四號。距離京杭大運河的二閘口橋不遠。在臨清城裏，你只要介紹說自己家住在二閘口，人們就都知道你家的大概位置了。二閘口的南面差不多兩公里的地方是京杭運河與衛運河連接處，那兒叫頭閘口。京杭運河與衛運河的水位不一樣高，通過頭閘口和二閘口的開啟閉合，便調節了水位，以利於船舶的通行。二閘口是京杭大運河船閘的一部分。到我們家搬到二閘口附近時，因為京杭大運河已經斷流了很多年，二閘口早已失去了船閘的功能，它被改修成一座普通的橋樑了。

我們的新家是一個格局不規則的大院子，連我們家共九戶居民，其中有幾家的男主人我父親原來就熟悉認識的：縣委的炊事員翟雲普；縣政府的炊事員馬大爺；城關區武裝部長范慶平。院子裏還有一座廠房，我們剛搬過去時還閒著，後來為了安置街道閒散人員和殘疾人，利用它建了一個生產製鞋材料的袼褙廠。袼褙廠很亂很髒，但也有好處。這好處到了文化大革命時期才充分地顯示出來，所以我放到後面再予表述。

我們家的新住房原是縣委副書記謝惠玉家居住的。謝書記夫妻倆住在縣委機關大院裏，他母親帶著幾個孩子住在這裏。房子是三間，有一個裏間，面積比我們在元倉大雜院裏的住房增加了一倍。謝書記調離了臨清，他家使用公家的幾件傢俱也都留下來，並過戶到了我父親的名下。這樣以來，我們的家就很像一個家了。

母親帶領我們用舊磚在屋子裏壘出半截牆，上半截用舊報紙糊起，加上原有的一個裏間，父母和我們弟兄們就都有了獨立的空間。西側的裏間內，兩張單人床並在一起，我們弟兄仨睡覺還很寬敞，真是太幸福了。美中不足是屋子裏面的牆皮和在元倉家屬院的房子一樣，仍是麥秸泥的，經常掉土；地面也是黃土鋪墊而成，坑坑窪窪的不平整。

院子的前門就在大運河的河堤上，地勢高，院子和屋裏都很乾燥。運河岸邊有許多高大的楊樹，運河裏有水也有魚。上樹捉蟬，下河捕魚，此等課餘活動與以往的歡樂相同。

自那之後，我們家在這個院子裏住了九年，幾乎經歷了整個的文化大革命。

五十九、平庸的班級和三個不幸的學生

我升入高中後被分在高一二班。班主任是語文教師胡春山。

無論按照什麼標準評判，高一二班都是一個很平庸的班級。班內沒有學習成績特別突出的學生；沒有在全校有知名度的學生會共青團組織裏的領軍人物；沒有在體育文藝方面很活躍的同學；甚至連一個漂亮或比較漂亮的女生都沒有。

這幅滿是笑容的全家福，拍攝於一九六五年七月。我初中畢業；二弟升入小學五年級；三弟小學二年級；父親還不足三十五歲。從照片上看，我的身高明顯不足於一百五十釐米，是全校高中部最矮小的學生。

班主任胡春山是山東金鄉縣人，因為家庭出身地主，為人做事難免膽小謹慎低調，當班主任管理學生也沒有什麼特殊的辦法，屬於教師隊伍裏沒有什麼影響力的「芸芸眾生」。

到了高中，班裏的同學發生了很大的變化。家在城裏的學生，有的考取了技校和汽車學校，有的因為家庭出身複雜而落榜。四清運動以後，家庭出身成了學校錄取學生的最重要的標準。

高一二班五十餘名學生，五分之二來自臨清以外的其他縣域；三分之一來自臨清縣所轄的康莊中學；家在臨清城裏的學生成了班裏的少數。這一格局，成為文化大革命初期同學間相互傾軋的一個起因。

如果非要從平庸的高一二班找出一些不同尋常的特色來，那就是我們班有三個不幸的學生：

彭春榮，臨清老趙莊區南丁莊人，初中在康莊中學畢業。他因患小兒麻痹症而腿部殘疾，走路瘸得厲害，是全校唯一有明顯殘疾的學生。彭春榮很聰明，學習輕鬆，成績不錯。他沒有父親，來去學校都是哥哥接送，入伙的糧食也都是哥哥用自行車馱到學校裏來。靠農村的母親和兄長供養讀高中很不容易。我曾經去過他南丁莊的家，不富裕卻很整潔。母親在村裏開一間茶館，並沒有多少收入。毫無疑問，讀書是彭春榮改變命運的唯一選擇。

彭春榮表面上性格很開朗，喜歡和同學開玩笑，遇到高興或可笑的事就哈哈大笑。同學們上體育課，他只好一個人在旁邊玩，有時還瘸著腿到籃球架子下練練投籃。不知是什麼原因，彭春榮迷上了吹號。一開始他吹不響，後來漸漸能吹出節奏。小兒麻痹後遺症使他的屁股十分歪斜。他吹號時，屁股高高地撅起，很有造型，其他班級的同學看到了，就偷偷地樂。有同學和他開玩笑說：「彭春榮放屁，歪風邪氣。」他也不惱，有時還用這句話揶揄自己。

其實彭同學內心是極其傷感極其悲觀的。外表性格越開朗，越有愛好，身體的反差就越大。我多次看到過他自己獨處時面部呆滯的表情。文化大革命期間，彭同學改名為彭衛東，大部分時間住宿在學校裏。他也參加寫大字報，毛筆字寫得挺好；也參加辯論，嗓門很大，但身體殘疾，註定他不會成為主要的角色。

一九六八年底，高中畢業離開學校的時候，我和他握手。他掉下了眼淚，手也汗津津的。彭同學心裏清楚，他前面的路比其他同學更狹窄，更不平坦。彭同學回家後擔任了村小學的代課老師，這好像是他唯一的選擇。身體殘疾，成家的困難肯定比其他人要大，據說他成家後養育有子女。四十多歲時，彭同學因病去世，去世之前或許轉成了公辦教師？

俞學東，冠縣北館陶區人。入學不久，男同學們就發現了俞學東尿床的毛病。他尿床不是傾盆大雨，而是如同現代農業技術的滴灌一般，每天夜裏尿濕碗大的一片。好像是身體哪一部分的控制系統發生了障礙。天明起床，俞同學並不把被子拿去晾曬，而是連被子帶褥子整個捲起，把濕的部位掩蓋在裏面。第二天晚上再濕漉漉地鑽進去，先用身體暖乾蒸發掉昨天的產品，然後繼續滴灌。久而久之，被褥不僅潮濕而且臊氣薰天。同學們的鋪位都不願意與其相鄰，大家寧願擁擠，也要和俞同學的被褥隔開距離。三間相通的大宿舍，南北兩排大通鋪，俞同學的地盤位於北面一排的中央，睡覺時頭正對著屋子的門口。兩旁都空出一米多的間隙，然後才有同學安營紮寨。我那時仍然執行著父親關於向農村同學學習的指示，住宿在學校裏，我也盡量地把鋪蓋擺放得離俞同學遠些。

俞學東家庭出身上中農，家境卻並不富裕。他的被褥非常單薄，每天晚上睡在潮濕之中，可想其苦。因為愛面子，才不晾曬被褥，同學們的歧視，更加重了俞同學的自卑。

因為家裏生活困難，俞同學從家裏帶的糧食多是地瓜乾。四十多公里的路途，經常是自己徒步肩扛背馱而來。在食堂定飯，只能吃黑顏色的地瓜麵窩頭。他的衣服也很簡單：冬天是黑粗布棉襖，薄薄的；夏天是一件白色粗布小褂，連替換的都沒有。

俞同學的學習成績還算可以，喜歡象棋和籃球。象棋的癡迷程度僅次於睡覺說夢話還喊「吃車！」的胡恆達；籃球能夠跑動中投籃，有相當的命中率。俞同學為人善良，甚至可以說是軟弱：和同學發生爭執，總先讓步；文化大革命初期，因為上中農的家庭成分差一點被做成右派橫掃，他並沒有記恨報復什麼人，連激烈的不滿言語也都不曾發洩幾句。

冠縣北館陶距離臨清比較遠，那一帶臨清一中的同學很少，一九六八年畢業後分手，我就再也沒有聽到過俞學東的消息。上中農的身份，招工提幹當兵怕是都沒有可能。俞同學哦，幾十年來，我一直惦念著你，那曾經給你帶來痛苦和羞怯的毛病是否得到醫治？是否已經痊癒？

高一二班第三個不幸的學生應當是我，我的不幸是我的身材太矮。升入高中後，我的身體依舊沒有發育，身高還是在一米五十公分以下。不僅全班最矮，也是全年級全高中男女學生裏最弱小的一個。全班四十多個同學列隊集合，女同學在前面，男同學在後面。我總是在男生裏排第一，和比我高半頭的第七個女同學一列，心中很是鬱悶。

因為個子矮小，我對自己的前途十分悲觀，曾經幾次做夢，夢到自己是一個侏儒，供人們耍笑取樂。有一次在家裏，我無意中聽到母親小聲對父親說：「咱們寶興要是真的不長了可怎麼辦啊？」母親的話讓我流淚。

十五六歲應當是對異性開始感興趣的年紀，因為身材矮小，我不敢直視任何女同學，我相信也沒有哪個女同學會拿正眼看我。我認為我的不幸超過腿腳殘疾的彭春榮和有生理缺陷的俞學東。

六十、元旦會餐

臨清一中老三屆的同學們，是否都還記得一九六六年元旦凌晨我們全校師生員工的那次會餐？

也許你會說，那也能叫做會餐嗎？一頓大米稀飯而已。可那個年代我們臨清一中的同學有幾個喝過大米稀飯？況且是不用飯票敞開肚皮隨意喝飽呢？

臨清一帶土地鹽鹼氣候乾旱，從不種植稻穀。糧食困乏的年代大米更成了稀罕之物。臨清一中用於元旦會餐的大米哪裏來的呢？這就要從四清運動之後，臨清一中的負責人走馬換將說起。

四清運動後期，臨清一中的校長王力平和教導主任滎樹嶺留任；副校長李嶽堂退休；有變化的是，調陽谷一中的黨支部書記陳煥民來臨清一中接替了念亞民，念亞民去陽谷二中仍然擔任書記的職務。表面上，陳、念二人的級別都沒有升降。從他倆調防後任職單位的分量上看，陳是重用，念是輕就。

關於陳煥民，《臨清一中校史》中是這樣介紹的：

陳煥民，男，一九二七年生，山東肥城人；一九四六年就讀於冀魯豫邊區四中，一九四七年參加革命工作，在泰西文工團當演員，一九四八年加入中國共產黨，一九五〇年任泰安地委黨校科長，一九五二年到山東政治學校學習政治理論，一九五四年到省委宣傳部任指導員，一九五八年任陽穀一中黨支部書記，一九六五年四月任臨清一中黨支部書記。現已離休。

一九六五年春天，陳書記到臨清一中接替念亞民時，還不到四十歲，正是年富力強的當打之年。念書記的頭髮有些花白，經常亂蓬蓬的；陳書記的頭髮烏黑，整齊地梳向後邊。念書記經常穿一身寬鬆的灰衣服；陳書記則是一身合體的藍中山裝。陳書記在黨校和省委宣傳部工作過，有政治理論能力，在全校師生大會上講話水平很高。除此之外，陳書記走馬上任後不久，就抓了兩件讓全校師生耳目一新的事：

一是在校園裏種樹。一中的校園土地鹽鹼，樹木很難生長。為了種樹，陳書記徵求了生物和化學老師的意見後，提出一個挖大坑換新土的方案：樹坑挖得很大，用從別處運來的新土置換原來鹽鹼度大的舊土。樹苗完全培植在新土裏。整個春季，學生的勞動課和下午的自由活動時間都用來搬運新土。沒有車輛，兩人合作，一根扁擔一隻大筐。人多力量大，搬運了幾百立方新土，栽種了一千多棵樹苗，校園裏吐出了新綠。

在十字樓附近挖樹坑時，挖掘出來很多瓶葡萄酒。雖然密封得很好，因為年代久了，多數瓶子裏的酒只剩下不到一半，定是當初教堂的主人們埋在地下的。在挖掘現場，大家怕酒有毒，有人說要化驗一下。體育教師裴默春喜歡喝酒，豪邁地說道：

「就用我來做實驗吧！」

打開一隻瓶子，將半瓶深顏色的酒一飲而盡，那可是陳年的好酒。

陳書記抓的第二件事是和南門生產大隊合作，把學校附近的一片池塘沼澤改造成了稻田。家在南方的老師回家鄉買來了稻種。學生們在幾個曾經種過水稻的老師指導下，從育秧插秧到灌水除草，有條不紊地做下去。我們班上勞動課時，也都曾下水田插過秧。陳書記也多次親自下稻田勞動。

到了秋天，稻穀成熟了。木匠徐金榜師傅按照物理老師畫的圖紙，做了一架腳踏打穀機。每個老師學生都爭先恐後地站立到打穀機上面去用力蹬踏一陣，感受一下南方農民的勞動姿態。全校師生眼睜睜地從盛夏盼到秋末，沼澤地裏收獲了一千多斤黃燦燦的稻穀。陳書記決定把這些珍貴無比的勞動成果全都用到了元旦會餐上。

一九六五年最後一天的上午，午夜會餐喝大米稀飯，而且是可以放開肚皮喝的消息傳遍了臨清一中整個校園。大家奔相走告，從中午就有學生開始不吃飯或少吃飯了，細心的學生還去食堂多買了一些鹹菜備用。各個班級，對打飯用的木桶進行了檢驗刷洗。屆時負責抬木桶的人選也都確定，多是身體強壯頭腦靈活行動敏捷者。

晚上八點鐘，寒風凜冽。全校師生集合在十字樓前收聽中央廣播電臺的新聞聯播。照例是《人民日報》的元旦社論。那一年《人民日報》社論的題目是《迎接第三個五年計劃的第一年——一九六六年》。十字樓上還懸掛了許多彩色燈泡，忽明忽暗地閃爍，頗有一些霓虹燈的效果。

聽完了廣播，陳書記給大家講話。雖然一個多月前上海《文彙報》就推出了姚文元的《評新編歷史劇〈海瑞罷官〉》，陳書記那時還不可能認識到這篇文章的歷史作用和現實意義。陳書記從國際形勢講起，憑借他的口才，完全能夠讓站在寒風裏等候一頓大米稀飯的老師學生中的大多數，感受到自己的無比幸福和任重道遠。

陳書記講過了國際國內形勢之後，就是「反修防修」，是「好好學習做共產主義事業的接班人」一類的內容。「反修防修」在那時已經是一個經常使用的詞彙了。陳書記的講話，也許有很學生並沒有完全聽進耳朵裏去，大家的心思已經在三個小時後的大米稀飯裏了。

陳書記講完了話，距離凌晨還有很多的時間。接下來是唱歌，先是全體師生大合唱，然後各年級班級輪流唱。《大海航行靠舵手》、《我們走在大路上》都已經流行，還有《社會主義好》、《黃河大合唱》、《游擊隊之歌》一類的傳統歌曲，直唱到了嗓子乾渴，肚子徹底饑餓。自由活動的時候，自然有許多同學去方便之處把自己的腸胃徹底排泄乾淨。

天大的好事安排在了新年鐘聲之後，大家如何行動敏捷迅速，如何呼呼有聲，如何風捲殘雲，我就不再詳細描述。有一點需要說明，喝過了那頓大米稀飯之後，陳書記的威信在全校師生中間達到了高峰。

一九六六年是這樣開始的，它將怎樣度過，又怎樣結束呢？

六十一、地震

一九六六年邢臺大地震發生的具體時間是三月八日的凌晨五點多，天還沒有亮。臨清距離邢臺才一百多公里，震感非常明顯。那天我們高一二班的男生宿舍裏，門窗和自行車的響動驚醒了大家，誰都不知道發生了什麼事情。有同學去了廁所，多數畏在被窩裏胡亂猜測。被窩離我不遠的王廣柱同學開玩笑說：

「晃蕩得真舒服。老天爺再來一次，我給你十塊錢。」

早飯後，全體老師學生在大餐廳集合。上級已經來了通知，是地震（事後公佈的數據是六點八級）。地理老師劉鐵錚介紹了有關地震的常識。散會前，教導處楊德龍副主任總結說：

「……十二級地震來了啊，高山變啊海洋，海洋啊變，變高山。大家呀，想跑啊，跑也跑不掉。」

楊副主任的這句話成了學生們爭相模仿的名言。

當天，學生們就都搬出宿舍，住進了臨時挖掘的地坑裏。上面用鋪板搭好一個簡易的棚子，地坑裏鋪上乾草，大家擠在一起睡覺，很有新鮮感。課堂也挪到了院子裏，因為刮風和日光照曬，幾天後又搬回教室內。為了防止地震再次發生，上課時門窗都敞開著，講臺上放置一個倒立的酒瓶做警報器械，一有動靜馬上撤出教室。

當時任我們化學課的王明久老師膽子特別小。他講課的時候遠離黑板和講桌，站在講臺最靠近教室門口的一角。座位在後面的一個同學，故意碰翻了板凳。隨著咕噔一聲響，王老師異常敏捷地縱身躍起，一步就跨到了教室的外面，教室內自然是一陣哄笑。

還有一天下午，講臺上承擔警報的酒瓶子不知什麼原因突然歪倒，錯誤的警報導致幾個同學敏捷地從窗戶跳了出去，窗外是剛澆過水的樹苗苗圃，雙腳和屁股都陷進了泥水裏。

最嚴重的地震發生在三月二十二日的下午（事後公佈的數據是七點二級），我正在學校大門外幫助劉鐵錚老師用短木棍為去年栽的樹苗做保護框架。劉老師從地理教師的角度提醒我，要我利用這難得的機會，觀察一下地震時自然景物的變化。前後不到一分鐘的時間，我觀察到五個從未見到過的景觀：

1、籃球架子劇烈地搖晃，上端振幅超過五十公分；

2、學校東側的游泳池，也就是那個方形的水塘裏湧起了一尺多高的波浪；

3、遠處磚瓦廠高高的煙筒晃了一陣，煙筒的頂端掉了下來；

4、我站立的位置旁邊有一個正方形的混凝土水池，距離地表一米多深的水竟然都搖晃了出來；

5、籃球場北面平房的房簷塌下來差不多有十米，沒有傷著人。

雖然劉老師已經不再擔任我們的課了，我還是按照他的吩咐，把我看到的現象記錄在了一個本子上。

臨清在地震中死傷了幾個人。城裏的人們紛紛搬到屋子外面睡覺。街道馬路上到處是臨時搭建的防震棚。我回家看望母親和弟弟們，父親還在外地搞四清；母親把兩張單人床從屋內搬到了院子裏，上面罩上兩張蘆葦蓆片，就成了一個既安全又擋風雨的抗震棚。蓆片是母親自己編的，遇到任何情況，母親都有應對的辦法。

八歲的三弟因為在院子的蘆棚裏睡覺而興奮。我也很想和弟弟們一起熱鬧一晚上。但是不行，兩張床大小的防震棚裏除了母親弟弟三人之外，還擠進來一個五十多歲的女人。這個女人是我們家的同院，一個院的人都叫她五姑。

六十二、五姑

五姑姓汪，那年有五十多歲，白白胖胖的。我們住北屋，她住西屋，算是近鄰。她的房子原來住的人家姓單。單家的孩子稱呼她為五姑，按臨清的風俗，一個院的人，不論年齡輩分就都這樣稱呼她。

其實她也不是單家孩子的姑姑。準確地說，她是單家孩子的姑姑去世以後，單家姑夫又娶的繼室。不知道是已經去世了的單女士行五，還是繼室汪女士行五，反正五姑是汪女士住在我們那個院子裏時，大家對其一致並且完全為她本人所接受的稱呼。臨清稱汪女士和單家的這種關係為續親戚。汪女士是單家孩子的續姑姑。

五姑的丈夫，或者說是五姑名義上的丈夫姓鮑，衛河西岸尖塚村人。尖塚，臨清人都稱之為尖莊，是衛河岸邊一個富庶的集鎮。周圍的村莊財主多，也多高官名人。鮑先生是其中最有名聲的一個，他一九五五年的軍銜是少將，官拜福州軍區政治部主任。

鮑將軍早年娶妻單氏，生女鮑淑田。女兒很小時單氏病故，鮑將軍的父母又為其聘娶了汪女士。鮑司令這時正在外面鬧革命，並不認可父母包辦的這門婚事。回家時也沒有和汪女士圓房就一去不再復返。五姑住在鮑家，奉養公婆撫育繼女，直到公婆去世。

共和國成立以後，鮑將軍的軍階官職日漸進步，在外面又娶王女士為妻。王女士為鮑將軍生育的子女接踵而至，但鮑將軍並沒有忘記長女鮑淑田。他供養鮑淑田讀書，直到在南京某個大學畢業，將軍又把愛女安排到自己的身邊，在福州的一個中學裏教書。

鮑淑田也沒有忘記把自己養育成人，現在獨居鄉下的繼母汪女士。結婚成家生育孩子以後，鮑淑田把五姑接到自己的身邊。五姑住在繼女家看護孩子料理家務，也算是老有所養。鮑淑田的夫君姓秦，江蘇人，是一名團職軍官，也在福州軍區的機關任職。

鮑淑田和鮑將軍的家都在軍區機關的家屬大院內。五姑在那大院裏居住期間，經常看到鮑將軍的小車出出進進，卻從沒有見過那往日郎君的面。倒是王女士為人隨和，常來鮑淑田家看望，稱五姑為姐姐。過了幾年，王女士突然因病去世。之後，鮑淑田有一個讓父親和繼母破鏡重圓的設想，醞釀了一陣，也沒有結果。不久鮑將軍又結婚了，新婚妻子是一個剛畢業的大學生，年齡比將軍的女兒還小一些。

一九六二年蔣介石聲言要返攻大陸，福州戰備緊急，強行疏散閒散人口，鮑淑田只好把五姑送回了臨清。五姑一個人在臨清城裏租房居住，生活費用全是繼女供給。一九六五年底，我們院子西屋原來的住戶單先生一家工作調動遷離臨清，就把房子讓給了五姑居住。五姑和我母親很談得來，以上的經歷都是她親自向我母親傾訴的，幾乎沒有虛假。碰上了地震，五姑一個人搭建不了防震棚，母親就主動提出來讓她擠在我們家的防震棚裏過夜。

五姑性情善良，言談舉止淑嫻穩重。她年幼的時候纏過足也讀過書，能夠閱讀和寫信。她還長於針線活，自己的器具衣服都很潔淨，烹調的手藝也好，這和她的家庭出身以及在大城市的機關大院裏居住過不無關係。

一九六七年夏天，福州武鬥嚴重，鮑淑田帶著兩個孩子躲避到臨清來，秋末回去時，把四歲的女兒留給五姑照看。小女孩叫秦丹，白白胖胖健碩頑皮且性情倔強，很招人喜愛。她叫我「大都都」，然後是「二都都」和「三都都」。大概福州人是稱呼哥哥為「都都」的。她最喜歡我和弟弟們逗她遊戲玩耍，她因為頑皮受到姥姥批評時就跑到我們家躲藏。她母親郵寄來的糖果奶粉肉鬆她不吃，非要吃我們家的稀飯鹹菜和窩頭。

五姑家隔壁住著一位三十多歲的女子，男人不在家時，常有另外的男友來和她過夜。五姑家的外屋，房樑以上沒有完全和鄰家隔斷，那邊的動靜即便輕微，這邊廂照樣聽得清晰。五姑對該女的行為義憤填膺，故意高聲說些諷刺挖苦的言語讓隔壁尋歡的倆人聽到。從這件事可以看出五姑對傳統觀念的固執與堅持。這樣的意識是否影響到了她的一生？

後來文革武鬥局勢漸平，鮑淑田把五姑和秦丹小姐一起接回了福州。五姑給我母親寫過幾封信，以後也就斷了信息。五姑雖是一個普通的女性，她的經歷卻有些特殊，四十多年後又回憶起這個曾經的鄰居並寫她出來，也是民間的一個場景。如果五姑還健在的話，她應該已是九十多歲的老人了。那個調皮可愛的小丹丹，也是年逾五十的女性，時間過得真快啊！

這些文字敲打完之後，我覺得還有兩句話想說出來：五姑名義上曾經的丈夫鮑將軍，就是我初中同學鮑爽田的親伯父。鮑將軍風塵僕僕出生入死革命了半生，他所為之奮鬥的事業，卻讓他那品學兼優的親侄子，因為家庭出身不好而無法升入高中。這等的錯位出在哪裏呢？

六十三、四清（下）

一九六六年中國發生的大事，最重要的還不是邢臺地震。大家都知道，那一年春夏之交，史無前例的無產階級文化大革命開始了。在敘述文化大革命之前，我還應該再說一說四清。

學校以外的四清，或者說是社會主義教育運動是一九六三年秋季開始的。運動伊始，臨清縣就有三位主要官員下馬，他們是縣委書記張鏡湖；縣長趙仲升和副縣長韓榮芳。揭發出來的問題多是些諸如：在服裝廠做衣服少給了加工費；幫助親戚朋友購買自行車一類的問題，包括張鏡湖書記讓炊事員熬一碗豬大油抹饅頭吃的行為。三個縣官都受到批判，被說成是「張趙韓集團」。隨後三人都被降職並調離了臨清。

十五年後，我有緣和趙仲升在一個單位供職。趙已年近六十，擔任某縣級機關的副職，行政級別依然是十三級，和十五年前一樣。我在趙的手下工作了五年，宿舍也與其為鄰。趙仲升工作認真細緻，很有能力，為人正派謹慎，只是性情有些耿直。我問其當年「張趙韓集團」事，趙老笑著告知我事情的原委：

那年四清開始時，在聊城地委任職副書記兼任組織部長的孫仲謀，幾年前曾擔任臨清市委書記。那時張鏡湖任職臨清縣委書記。縣市共存，工作中難免發生矛盾，孫仲謀與張敬湖之間也心生芥蒂。

孫仲謀升職後成了張的上司，四清伊始，孫仲謀欲借四清之際對張鏡湖進行報復。整張之前，孫仲謀要求趙仲升助陣。孫仲謀擔任臨清市委書記時，趙仲升任市長，倆人的關係不錯。但趙這次並沒有按照孫仲謀的旨意參與對新搭檔張鏡湖書記的攻擊。孫仲謀認為趙仲升背叛了自己，惱羞成怒，便順勢將縣長趙仲升和縣委書記張鏡湖一起做掉，同時犧牲的還有韓榮芳副縣長。大概少於三人就不可稱其為集團，身為回族，負責民族事務的韓副縣長實屬湊數而已。歷次政治運動中攜私報復都是難免，四清運動也不會例外，擴大化更是通病。受傷害的往往是一些能做事而又有點兒骨氣良心的正派人。

張趙韓三人被降職調離，臨清縣委新書記劉之忱上任，四清隨之全面展開。按照中共中央「雙十條」的文件精神，好像每一級的幹部都是被「清」的對象，有實權管錢管物的更是首當其衝。被「清」的人是幹部，參加四清去「清」別人的工作也要靠幹部來完成。對每一個幹部來說，最好的境遇是參加四清工作隊去「清」別人。如果被挑選到四清工作隊，就意味著自己成了革命的動力，就不會被當成革命的對象從政治上被清洗，起碼暫時是安全的。參加工作團去農村搞四清，工作生活都比較艱苦，遠沒有在城裏機關裏工作舒服，但每個機

一九六五年冬天，父親參加四清工作隊時穿的是這樣的棉衣。

關幹部都希望自己能夠被領導選中，參加四清工作團去「清」別人。

一九六四年國慶節剛過，我父親參加四清工作團隨縣委書記劉之忱去了朱莊區的李堂村搞四清。臨清縣被確定為聊城地區八個縣四清運動的重點，聊城地區抽調的數千名幹部都集中到了臨清，分散到各個區各個公社各個生產大隊（村）。

按照上級的指示，工作隊進村以後，先要訪貧問苦，選擇的對象是家庭出身貧農下中農，生活又非常困難的社員。然後扎根串聯，成立貧下中農協會；再然後是揭發幹部的問題並進行批判。被揭發批判的幹部既包括生產大隊的書記和大隊長，也包括農村最基層的單位——生產隊的隊長副隊長會計甚至保管員。基本上沿用的是十六年前土改時的程序和方法。

臨清的全面四清剛剛鋪開，父親他們在李堂村的四清工作開始僅半個多月，就接到了山東省委的緊急通知：分佈在臨清的四清工作團人員絕大部分都要撤出，限期一星期內到德州地區的齊河縣集中。時間之緊迫，口氣之堅決完全如同戰爭期間軍隊的調防。這邊廂安營紮寨還沒有完畢，立馬就接到了轉移戰場的命令。

齊河縣在黃河北岸，縣城緊靠黃河，與省會濟南隔河相望。十幾年後，國家治理黃河堤壩，縣城被圈在了堤壩的裏側，整個縣城才遷移到十多公里外的宴城鎮。搞四清的年代，齊河縣的縣城還在黃河岸邊。

四清運動的鼎盛時期，山東省共派出了五萬四千名四清工作隊員。海陽、齊河、曲阜三縣是山東省委直接抓的點。省委第一書記譚啟龍蹲點曲阜；省長白如冰蹲點齊河；書記處書記劉秉琳蹲點海陽。派到這三個縣的四清工作團直接隸屬於山東省委，由省裏的領導親自帶隊。

齊河縣四清工作團的團長由栗再溫副省長擔任。一來為了工作方便；二來為了和齊河縣裏的「四不清」們保持距離，省四清工作團的駐地沒有選擇在齊河縣城裏，而是駐紮在一個名為焦廟的村莊，指揮部設在焦廟中學。

齊河四清工作團下分若干個大隊，分別負責齊河縣所轄各人民公社（區、鄉）的四清。我父親被分配在劉橋人民公社（鄉）的四清工作大隊，承擔四清工作大隊的人祕工作，具體任務是收集情況，寫彙報材料，吃飯就在劉橋工作團的食堂，住宿在社員（村民）家裏。

劉橋公社四清工作大隊的大隊長是曹子丹，時任山東省農科院黨委書記，河北大名人。他曾經在臨清工作過，妻子是臨清人。劉橋鄉下面又分為七個片，每個片下轄若干個村（當時叫生產大隊）。劉橋四清工作大隊下設八個工作分隊，分別負責七個片和劉橋社直的四清工作。每個分隊的分隊長配置的級別都很高，多是省裏的廳局級幹部。

四清運動進行到大兵團作戰的階段，批鬥四不清幹部的火力十分旺盛，嚴刑拷打逼供審訊的手段普遍使用，打死自殺的現象層出不窮。僅劉橋人民公社（鄉）就死了四十多人，幾乎每天都有發喪埋人的人群出動。其他區、其他公社比劉橋死的人還多。

這樣的做法不僅發生在齊河，發生在山東，全國其他省市地區更是有過之而無不及。中共中央的高層好像也意識到這樣做的錯誤，一九六四年十二月下發的《二十三條》，就包含有糾正過激做法的內容。

《二十三條》傳達到劉橋四清工作大隊的時間，大約是一九六五年的一月十二日。去劉橋傳達中央文件的是齊河四清工作團的副團長趙國壁。聽傳達文件的是八個分隊的負責人和劉橋四清工作大隊的直屬人員共四十多人。按照中央文件的精神，齊河四清工作團的一條決定是：三天後，即從一月十五日起，停止對「四不清」

的批鬥，不允許再發生死人的事情。

趙國璧副團長傳達完中央文件離開以後，劉橋四清工作大隊參加會議的四十多人進行分組討論。大隊直屬的幾個工作隊員分別參加各分隊的小組討論會，搜集討論的情況。各個分隊的負責人在討論中都表示，要積極貫徹四清工作團的指示精神，抓緊利用剩下的三天時間，進一步搞好「大揭發、大批判、大鬥爭」，鞏固前段工作的成果。負責塘坊片的分隊長山東省農業廳的任副廳長說他們塘坊片前一段時間批鬥工作落在了其他片後面，回去後要補課，迎頭趕上先進的分隊。

學習討論結束後，天色已晚，八個分隊的負責人騎上自行車或步行先後回各自的駐地去了。隨後大隊長曹子丹召集大隊直屬人員瞭解分隊長們討論時的發言情況。

情況還沒有聽完，曹子丹大隊長當即發令派人去把剛剛離開不久的各分隊長追回。八個分隊的負責人有的剛回到駐地，有的還在返程的途中，便都急急忙忙地返回了原先聽取傳達文件的會場。大家還沒有坐穩，曹子丹大隊長面對一群莫名其妙的分隊負責人發表了一通直截了當的演說：

「天已經很晚了，大家都還沒有吃飯。開了大半天的會，同志們很辛苦，我就長話短說。今天工作團領導傳達的文件精神，我的領會是兩個字：剎車，中心思想是停止批鬥。停止批鬥的截止日期一月十五日是工作團根據齊河全縣的情況確定的。我們劉橋四清工作大隊決定，從今天晚上開始立即停止對一切人的批鬥。現在散會，回去立即貫徹，如果有哪個分隊不執行這個決定，再死了人要由分隊長負責。」

各分隊的負責人心領神會，立馬回營去貫徹曹大隊長的指示。塘坊片的分隊長任副廳長留下來找曹子丹敘說塘坊片工作進度慢的問題。曹回答他說：

「慢就慢了吧，不是你的責任。馬上回去貫徹吧！」

從那天晚上起，劉橋的四清運動停止了批鬥逼供，再也沒有死人。曹子丹大隊長的講話，傳遍了劉橋公社的各個村莊。那些四清運動挨整的公社幹部和生產大隊的支部書記們，生產隊長們無不感恩戴德，說曹大隊長是好人，是救命恩人。

曹子丹到八十年代時出任山東省的林業廳長。我父親又與其交往過幾次，父親對曹廳長的評價是：既有工作能力，又能堅持原則。

父親在齊河劉橋駐紮了十個月的時間，從一九六四年的初冬到一九六五年夏秋間。和父親同在劉橋公社一塊搞四清的有一個姓柳的，是山東省委組織部負責幹部工作的處長。大概是柳處長的推薦，父親離開齊河縣四清工作團之前，山東省委組織部準備調他去那裏工作。省委組織部的一位李副部長專程從省城濟南趕到劉橋找父親談話。

從一個縣城直接調往省城工作，而且是省委機關的中樞機構，父親嘴上不說，內心是萬分地驚喜。態度和藹的李副部長讓父親做的第一件事是要他在一張紙上寫一下自己的簡單情況。父親當時就意識到，自己的情況檔案和四清工作隊員登記表上都填寫得清清楚楚，李副部長的醉翁之意無非是想親自檢驗一下自己的鋼筆字。心裏有數，筆頭自然端莊規整。李副部長看過後予以首肯，隨後就直接談到工作調動的事，還問了我母親的情況，商議了為我母親調去濟南工作的手續細節。最後，李副部長讓父親暫回原單位安心工作，隨時聽從調動的通知。

不久，父親從齊河回臨清休假，他把將要調動工作的事告訴了母親，喜悅之情溢於言表。父親對母親說，全家如果能搬到省城濟南去，有利於我們弟兄仨念書。

差不多一個月後，事情發生了變化，省委組織部那位李副部長給父親來了一封親筆信，信的大意是：

「我回濟南後，恰逢省委省政府對機關人員進行精兵簡政，在這種情況下，你的調動只能等等再說。……」

劉橋四清工作團駐劉橋的人員眾多，期間父親和柳處長並沒有多少密切的私人接觸，他之所以推薦父親到他所在的省委組織部工作，一定是看中了父親的工作態度和工作能力。如果套用所有形容優秀機關工作人員的詞語：服從領導，尊重同志，言語謹慎，作風正派，任勞任怨，認真細緻，兢兢業業，加班加點，文筆不錯等等，用在父親身上，都一點也不為過。

以父親小學都沒有畢業的文化程度，不到二十歲時隻身從河北農村來到山東的一個陌生縣城，從一個賣煙賣酒的見習生做起，十多年後到全縣的最高機關縣委辦公室做文祕，起草全縣最重要的文件材料。參加山東省的四清工作團不到一年，就為主管全省官員調動升遷的中樞機關所看中，只是因為外部的原因沒有完成調動。父親這樣的工作態度，包括他的工作能力，決定了他在隨後的文化大革命中的角色與歷程。

父親或者說是我們全家的生活軌跡在即將發生變化的時候，因為非人為的因素而沒有成為現實。我們家沒有遷移去省城濟南，父親依舊在臨清縣委辦公室的崗位上，第二年又去茌平縣的韓屯搞了一年四清，一九六六年文革開始後才返回臨清；兩個弟弟都在讀小學；我還繼續在臨清一中讀高中；母親這時已經調到臨清製棉廠工作，做織布車間的織機擋車工。

我做為一名中學生，沒有感受到四清運動的波瀾。其實它是一場非常激烈的政治運動。這場運動懲治了一些品行不端（多吃多占多用集體的糧食和財產）之人，也造就了很多冤屈。有人被毒打致死；有人自己了卻生命；也有人借機發洩私憤報復他人。

照片上的文字介紹得很清晰，這是一九六四年四月臨清縣委辦公室全體歡送因為四清運動中受到批判而調離的縣委書記張敬湖時的合影。前排正中是張敬湖。難能可貴的是照片上的人們並沒有因為張書記失勢而與之疏遠。

幾個月後。臨西與臨清分家。辦公室副主任楊德印（前右二）、韓英範（中排右二，見第五章、第九章）、邢連文（後排左三）甄逢玉（後排中）調河北省臨西縣工作。

照片中還有六個人本書中有所涉及：我父親（中排右三）；邢希梅（前排右一；第九章、第十一章、後記）；李玉梅（中排右一；第九章）常明蘭（後排左二；第七章、第八章）；李伯平（後排右三；第七章、第九章）；袁英（前排左一；（第九章、第十二章）。

前排左二是當時的縣委辦公室副主任關保生，一年後，他調聊城地委工作；十三年後，他成為我的岳父。我的妻子關志毅是他的長女。

將四清運動與隨後的無產階級文化大革命相比，未免小巫見大巫。因此使得眾人，既包括四清運動的當事人，也包括研究當代歷史的學者，都對四清運動有所忽視。四清運動的真相究竟如何？它的來龍去脈究竟是怎麼回事？難免眾說紛紜。有一點完全可以達成一致的是，四清是文化大革命的前奏。

如果有人想瞭解四清運動的大概過程，我建議他閱讀林小波先生的文章《四清運動始末》；葉文烈先生的《陳伯達傳》中有一章節：《毛澤東賁夜口授「二十三條」》則透露了一些可以稱為內幕的細節。這兩篇文章在互聯網上都能夠搜尋到。

下面還有一個附件，摘自一九六四年十二月二十四日印發的中共山東省委社教海陽工作團辦公室編的第三十三期《工作簡報》。這份四十多年前的印刷品，是我從廢紙堆裏找到的，它是當年官方關於農村四清運動的描述，史料的價值還是有的。

附錄

《一堂驚心動魄的階級教育課》

——記留格莊公社窰家莊四不清幹部同貧下中農生活對比展覽

(一)看看

二十日下午，窰家莊村頭巷尾人聲鼎沸，男女老少，熙熙攘攘，許多人，特別是婦女都泣不成聲。這是怎麼回事呢？原來，工作組根據貧下中農群眾的要求，將大隊三個主要四不清幹部（支書高倫、大隊會計高禮、支委兼治保主任高振甲）和三戶貧農（高進友、高進錫、高進升）的生活情況進行了一次實地實物對比展覽。全村所有群眾，包括四不清幹部和他們的家屬都排隊愛護參觀。那真是，不比不知道，一比嚇一跳。窮富懸殊，兩極分化，使人心驚魄動。

先看看高振甲家。走到門口，抬頭一看，漂亮的大門樓，宛如「帥府」，上面插有幾面小旗。門內雪白的影壁牆下，有著四道彎的洋灰路，什麼還砌著花草圖案，一直鋪進二門，直達正屋門前。這個共產黨支部委員，治保主任還特地「請」了一幅「鍾馗吃鬼」的朱砂盤圖，請捉鬼先生點上朱砂，用玻璃鏡框鑲起高高掛在正屋牆上，據說用來「鎮鬼壓邪」；而大五星卻做為路面圖案踩在腳下。三間正屋裏座鐘掛錶，衣櫃箱籠，擠滿一屋，皮襖大衣，單夾棉毛，鋪鋪蓋蓋，花花色色，十分豐富。還有一輛閃閃發光的自行車停在一旁，兩頭大母豬臥在圈內，就連他家的雞窩也是用洋鐵皮搭成，風雨不透。

支書高倫家也是肥豬兩口，自行車一輛……，所不同的是他家只皮襖就有四件，壽衣全身兩套，條絨，綢緞布匹兩丈有餘，眼下用不著的新花被兩床，線呢，嗶嘰，綢布，衣褲四、五身。此外還有銀鐲首飾等等。

不過，最闊氣的還是大隊「財神爺」「新地主」高禮家，走進那高高的大門，迎面就是門大的「接福」二字刻在白光光的影壁牆上。為了參觀方便，他家的衣物全都擺在院內，前後兩個院子，滿滿蕩蕩，五光十色。三件大皮襖高高掛起，花花綠綠的平絨、條絨、衛生衣褲七八件，棉毛衣兩三套，進口毛毯、線毯、棉毯、花布新被及新被單八、九床，只皮鞋就有四雙，毛嗶嘰衣褲一套，還不滿三歲的小孩也是綢衣、綢披風，而綢料、布料更多，平絨、條絨共七塊四、五丈，綢子緞子一丈六，白花細布十五塊，共計八、九丈，還有貧、下中農連見也沒見過的滑溜溜的衣七、八塊。此外還有自行車、留聲機、座鐘掛錶、大銀元等，樣樣俱全。正像一個貧農姑娘說的：「比留格莊百貨店的東西還全。」有的老大娘說：「我活了六十多歲了，從來沒見過這些好東西。」

再看看這幾家的現有存糧吧，那更是囤滿、缸滿、罐滿、盆滿、炕頭上、屋樑上、櫃子裏，桌底下全堆放著存糧，糧，糧，糧！除鮮地瓜外，現存小麥、稻穀、大米、大豆、穀子、白麵、玉米麵、地瓜乾、地瓜麵等等。高振甲家有二千零九十七斤，全家每人平均二百九十九斤。支書高倫家有二千四百五十九斤，每人平均二百七十三斤。會計高禮家更多，有存糧三千五百六十七斤，每人平均有三百二十四斤。難怪他們家境有隔年的，霉爛的，生蟲的各種存糧。

他們過著十分富足的生活。再看看貧下中農家是什麼樣子吧！

（二）比比

從高禮家出來一轉身就是貧農、復員軍人高進友家。一進門，空空蕩蕩，冷冷清清，對比這樣鮮明，一下子使人受不了。看的人絕大部分都落下淚來，有的人心酸得放聲痛哭。四間破草房，什麼箱、什麼櫃，都一無所有，炕上堆放著破麻袋片就是「被褥」，有點棉絮，還不如簸箕大，父子四人就睡在這冷炕上，最小的孩子才六歲。身上穿的，還是工作組進村後，剛從救濟款中解決的幾件衣服，不然，到現在仍然是赤身露體。高進友勞動一年，披星星，戴月亮，分得了些什麼呢。地瓜乾二百四十五斤，十幾個玉米棒子！全家現有糧食三百八十七斤，平均每人只有九十六斤，僅等於高禮家的百分之三十。

是高進友勞動力少，家口多，負擔重才窮的嗎？是支書高倫等人勞力多，家口少，負擔輕才富的嗎？不，不是。高振甲一年到頭不勞動，妻女兒子有六人。支書高倫八口家，除他一個勞動力還很少勞動外，其母、妻和六個孩子基本上都不勞動。全計高禮家有兩個勞力，卻有十一口家，論勞力不多，論負擔不少，可是貧農高進友一個勞動力，只三個孩子，為什麼窮到這步田地？說來話長。

一九六一年高進友臥病在床，家有三個孩子，生活十分困苦，真是無隔宿之糧，他老婆萬不得已，偷拿了鄰居一小瓢糧食，想給孩子和病人熬點稀粥，用以活命。不料被支書高倫及其打手們發覺，立即把她拉去吊在樑上非刑烤打，幾乎打死。回轉家來，高進友唯恐她受了委屈，問道：「他們打你啦？」他老婆忍痛苦笑回答：「沒有，說了兩句算啦！」她被逼得走投無路，到西間屋裏懸樑自盡了。這才弄得高進友家破人亡！

是不是只高進友一家受高倫、高禮等人的壓榨剝削呢？不，全村的貧下中農都在他們的魚肉之下。

就是這樣他們才越養越肥，成了新「地地主」「新惡霸」「財神爺」「窯家莊的小皇上」！光幹部今後貧占的工分就有八千多分，只這一項就等於雇用三個半長工。至於貪污盜竊，投機倒把，敲詐霸佔等剝削，那就更多了。他們是「喝血喝富的，吃人肉長肥的，和地富一樣剝削來的！」街上滿貼著「看一看，比一比，想一想」的大字報標語，發人深省。真是看看使人心酸，比比使人氣憤，想想使人吃驚，不搞社會主義教育運動不行了。兩個貧下中農講得好：一個說「再不革命，過不兩年咱們又得給他們扛長活了！」另一個說「還用過兩年，這幾年咱們已經給他們扛了長活啦！」

（三）想想

這一看，一比，大揭了階級鬥爭的蓋子，大大地啟發了全村群眾的階級意識，這下子才真懂得了四不清幹部和廣大社員的關係是一種新的階級壓迫和剝削的關係。有一位婦女傷心的嚎嚎大哭，她名叫牟淑雲，是北京人，解放前被人轉賣了三次，到了窯家莊。她說：她到高倫、高禮家看看，就想起過去被賣到地主家當嫚子時情景，她到高進友家看看，那就是自己爹娘的家啊！丈夫在上甘嶺戰役犧牲的烈屬鞠桂芝，被高倫、高禮吊在樑上，用包袱包起腦袋，亂棒打得半死時，她沒哭；被高倫、高禮任意掠奪，弄得家不成家時，她沒哭；被高禮的父親和一些流氓無賴任意強姦時，她沒哭。這次她看看，比比，想想，泣不成聲。她說：「過去我受的那苦，我沒地方說，我忍著，我受著，這回啊，我得說，我要吐吐我滿肚子苦水啊，共產黨真來啦，共產黨是我的親爹娘！我有冤不能不吐，我有仇不能不報！他們就是些地主富農國民黨啊！」她邊哭邊訴，看的人，聽的人沒有不哭的。這是階級仇恨的淚，這是血淚仇。

（四）鬥爭

對比展覽講解員全由貧下中農協會的積極分子相當，講解詞不用寫，不用教，句句打在人心上。他們介紹時有問也有答，指的那琳琅滿目的東西，滿囤的糧食問觀眾：你家有這些東西沒有？觀眾齊聲回答「沒有，沒有！」那裏來的？「剝削來的！」「貪污吃私來的！」高倫、高禮和他們的家屬都站在一旁，他們隨著這一問一答，臉色也就一紅一白。當介紹高進友家情況時，又問道：「怎麼窮的？」觀眾齊聲答道：「被剝削窮的！」「被壓迫窮的！」問的人淚流滿面，答的人更是一個個哭哭啼啼。出出進進幾百人男女老少個個如此。這就是控訴，這就是鬥爭。

四不清幹部政治上被打垮了。完全理虧而處於群眾包圍之下，一個個低下頭來，「頭鑽到地進地裏頭去了」。有一些四不清幹部參觀時也流下眼淚，有的嚎嚎大哭，有的抱著衣被往高進友家跑，非要送給高進友不可，有的立即找貧協籌委會負責人交代自己的問題，有的悔恨這幾年忘了本。……總之，正像群眾說的「這下子可把老底揭了！」群眾的鬥爭情緒立時高漲起來。當晚召開的全村社員大會充滿了階級仇恨的火焰，燃起了革命的烈火。這火越燒越旺，整個窯家莊的群眾都起來了。工作組和貧協抓住戰機展開強大攻心戰，一天兩夜之間，四不清幹部新交代了貪污現款三百餘元，糧食一千五百餘斤，以及毒死牲口，訂攻守同盟等不少問題，有的保壘也開始突破，現正在乘勝追擊中。

（「留格莊四清簡訊」二十四期）

六十四、五一晚會

陳煥民書記領導下的臨清一中日新月異。頭一年栽種的小樹苗吐出了新綠。地震發生一個多月之後，危險漸漸解除。學校決定舉辦隆重的文藝演出活動，慶祝五一國際勞動節。學校要求不僅每個班級都要出節目，還要集中全校的文藝人才排演幾個高水準的節目。

我做夢也不會想到要抽我去學校的文藝演出隊，我絕對沒有一點兒演出的才能和條件。我再三推脫說辭，班幹部總是回答我：

「你看咱們班誰行？再說班裏還要準備節目，你就不用參加班裏的演出了。」

沒有辦法，我只好去去學校演出隊報了到。

學校的演出隊大約有三四十名學生和老師。往日的主角音樂老師謝永倫去補習英語了，回來後準備在俄語課改英語課後擔任英語老師。演出隊的導演是查華老師，她安排給我的角色是參加一個大合唱，內容是十多個分別化裝成中國的工農兵學商和各國無產階級戰士的模樣，一起合唱歌曲《全世界無產者聯合起來》，邊唱邊舞蹈。舞蹈很簡單，主要是擺手昂首闊步前進和握拳挺胸仰頭向遠方看幾個動作。國際無產階級戰士包括一個阿爾巴尼亞工人；一個帶尖斗笠的越南女游擊隊員；一個頭上纏著白布條的日本示威群眾；一個非洲叢林的黑人兒童；一個美國黑人奴隸；一個拉丁美洲的印第安解放戰士。我扮演那個中國的學生，最不醒目，化裝最簡單的一個角色。

一九六四年由周恩來總理擔任總導演的大型歌舞史詩《東方紅》除了在北京人民大會堂演出，還拍攝成電影片在全國放映。大合唱《全世界無產者聯合起來》是《東方紅》裏的一個劇目。《東方紅》之後的文藝演出，從中央到地方，各省市，各地區，個縣城，各單位幾乎全都模仿它的內容，模仿它的形式。臨清一中一九六六年的五一晚會自然也擺脫不了這樣的模式窠臼。

排練的時候，領舞的是一位姓宋的女同學。她和我是一起考入臨清一中的，初中時雖不在一個班，卻也算熟識。宋同學學習好，為人也好。她面對面地帶領我們演練舞蹈動作，我的目光和她的目光相遇，宋同學的眼睛很漂亮。這是我第一次近距離注視同齡異性的眼睛。就像有一股強大的吸引力，我的雙眼幾次移向宋同學，這時我感覺到了自己心跳加速。當她的目光也要看到我時，我的目光就趕緊地逃離。我因為身材太矮很自卑，我不敢直視漂亮的宋同學。

假如和宋同學這樣的目光相會，也算是接觸異性的話，那是我二十四歲以前唯一的一次。如今初戀已經成了掛在人們嘴邊的詞語。這個詞常讓我想起宋同學漂亮的眼睛。那能算是初戀麼？

五一節文藝演出如期在學校的大餐廳進行。我們的合唱舞蹈是整個晚會的壓軸節目。當《全世界無產者聯合起來》的歌聲響起時，全校師生一起跟著合唱。歌詞我現在都還記得：

山連著山，海連著海，
全世界無產者聯合起來！
海靠著山，山靠著海，
全世界無產者聯合起來！

紅日出山臨大海，
照亮了人民解放的新時代，
看舊世界正在土崩瓦解，
窮苦人出頭之日已經到來，已經到來。
帝國主義、反動派、妖魔鬼怪，
怎抵得革命怒潮排山倒海。
哪怕它紙老虎張牙舞爪，戳穿它，敲碎它，
把它消滅，把它消滅！

我們是山，我們是海，
山搖地動怒潮澎湃，
窮苦人出頭之日已經到來，已經到來。
我們是山，我們是海，
我們打碎的是腳鐐手銬，
我們得到的是整個世界。
山連著山，海連著海，
全世界無產者聯合起來！
海靠著山，山靠著海，

全世界無產者聯合起來，聯合起來！聯合起來！
全世界無產者聯合起來！

本章的題目《高一二班》用得非常恰當，我們全班同學都沒有了升入高中二年級。原因簡單而無奈，因為眾所周知的無產階級文化大革命來了。

（第一部完）

附錄 「麻色文革」三部曲總目次

「麻色文革」二部曲：文革之火

第二十章　脫去軍裝

後　記

附　錄　「痲色文革」三部曲總目次

目擊中國04　史地傳記類　PC0336

「麻色文革」首部曲
——饑餓的小城

作　　者 / 南懷沙
主　　編 / 蔡登山
責任編輯 / 劉　璞
圖文排版 / 陳姿廷
封面設計 / 秦禎翊

發 行 人 / 宋政坤
法律顧問 / 毛國樑　律師
出版發行 / 秀威資訊科技股份有限公司
114台北市內湖區瑞光路76巷65號1樓
電話：+886-2-2796-3638　傳真：+886-2-2796-1377
http://www.showwe.com.tw
劃撥帳號 / 19563868　戶名：秀威資訊科技股份有限公司
讀者服務信箱：service@showwe.com.tw
展售門市 / 國家書店（松江門市）
104台北市中山區松江路209號1樓
電話：+886-2-2518-0207　傳真：+886-2-2518-0778
網路訂購 / 秀威網路書店：http://www.bodbooks.com.tw
國家網路書店：http://www.govbooks.com.tw

2013年8月BOD一版
定價：510元

國家圖書館出版品預行編目

「麻色文革」首部曲：饑餓的小城 / 南懷沙著.
-- 一版. -- 臺北市 : 秀威資訊科技, 2013.08
面； 公分. -- (史地傳記類)
BOD版
ISBN 978-986-326-143-8 (平裝)

1. 文化大革命 2. 文集

628.75 102012671

讀者回函卡

感謝您購買本書，為提升服務品質，請填妥以下資料，將讀者回函卡直接寄回或傳真本公司，收到您的寶貴意見後，我們會收藏記錄及檢討，謝謝！

如您需要了解本公司最新出版書目、購書優惠或企劃活動，歡迎您上網查詢或下載相關資料：http:// www.showwe.com.tw

您購買的書名：________________________________

出生日期：________年________月________日

學歷：□高中（含）以下　□大專　□研究所（含）以上

職業：□製造業　□金融業　□資訊業　□軍警　□傳播業　□自由業

□服務業　□公務員　□教職　□學生　□家管　□其它_____

購書地點：□網路書店　□實體書店　□書展　□郵購　□贈閱　□其他

您從何得知本書的消息？

□網路書店　□實體書店　□網路搜尋　□電子報　□書訊　□雜誌

□傳播媒體　□親友推薦　□網站推薦　□部落格　□其他__________

您對本書的評價：（請填代號　1.非常滿意　2.滿意　3.尚可　4.再改進）

封面設計____　版面編排____　內容____　文／譯筆____　價格____

讀完書後您覺得：

□很有收穫　□有收穫　□收穫不多　□沒收穫

對我們的建議：________________________________

____

____

____

請貼
郵票

11466
台北市內湖區瑞光路 76 巷 65 號 1 樓

秀威資訊科技股份有限公司　　　收

BOD 數位出版事業部

（請沿線對折寄回，謝謝！）

姓　　名：＿＿＿＿＿＿＿＿　年齡：＿＿＿＿　性別：□女　□男

郵遞區號：□□□□□

地　　址：＿＿＿＿＿＿＿＿＿＿＿＿＿＿＿＿＿＿

聯絡電話：(日) ＿＿＿＿＿＿＿＿＿＿ (夜) ＿＿＿＿＿＿＿＿＿＿

E-mail：＿＿＿＿＿＿＿＿＿＿＿＿＿＿＿＿＿＿